From Early Child Development to Human Development

THE WORLD BANK
世界银行

CDRF 中国发展研究基金会译丛

从儿童早期发展到人类发展

为 儿 童 的 未 来 投 资

杨一鸣◎主编　刁琳琳◎审校

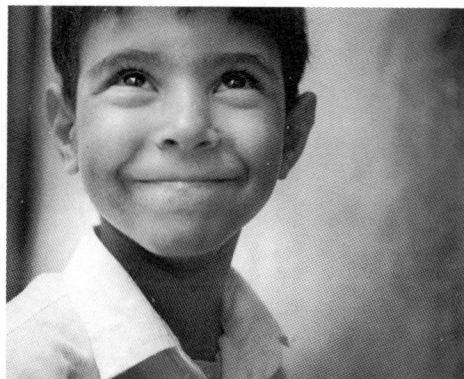

中国发展出版社

中文版序

　　20 世纪 90 年代以来，越来越多来自神经学、行为学和社会学的最新证据表明，幼儿发育的早期阶段，是其大脑对外部环境刺激最敏感的时期，也是大脑功能拓展和结构完善的最关键时期。幼儿早期的营养、经历和环境对其以后的记忆、认知、行为及健康具有重要的影响。这些研究大大深化了人们对儿童早期发展重要性和必要性的认识。

　　近年来，中国政府和社会各界对学前教育和婴幼儿健康的重视程度越来越高。然而，对儿童早期发展的重要性、科学依据和政策含义等问题，不少人还缺乏全面的、充分的认识。因此，经过对众多相关书籍进行比较，我们甄选出世界银行出版的《从儿童早期发展到人类发展》这本书并组织翻译，以飨国内的研究者和政策决策者，同时推动社会公众对儿童早期发展的认识。

　　世界银行于 2000 年召开了关于儿童早期发展的国际大会，本书即大会相关论文和讨论的一个汇编。全书全面而深入地总结了 20 世纪后期该领域的科学实验、政策实践以及理论思考的优秀成果，对全球儿童早期发展政策共识的达成起到重要的推动作用。虽然本书英文原著出版已经 9 年，但是这些专家学者的观点、方法和各国的案例至今仍具有重要的指导和借鉴意义。

　　国际经验表明，为儿童提供基本的保健护理、充足的营养并开展早期教育，对于提高其在未来的教育成就、健康水平、获得更公平的经济与社会机会具有显著的促进作用，并且能够有效地阻止贫困的代际传递。因此，越来越多的国家加大了儿童早期发展的投入力度，不仅为了促进社会公平，还将之视为塑造经济长期增长动力的重要途径。

中国在儿童早期发展上还存在着很大程度的不平衡。我国社会的城乡差距、地区差距和群体差距，在儿童早期发展上表现得尤为突出和尖锐。基于上述认识以及现实需求，在企业和国内科研机构的支持下，中国发展研究基金会和地方政府密切合作，从2009年开始在青海省的乐都县以及云南省的寻甸县开展了儿童早期发展试验项目，取得了很好的效果，获得了良好的政策和社会反响。我们的试验在某种程度上可以看做是国际同类研究和试验的一种延续，同时也提供了中国的经验和视角，为儿童早期发展的事业做出了中国的新贡献。

发展必须为了人，依靠于人。中国过去30多年的经济增长，在很大程度上是依靠市场机会的开放以及基于比较优势的国际分工取得的。那么，在城市化进程加快、人口老龄化和劳动力逐渐短缺、城乡和区域发展差距巨大的情况下，我们依靠什么来支持发展？我认为，答案在于持续地投资于人，尤其是把握好儿童早期发展的时间窗口。努力促进全国儿童尤其是广大农村地区儿童的早期发展，将不仅对提高中国的人力资本素质和劳动生产率发挥积极的基础性作用，而且对于缩小社会差别、从根本上消灭贫困、进而促进中国社会的融合都具有至关重要的意义。当前，中国致力于转变发展方式和促进发展成果的共享，因此，我相信翻译出版这本书是及时的。

卢迈

中国发展研究基金会秘书长

2011 年 10 月

英文版序

儿童幼年时期是极为重要的阶段，因为它决定着接下来的青少年和成人阶段的生活。受到良好教育的儿童可过上舒适的生活，并为全民创造更美好的社会。是的，儿童是我们的未来，为他们的幼年投资，就是在为全球的人类发展和经济发展投资。

2000 年 4 月，世界银行主办了一场全球性的会议，研讨投资儿童早期发展（Early Child Development，ECD）的惠益与挑战。这场具有划时代意义的会议将世界一流的专家、学者、从业人员及决策者汇聚一堂，共同关注儿童早期发展的方方面面。这些代表来自非政府组织及其他私营部门团体、政府机构、多边和双边组织。本书内容记录了会议进程。世界银行希望通过本书的出版，鼓励各国针对儿童早期发展，尤其是生活贫困的儿童和家庭，采取相关政策，并激励其他团体和组织投资儿童早期发展方案。

关注儿童发展的原因超出了传统意义上的人道主义关切，那种关切通常放在那些最无力照顾自己者身上。神经学、行为学和社会学方面的新见解强调了给予儿童一个更好的生活机会的重要性。儿童的早期培养对于抵制贫困的恶劣影响至关重要，同时，它还可以有效地打破贫困无情的恶性循环——毕竟，贫困往往会代代相传。贫困儿童无法入学，不识字，将来很难找到工作，并且对自身及子女的未来发展不抱希望。贫困削减了人们的精神资源、平和的心态、尊严和充实生活的自由。遗憾的是，贫困犹如一个坏基因——会世代传递。

各项研究一再表明，出身贫困、生活环境不卫生、缺少精神激励或教育，并在幼年时期营养不良的儿童，其身心发育迟缓的可能性远远大于较富有家庭的儿童。科学告诉我们，儿童早期发展至关重要，并为儿童留下终身印记。幼儿大脑开发对整个童年和成年生活的生理和心理健康、学习能力以及行为都会带来影响。幼年时期数十亿神经元形成的神经回路为后来的能力与应对技能的开发奠定了基础。对国家而言，在儿童出生后最初几年的投资具有乘数效应。得到精心培育的幼儿一般在学校中表现更佳，更有可能发展自身参与全球经济竞争所需要的技能。因此，幼儿投资是对人类发展和经济发展的基本投资。

我们发现，上一代取得的进步超出了历史上的任何时候。与过去4000年相比，过去40年来，人类预期寿命进一步延长。在当今世界，通信革命带来了全民获取知识的希望。全球有57亿人参与市场经济并相互竞争，而20年前，这一人数仅为29亿。不过，与10年前相比，当今贫困人口①又增加了1亿人，其中许多为儿童。

- 大多数出身贫困的儿童营养不良，被人忽视，甚至还未进入小学就无法实现自身潜能。
- 1.25亿小学学龄儿童未能入学读书，其中大部分为女童；另有1.5亿儿童进入小学，但未接受完4年教育便中途辍学。
- 在全球最不发达国家，近半数儿童无法接受初等教育。
- 近10亿人（约占全球人口的1/6）是文盲，其中大部分为妇女。
- 在接下来的25年里，全球人口预计增加20亿，其中大部分来自发展中国家里举步维艰的贫困家庭。

这些统计数据不免令人沮丧万分，不过，它们亦表明，我们有许多采取行动的机会。儿童早期发展正是逆转这一趋势的途径。儿童早期发展干预措施和方案从根本上为所有儿童提供了一个公平竞争和实现人生成功的机会。通过提供取得进步所需的设备和培训，儿童早期发展干预措施和方

---

① 按照世界银行贫困线标准，每天收入不足1美元即为贫困人口。

案有助于确保所有儿童实现公平竞争。如果儿童到了 6 岁还营养不良且别人从未给他读过一本书，他就已经面临着不公平的竞争了。

教育是一个伟大的平衡器，但其前提是：所有儿童都拥有平等的教育机会。为减少贫困、普及初等教育，各个组织必须齐心协力，共同支持儿童早期发展。世界银行具有重要的作用，不过，与世界银行单方面投资相比，多方共同参与才能创造更大的合力。众多组织、政府、跨国公司、私营机构以及民间团体之间的合作、互动与伙伴关系策略，为启动和保持儿童早期发展的广泛行动提供了最大的可能性。仅仅承认儿童早期发展非常重要，或者仅仅增加初等教育的资源，都是不够的；人们需确立和执行具体的目标、政策和行动，以确保儿童能够充分利用小学提供的机会，并从中充分受益。

本次会议传达的信息与世界银行于 1996 年召开的以"共同参与，宜早不宜迟"为主题的儿童早期发展会议一脉相承。今天，随着贫困儿童人数日益增加，越来越多的证据表明积极的儿童早期发展干预可产生巨大改观，"宜早不宜迟"的信息变得更为清晰，对广泛行动"共同参与"的要求更为迫切。全球儿童给予我们创造一个更加美好的世界的希望，而我们必须即刻行动起来，以期实现这一希望。

Mamphela Ramphele

世界银行常务副行长

2001 年 5 月

致　谢

　　本届世界银行大会——"为儿童的未来投资"——的举行离不开许多人的支持和奉献。首先要感谢世界银行高级管理层，感谢行长 James D. Wolfensohn、副行长兼人类发展网络主管 Eduardo A. Doryan 对儿童问题和儿童早期发展方案的支持。衷心感谢 Elaine Wolfensohn 在会议规划各阶段的个人投入和指导，感谢她对世界银行儿童早期发展倡议的支持。特别感谢人类发展网络教育部门总监 Ruth Kagia 在会议规划和组织过程中提供的支持。

　　大会将来自全球各非政府组织和民间社会的顶级专家、学者和从业者，以及来自政府和多边、双边组织的决策者汇聚一堂，共同关注儿童早期发展的惠益、效果和支持——其中部分问题曾于 1996 年 4 月在美国佐治亚州亚特兰大市卡特总统中心举行的世界银行儿童早期发展第一次会议和儿童生存与发展专项小组（Task Force for Child Survival and Development）组织的"儿童第一论坛"上探讨过。问题的内容可能相同，但今天的紧迫程度进一步提升。

　　大会得到了儿童福祉合作中心（Collaborative Center for Child Well-being，前身为儿童生存与发展专项小组）的 Bill Foege、Mark Rosenberg、John Gates、Conrad Ferrara 和 Pamela Wuichet 的持续支持。另外，大会加入世界银行 2000 年"儿童周"更加广泛的框架中，从中受益匪浅。儿童周是大会与世界银行的童工与流浪儿童小组（Child Labor and Street Children Teams）联手举办的一个为期一周的活动，该小组成员包括 Bona Kim、Zafiris Tzannatos、Catalina Villamizar 和 Kate Schecter，由 Stephen Commins 负责协调。在这一框架中，与会者有机会参加关于儿童早期发展、童工、流浪儿童等问题的一系列活动和讲习班。我们还要感谢国际展能艺术会（Vision，Strength and Artistic Expression，VSA）及其附属机构组织并展示了自己的方案和艺术家，同时展出了由全球残疾儿童创作的优美的艺术作品。感谢加拿大的同仁 Jennifer Dickson 为儿童权益倡导者、歌手 Raffi 的参与提供帮助。Raffi 首次献唱了他的歌曲 *It Takes a Village to Raise a Child*（养育一个孩子，需举全村之力），并在会上分享了他的愿景。Raffi，谢谢你。

此外，我们还要感谢挪威皇家外交部多边开发署、荷兰外交部为大会背景文件的筹备工作提供了部分资助。另外还要感谢帮助组织本次会议的团队成员：世界银行人类发展网络教育部的 Simone R. Kirpal、Amber Surrency、Claudine Cobra 和 Julie Wagshal，以及 Ellsworth Associates 公司的 Ruth Hubbell-McKey 和 Bethany Chirico。特别感谢 Francis James Dobbs、Christopher M. Walsh 和 Peter Knight，他们在媒体联络和媒体信息设计指导方面付出了巨大努力。还要特别感谢美洲国家组织（Organization of American States，OAS）的 Gaby Fujimoto-Gomez 和 Carolina Gomez，他们为协调拉丁美洲儿童早期发展工作者的与会工作付出了努力；感谢儿童早期服务规划与发展负责人 Helen Keith 协调加勒比地区与会者并为 SERVOL 案例研究提供指导；感谢世界银行主管非洲区域的 Marito Garcia 和 Susan Opper、世界银行印度国别小组的 Venita Kaul 和 Ward Heneveld 以及世界银行主管欧洲及中亚区域的 Antonio Lim，他们对各自主管区域内国家代表的参与提供了支持。

还要感谢来自 48 个国家的 280 名与会人员，正是他们的参与令本次会议的召开成为可能，其中要特别感谢耶鲁大学儿童发展与社会政策研究中心（Bush Center in Child Development and Social Policy, Yale University）的 Joan Lombardi 为大会规划提供指导并为邀请美国卫生和公众服务部部长 Donna E. Shalala 提供了便利，感谢美洲开发银行（Inter-American Development Bank, IDB）的 Ricardo Moran 为邀请美洲开发银行行长 Enrique V. Iglesias 提供方便，受邀的两位嘉宾均为大会主题发言人。还要感谢联合国儿童基金会（United Nations Children's Fund, UNICEF）的 Marjorie Newman-Williams 和 Waheed Hassan，两位为邀请联合国儿童基金会副执行主任 Kul C. Gautam 与会提供了帮助。特别感谢 Robert Myers、Maris O'Rourke和 Heather Weiss 以及加拿大安大略省儿童部部长 Margaret Marland 合作主持了这次大会。

大会以私营部门倡议在影响公共政策方面的作用的演讲为特色。George Soros 关于其慈善活动以及支持全球 ECD 方案的见解令与会者颇为受益。另外，来自私营部门和民间社会的实践工作者分享了他们各自的项目经验。特别感谢 Peter Hesse，他向与会者描述了他在海地开展的为期 10 年的方案；感谢 Ruth Montrichard 修女，她讲述了她本人 25 年来在特立尼达岛投身 SERVOL 方案的经历；感谢 Elizabeth Lorant，她向与会者描述了她与索罗斯基金会自 20 世纪 80 年代起共同开展的工作；感谢 Kathy Bartlett为我们讲述阿加汗基金会（Aga khan Foundation, AKF）在东部非洲开展的宗教学校项目。

特别感谢支持儿童早期发展的重要合作伙伴：联合国儿童基金会、联合国教科文组织（United Nations Educational, Scientific and Cultural Organization, UNESCO）、世界卫生组织（World Health Organization, WHO）、泛美卫生组织（Pan American Health Organization, PAHO）、美国国际开发署（U. S. Agency for International Development, USAID）、美洲开发银行、亚洲开发银行（Asian Development Bank）、美洲国家组织，以及诸多非政府组

织——其中包括伯纳德·范里尔基金会（Bernard van Leer Foundation）、阿加汗基金会、美国救助儿童会（Save the Children USA）、基督教儿童基金会（Christian Children's Fund）、世界幼儿教育组织（World Organization for Early Child Education）、教育发展学会（Academy of Educational Development，AED）、世界展望组织（World Vision）、儿童早期保育和发展协商小组（Consultative Group on Early Child Care and Development）。

非常感谢 Linda M. Richardson 为文字编辑付出的努力，没有她坚持不懈、兢兢业业的付出以及一流的工作技能，本书的编辑制工作将难以准时完成。

目　录

第 1 章　引言与概述

Mary Eming Young

3　儿童早期发展：科学证据

4　儿童早期发展的意义

5　儿童早期发展干预是否有效

6　下一步

6　为儿童的未来投资

13　结论

第 1 部分　幼儿投资的惠益

第 2 章　儿童早期发展与大脑——一生健康、学习与行为的基石

J. Fraser Mustard

20　历史证据

21　研究成果

38　发达国家儿童早期发展：加拿大案例

43　结论

第3章　从儿童发展到人类发展

Jacques van der Gaag

52　发展经济学：简史

54　将儿童早期发展与人类发展相挂钩：4 种路径

59　儿童早期发展：惠益与研究需要

第 2 部分　测算早期机会鸿沟

第4章　保育标准——改善拉丁美洲儿童教育结果的投资

J. Douglas Willms

69　了解社会经济梯度的重要性

74　拉丁美洲学校教育结果：梯度与学校概况

83　保育标准：建议框架

87　儿童时期的脆弱性：分析与研究发现

96　下一步举措：加强监测与改革的基础

98　结论

第5章　确保所有儿童拥有公平起点——巴西案例

Mary Eming Young

104　脆弱儿童的早期干预措施：美国的发现

108　巴西：案例分析

117　结论

第 3 部分　评估儿童早期发展方案的成效

第6章　有效的儿童保育与教育投资——从研究中汲取的教训

John M. Love，*Peter Z. Schochet* 和 *Alicia L. Meckstroth*

124　优质儿童保育与教育的组成部分

145　实现质量结果所需要的支持

147　儿童保育质量与儿童发展及福祉之间的关系

157　促进儿童发展的投入

160　结论

第 7 章　绘制与记录有效方案

Judith L. Evans

169　有效性倡议

175　定性研究工具：语义

180　定性研究策略：嵌入式沟通

185　结论

第 8 章　有效的儿童早期发展方案——美国开端计划的经验分享

Louisa B. Tarullo

188　方案绩效测算倡议

192　参加开端计划的家庭与儿童经历调查

197　结论

第 9 章　家访方案的质量元素——3 个牙买加模型

Kerida Scott-McDonald

201　方案概述

203　家访方案：质量元素

211　仍然存在的挑战

215　结论

第4部分　私营部门对公共部门的影响

第10章　私营部门在儿童早期发展中的作用

Robert G. Myers

220　儿童早期发展

226　私营部门

233　私营及公共保育与教育

239　动员私营部门参与其中

246　结论

第11章　社区可有所改观——来自各大洲的5个案例

Simone Kirpal

250　案例概述

262　海地：蒙台梭利教师培训和幼儿园

268　乌干达：社区母子日托中心服务机构

275　特立尼达和多巴哥共和国：教育与儿童早期发展一体化方案

286　东非和南亚：儿童早期发展的能力建设与创新

296　中东欧、前苏联国家、蒙古、海地和南非：
Step by Step 儿童早期教育改革

第5部分　为未来投资：行动与政策

第12章　为贫困儿童缩小差距

Enrique V. Iglesias，Donna E. Shalala

308　代际贫困

309　打破恶性循环

311 有效干预

315 结论

第 13 章 政治挑战——承诺与合作

▨▨▨▨ *Eduardo A. Doryan*，*Kul C. Gautam*，*William H. Foege*

319 惠益：通过儿童早期发展方案转变社会

321 投资儿童早期发展的制约因素

322 投资儿童早期发展面临的政治挑战

325 投资儿童早期发展的行动政策

330 结论

作者 ／ 333

地名索引 ／ 337

重要词汇汉英对照 ／ 339

第1章
引言与概述
Introduction and Overview

Mary Eming Young

全面解决儿童基本需求——健康、营养、情感与智力发展——的儿童早期发展方案，促进培养有能力、对社会有所贡献的成人。并且，早期干预措施可改变出身贫困或无法像那些较为幸运的儿童一样获得成长和发展机会的儿童的人生轨迹。

今天，这些已经是众所周知的事实，并且有证可循，如神经生物学、行为学和社会学，以及对模拟干预和大规模公共资助方案的评估结果。儿童早期发展方案可为儿童带来巨大的短期及长期惠益。通过提供基本的保健护理、充足的营养并在一个充满关爱的环境下培养、激励儿童，儿童早期发展干预措施有助于确保儿童在小学取得进步、继续完成中学学业并成功加入劳动力大军。

幼儿投资有着巨大的经济回报。不过，之所以强调幼年时代的重要性，还有一个更加有说服力的理由：早期干预可帮助儿童摆脱贫困。在全球 60 亿人口中，28 亿人每日依靠不足 2 美元过活，12 亿人每日不足 1 美元（World Bank，2000）。各国内部存在着巨大的贫富差异。

儿童发展的差异真实地体现了这些经济差异，贫困与糟糕的社会指标息息相关，在贫困儿童身上体现得更为明显。若无促进健康成长所需的基本营养、保健和激励，许多贫困儿童即便入学也无法好好学习。这些儿童课堂表现很差，留级和辍学率极高。他们在就业时处于不利境地，工资最低，并且，在做了父母之后，又会将贫困传递给子女。为儿童提供一个更好的机会，不仅对于消除贫困的恶劣影响至关重要，而且亦可作为一种有效方式，打破贫困在代际之间的无情的恶性循环。

发展共同体近期制定的国际发展目标重点关注了贫困的核心问题。其目标为：到 2015 年，极端贫困人口占比减半；婴儿和 5 岁以下儿童的死亡率降低 2/3，产妇死亡率降低 3/4；到 2015 年，普及初等教育；到 2005 年，实现教育领域两性平等；到 2005 年，各国制订国家可持续发展战略；确保到 2015 年，在全球和国家层面扭转当前环境资源的损失。

贫困、健康和教育目标之间相互促进。提高入学率——尤其是女童的入学率——可减少贫困。通过提供更好的基本保健从而降低死亡率，可提升入学率和学业成绩，进而减少贫困。作为一个伟大的平衡器，教育可减少贫富差距——不过前提是，所有儿童有利用这一平衡器的均等机会。

为实现普及初等教育的目标，必须给予贫困儿童一个公平的机会，使其从学校教育中获益。对于贫困儿童来说，在贫困程度较高的不平等社会中，儿童到了 6 岁，或者说，到了入学年龄，竞争环境可能已经有失公允了。通过早期干预，儿童早期发展方案为所有儿童提供了从学校教育中充分获益并在就业市场上取得成功的可能性。借此，儿童早期发展干预有助于协调国家的平等和效率目标（Birdsall，1999）。

儿童早期发展：科学证据

经济学家、行为学家、教育者、神经学家和生物学家指出了儿童早期发展的重要性。1993 年获诺贝尔经济学奖的 Fogel 称，儿童早期发展的质量对于人口素质有着重大影响，并可影响成年生活的健康结果（Fogel，1999）。Acheson 为英国政府完成的一项研究分析了导致健康不平等的因素，他发现，尽管在人们的一生中，可被治疗的风险因素始终存在，但是，儿童时期是一个至关重要、易受伤害的阶段，在这一阶段，糟糕的社会经济环境可产生持久影响。他指出，不利结果（例如，精神疾病、身材矮小或肥胖、违法和失业）源于早期的不利环境，因此，减少早期不利影响的政策可能会为儿童的一生带来多重福利，并进而惠及下一代。

行为模式、个人能力的发展和学习过程始于幼儿时期，并在这个阶段定型。社会环境因素开始改变基因遗传，脑细胞大量生长，处理压力的生物路径出现。不同来源（Rutter、Giller 和 Hagell，1998；Tremblay，1999）的越来越多的证据通过文件证明，早期状况对于行为，尤其是反社会行为、违法和犯罪，"有着长远影响"。纵向研究清晰地表明，反社会最严重的青少年和成人在儿童时期表现出行为问题，这些问题的来源可追溯至胎儿发育和婴儿期（Karr-Morse 和 Wiley，1997）。

幼儿时期亦影响儿童的学习，尤其是识字和数学技能。自出生起，大部分儿童就在直系亲属的语言和读写中耳濡目染。婴儿在回应父母和兄弟姐妹的过程中，自然而然学会说话，到 12 ~ 18 个月大时，初学走路的小孩子通常开始确立可辨认的词汇表，在接下来的几年里，随着语言结构的产生以及表达和语言的继续发展，这一词汇表亦会迅速扩展。婴儿和学步时期至关重要，可为未来读写技能的发展奠定基础（Willms，1999）。此外，近期研究表明，在幼儿时期，儿童早期的计算能力根据社会等级不同而存在巨大差异，并且，支撑这些能力的神经回路亦在此时发育最快（Case、

Griffin 和 Kelly，1999）。

在评论基因—环境的相互作用时，神经学家称，个人的"技能、能力、梦想和偏见"源自他们的基因史以及他们所处的具体的物理和社会环境的刺激。他们指出，早期环境中不充分、不恰当的社会和情感经历可危及为交往、模仿并以社会可接受的方式作出一般回应提供必要信息的较高层次神经系统（Cynader 和 Frost，1999）。研究表明，在关键的发展阶段，短短一年时间，某些脑区的灰质数量可增加近一倍，紧接着，随着无用细胞被清除，大量组织丧失，人脑继续自我组织。到 3 岁时，儿童大脑的活跃程度是成人大脑的 3.5 倍，并且在 10 岁之前，这种状态始终不变（Shore，1997）。大脑广泛的重塑工作将贯穿整个儿童时期。虽然幼儿时期之后仍会发生大脑发育陡增现象，但是，在早期的关键阶段，大脑的发育规律似乎是"用进废退"（Giedd 等，1999）。

压力亦在早期大脑发育中发挥作用。通过对参与压力反应的生物路径研究表明，个人在幼年时期经历的压力可改变他们在此后人生中调节和控制压力的应对能力（Cynader 和 Frost，1999）；幼年时期感官刺激的质量有助于塑造大脑的内分泌和免疫路径；幼年时未获精心培养的成人往往在引发唤起的情形之后很久，应激激素水平仍保持不变。研究还表明，母亲应对小动物的行为可为儿童一生中应对压力的下丘脑—垂体—肾上腺路径"设定程序"，且缺少母爱可令儿童在此后人生中作出反常的压力反应（McCain 和 Mustard，1999）。

儿童早期发展的意义

幼年时期的大脑发育可影响儿童一生的生理和心理健康、学习及行为。儿童后来在学校里学什么、如何学、学会多少，在很大程度上取决于他们在幼年时期发展的社会、情感能力和认知技能。幼儿大脑发育取决于环境刺激，尤其是儿童获得的保育和互动的质量。幼儿时期所接受的保育的质量，包括营养、保健和激励，可对大脑发育产生持久影响。当这些基本需求得到满足时，儿童可获得更好的辩证思维能力、自信、问题解决能力以及与他人合作的能力。这些技能将决定儿童在校的总体表现，并可能改变他们的发展轨迹（Ramey 和 Ramey，1998）。

目前已存在可满足幼儿智力和社会发展需要的解决方案，但尚需更加广泛和深入地采纳。支持大规模投资儿童早期发展干预的知识基础非常充分。这些投入将为改善个人健康、心理和生理表现以及发展生产力铺平道路，同时从某种重要的程度上看，将有助于最大限度地减少甚至预防一系列相关的经济、社会问题，其中包括青少年犯罪、少女怀孕和社会暴力等。

儿童早期发展干预是否有效

儿童早期发展方案和干预可增加儿童在这个世界上的机会。参与早期干预——包括营养、保健和培育——的幼儿辍学率较低，入学率较高，从小学到成人表现较好。世界各地有许多行之有效的儿童早期发展干预的范例，并且为测算其功效，已对其中部分范例进行了评估。部分最知名的范例包括：美国 Perry 学前教育项目、北卡罗来纳 Abecedarian 项目、婴儿健康与发展项目（Infant Health and Development Program，IHDP）、美国的开端计划和早期开端计划；印度整体性儿童发展服务（Integrated Child Development Service，ICDS）；墨西哥启蒙教育项目。

对这些干预措施的研究，阐明了儿童早期发展的特别惠益。例如，与未参与的儿童相比，参与 ICDS 的儿童在智力能力测试中的得分较高，学校出勤率、学业成绩和总体行为均更胜一筹（Chaturvedi 等，1987）。ICDS 是全球最大的儿童早期发展方案，为 3200 万名儿童提供服务。在巴西，上过 1 年学前班的贫困儿童在小学中就读的时间比未上过学前班的儿童多出 0.4 年（Barros 和 Mendonça，1999）。每多读 1 年学前班，儿童一生潜在收入就会增加 7% ~ 12%，其中，对于父母接受学校教育最少的儿童而言，其收益增加相对更大（Barros 和 Mendonça，1999）。Abecedarian 项目表明，参加儿童早期发展项目的儿童在小学留级的可能性减少了近50%（Ramey 等，2000）。研究亦表明，来自接受教育最少的家庭的儿童可获得最大的认知和社会惠益，且早期干预的影响似乎持久存在。这些惠益真实可信，它们毫无疑问地证实了一点：早期干预行之有效。

下一步

科学研究确认了为什么要执行儿童早期发展方案，以及应当何时执行。并且，儿童早期发展研究者和从业者在很大程度上确定了哪些方案行之有效，哪些群体最需要这些方案。这些考量可进一步予以拓宽和改进，不过，对于全球社会而言，目前的关键性问题是：如何有效执行儿童早期发展干预措施，以及如何扩大这些方案的规模。

换言之，政府如何利用科学知识制定政策，令幼儿受益？如何将当前有关儿童早期发展的科学知识转化为干预措施，使自出生起甚至还是胎儿时即被剥夺了最基本需求的大量幼儿受益？需制订哪些公共政策（例如，特别针对贫困儿童或者处境不利儿童的政策）？方案有效性的因素有哪些？如何扩大方案规模？在执行这些方案的过程中汲取了哪些教训？如何鼓励建立公私伙伴关系？

下一步就是，在全球各地解决这些问题，呼吁各国继续持久投资儿童早期发展。人们需继续努力，评估儿童早期发展方案，并在全球推广、启动、执行有效的儿童早期发展方案，尤其是针对贫困儿童的发展方案。

为儿童的未来投资

为激励各方围绕上述问题以及儿童早期发展投资展开讨论，2000 年 4

月 10 ~ 11 日，世界银行在华盛顿主办了一场国际会议，名为"为儿童的未来投资"。大会与会者审查了对早期干预惠益和有效性的认知情况，谈到了私营部门的作用和影响，强调了缩小贫富儿童差距的重要性，并强调了投资儿童早期发展潜在的政治和经济收益。本书包含大会的议程项目。各个章节由为大会准备或在大会结束之后编写的论文构成。

本书在先前努力的基础上进一步拓展了内容，其中包括，世界银行此前召开的一场名为"儿童早期发展：为未来投资"的会议。这场会议于1996 年 4 月在佐治亚州亚特兰大市卡特总统中心召开，会议的记录已获出版（Young，1997）。两届大会均使来自各国政府、非政府组织、基金会、学术界、多边及双边组织的代表齐聚一堂，互动探讨、阐述投资儿童早期发展的重要性。

本书分为 5 个部分："幼儿投资的惠益"、"测算早期机会鸿沟"、"评估儿童早期发展方案的成效"、"私营部门对公共部门的影响"以及"为未来投资：行动与政策"。在后面 12 章中，作者描述了当前的认识，并就未来的研究与行动提出建议，其中体现了他们广泛的研究和实践经验。

幼儿投资的惠益

第 1 部分的两章概述了投资幼儿发展的个人和社会惠益。在"儿童早期发展与大脑——一生健康、学习和行为的基石"中，J. Fraser Mustard 转达了当前大脑发育的研究工作及研究成果。他提供了历史证据，表明自工业革命以来，经济增长与改善健康的关系与儿童发展因经济日益繁荣而得以改善的结果之间存在关联。他继而综述了：生物路径基础研究；发展与功能的动物研究，基因—环境的相互作用以及免疫影响；基于人口的人类社会环境影响和教育经历研究。所有这些均证实了幼儿时期的重要性。Mustard 描述了几项干预努力的惠益，并突出强调了加拿大等发达国家以及发展中国家儿童早期发展方案的适用性。他强调，良好的儿童早期发展方案应对所有人口开放，并可通过减少在健康、能力和应对技能方面的不平等，提升社会素质。

在"从儿童发展到人类发展"中，Jacques van der Gaag 界定了幼儿发展与人类发展之间的关联。他简要概述了发展经济学的历史，评论了诺贝尔经济学奖得主的兴趣领域，借以展示从"开发计划模型"到"人的投资"这一历史性转变。Jacques van der Gaag 继而描述了四个关键路径——教育、健康、社会资本和平等，这些路径通过经济增长将儿童早期发展与人类发展联系起来。他以图表的形式概述了儿童早期发展方案在各个路径中对儿童、成人和社会的即期与长期惠益，最后总结道：执行良好、针对性强的儿童早期发展方案是人类发展以及国家未来投资的"发起者"。

测算早期机会鸿沟

第 2 部分的两章提到了测算儿童早期发展不平等问题和有效锁定儿童早期发展方案的必要性。在"保育标准——改善拉丁美洲儿童教育结果的投资"中，J. Douglas Willms 概述了 Primer Estudio Internacional Comparativo（PEIC）的发现。PEIC 是拉丁美洲首项国际性学校结果比较研究，它采用了 13 个国家的常用测试和问卷调查。Willms 描述了社会经济梯度概念，并审查了研究结果，结果表明：该地区各国之间在社会经济梯度、学习结果和学校成就方面存在广泛差异，并且，梯度与社会和儿童发展结果的不平等问题相关。基于数据分析，Willms 制作了一个框架，帮助决策者评估、监测学校结果。该框架包括"脆弱儿童"的定义以及优质学校教育的标准；虑及学校性质（公立、私立）和城市化程度（农村、城市、大城市）；将低收入国家纳入重要考量。Willms 建议，这些国家如能达到所列标准，可令儿童因父母受教育程度低而产生的相关风险降低一半。

在"确保所有儿童拥有公平起点——巴西案例"中，Mary Eming Young 以巴西为例，就儿童早期发展政策对于减少不平等的潜在意义提供了特别分析。她首先概述了美国几项儿童早期发展干预项目中脆弱儿童的结果改善情况，并以此为证据支持对综合性项目的投资，减少贫困，建设人力资本，并加强总体发展。Young 继而概述了 1999 年由巴西应用经济研究院开展的世界银行调查的结果。这项调查加强了 Willms 有关早期教育不平等以及针对贫困或农村地区儿童投资这一教育的发现。巴西学前教育成效评估为其他许多调查提供了支持，调查表明，就读学前班与提升整体入学率、降低留级率、加强未来生计能力之间存在关联。重要的是，对于父母是文盲的儿童来说，学前教育的好处似乎超过了父母受过教育的儿童。总体来说，巴西的惠益/成本比例为2∶1。另外，就读1年学前班就有望使未来的收入增加7%~12%。

评估儿童早期发展方案的成效

第3部分的4章探讨了这一问题：质量的构成要素是什么？在"有效的儿童保育与教育投资——从研究中汲取的教训"一章中，John M. Love、Peter Z. Schochet 和 Alicia L. Meckstroth 综述了针对质量构成要素开展的研究。他们确认了两个要素——课堂结构（例如儿童/工作人员比例、配套服务、员工特征）和课堂气氛（例如教师与儿童的主动行为、有效的师生互动、稳定性和一致性）。他们还突出强调了8个辅助因素，包括：教师受教育程度，在职培训，经验，连续性，薪资，经验丰富且受过培训的管理者和负责人，社区伙伴关系，安全且适宜的活动空间。基于儿童保育中心和家庭的儿童保育研究（内容概述可见第6章表6.1和表6.2）展示了与积极结果相关的重要修正因素，包括：降低儿童/工作人员比例，缩减小组规模，适当给予关爱，恰当的启蒙做法，保育人员的及时回应。优质儿童保育相关惠益包括：提高语言水平，提升社会技能，减少行为问题并增加合作。基于这一信息，作者突出强调了促进儿童早期发展的5种最为重要的投资：工作人员接受过良好培训、有积极性、致力于儿童保育工作；设施安全、卫生且可以使用；儿童/工作人员比例和小组规模可促进适宜的师生互动；持续监督；人力资源开发，以确保持续提升教学质量。最后，他们呼吁，利用同期、纵向和前后期设计，对质量进行额外的定量研究。

在"绘制与记录有效方案"中，Judith L. Evans 描述了有效性倡议（Effectiveness Initiative，EI）。这是一项对10个儿童早期发展方案开展的为期5年的定性研究，其目的是更好地理解各方案为什么能对不同的参与者、社区和文化发挥作用。通过深度审查 10 个方案的背景信息，参与者"绘制"有效性维度，并确定不同情境下的有效性模式。Evans 描述了这 10 个方案；有效性倡议的组织、假设和状态，正在使用的定性研究工具（例如初始问题、类比法、讲故事、访谈等），以及所采用的定性研究战略（例如嵌入式通信）。她指出了定性研究在辨别和描述差异、识别模式、获得直觉认知、关注过程、验证方案决定方面的优势。Evans 敦促各国将定性审查和评估纳入所有的儿童早期发展努力中，以确保将稀缺资源明智地投资于有效的方案中。

在第 8 章"有效的儿童早期发展方案——美国开端计划方案的经验分享"中，Louisa B. Tarullo 重点关注美国"开端计划"（Head Start，HS）方案。Tarullo 描述了该方案于 1995 年启动的方案绩效测算倡议，以及作为本倡议中心环节的家庭与儿童经历调查（Family and Child Experience Survey，FACES）。

调查中所收集的数据被用于评估成果、改进整体方案。测算方案绩效的概念框架将过程与参加开端计划方案的儿童和家庭的成果测算相挂钩。Tarullo 以金字塔的形式描述了这一框架。终极成果测算标准是"儿童的社会能力"，为支持这一成果，专门确立了 5 个目标。针对各个目标，界定了多项绩效测算标准。Tarullo 还描述了 FACES 的调查设计，报告了 1997～1998 年后续活动中的重要发现。数据表明，开端计划方案可促进儿童的成长与发展；强化家庭作为儿童首要培育者的作用；为儿童提供优质的教育、健康和营养服务；改善儿童的结果（例如词汇测试取得更高的分数）。这些数据已被记录并用来向立法部门及公众宣传开端计划方案的成效，并进一步改善方案。Tarullo 指出，这些数据是证实儿童早期发展投资价值的重要证据。

在"家访方案的质量元素——3 个牙买加模型"中，Kerida Scott-McDonald 指出了牙买加贫困社区中幼儿被忽略、虐待和保育不当为他们带来的巨大不利影响。她认为，对牙买加 1/3 生活在贫困之中的 4 岁以下儿童而言，提供基于家庭的儿童早期发展方案或许最有望打破贫困的恶性循环。Scott-McDonald 对牙买加 4～5 岁儿童的学前班覆盖率达到 85% 这一成就表示赞叹，但指出 3 岁以下婴幼儿的日托覆盖率不到 14%。她确认并描述了牙买加 3 个家访方案的 12 个质量构成要素，这些方案令越来越多的贫困家庭接受儿童早期发展干预，最终累积起社会资本。Scott-McDonald 评论了牙买加有待解决的问题并表示了自己的担忧。她总结称，家访方案面临的总体最大挑战是，确保完全实现制度化。Scott-McDonald 称，对贫困家庭而言，正规方案过于昂贵，可能不符合当地文化，或者无法满足家庭需要。她强调，需建立公私伙伴关系，推动家庭保育方案取得成效，并将此类方案纳入国家的社会服务提供之中。

私营部门对公共部门的影响

第 4 部分的两章审议了私营部门在儿童早期发展中的参与情况。在"私营部门在儿童早期发展中的作用"中，Robert G. Myers 指出，私营部门可在改善儿童发展方面扮演十分重要、意义重大的角色。他清楚阐释了儿童早期发展的相关术语，提出了社会投资儿童早期发展方案的六点论据，以及对私营部门的意义，界定和描述了私营部门与幼儿保育及教育相关的维度与构件。Myers 对私营部门所采取的广义观点包括小型、中型和大型商业机构，各种社会组织（例如社区团体、非政府组织、私立志愿者组织、教会、慈善机构）和个人。这些部门能够并且也的确提供或支持了各种儿童早期发展服务、培训和材料。Myers 继而审查了倡导私营与公共部门提供保育和教育的理由（例如资源可得性、成本效益、问责、质量、公平），并就如何提升私营部门在儿童早期发展倡议中的参与度提出了建议。他指出，私营部门有很多机会可以参与进来，他鼓励其中两大构件——商业机构和没有子女的成人——更大程度地参与到儿童早期保育与教育中来。

在"社区可有所改观——来自各大洲的 5 个案例"中，Simone Kirpal 突出强调了社区在儿童早期发展中的作用。她阐述了全球 5 个儿童早期发展方案范例，这 5 个方案均优先支持当地社区广泛参与，创建所有权并确保方案取得成功、兼具成本效益和可持续性。这些案例举例说明了有效的儿童早期发展方案如何能够动员当地社区参与进来，以实现可持续发展，以及公私伙伴关系如何能够提升潜力，实现方案的规模化。这5个案例分别是：海地蒙台梭利幼儿园项目（Montessori Preschool Project in Haiti）；乌干达母子日托中心服务机构（Mother-Child Day Care Center Services，MCD-CCS）；特立尼达和多巴哥共和国"为所有人提供志愿服务"（Service Volunteered for All，SERVOL）项目；阿加汗基金会在肯尼亚、乌干达、桑给巴尔岛（宗教学校资源中心，Madrasa Resource Center，MRC）和巴基斯坦（改善学前与初等教育项目，Improving Pre- and Primary Education，IPPS）所作的各种努力；以及在中东欧、前苏联国家、海地、蒙古和南非开展的Step by Step方案。在案例介绍中，Kirpal描述了一个成功的ECD方案所具备的7个基本特点，具体包括以儿童为中心的做法、父母参与和家庭支持、社区所有制、文化和财力可持续性、培训和能力建设、融入一个更广阔的发展框架，以及公私伙伴关系。她指出，任何一个社区发展方案的目标都应当是：当外部资助者离开后，程序仍可继续运行。要想启动这一程序，必须使社区从一开始就参与进来，并采取合作方式，强调父母、家庭和社区成员的充分参与。

为未来投资：行动与政策

第5部分的两章将讨论由"审查现有数据"引至另一个层面——"采取行动，制定政策"。在第12章中，Enrique V. Iglesias 和 Donna E. Shalala恳请关注最易受到伤害的儿童——贫困儿童和处境不利的儿童。在大会主题发言的基础上，"为贫困儿童缩小差距"将"贫困如何代际相传"与"可采取哪些措施打破这一恶性循环"挂钩。Iglesias 和 Shalala 敦促社区和政府共同合作，整合资源，进行有效干预。作者以美国开端计划方案和早期开端计划方案为例，为政府赞助的社区儿童早期发展工作提供重要借鉴。Iglesias 和 Shalala 认为，即使仅对涉及父母、学校和当地医疗机构的方案作出最小的投资，也可通过打破贫困恶性循环，减少暴力、犯罪行为和精神疾病等相关影响，从而对社会产生广泛影响。他们列举了从美国开端计划方案中汲取的6点经验：干预措施越早开始，效果越好；质量很重要；优质的儿童早期教育始于教师培训；父母必须参与其中，方案须为父母提供方便，满足他们不断变化的需要；儿童早期教育必须与其他需要相结合；政府应将儿童早期教育作为国家实验室和变革的催化剂。Iglesias 和 Shalala 总结出，投资开端计划方案或优质儿童保育最重要的原因是为贫困儿童"扳回劣势"。他们强调，加大力度为贫困儿童多尽一份力的时机已到。

在最后一章中，Eduardo A. Doryan、Kul C. Gautam 和 William H. Foege 谈到了"政治挑战——承诺与合作"。基于他们在会上围绕儿童早期发展的政治和政策方面发表的讲话，本章探讨了投资儿童早期发展方案的社会惠益和制约因素，以及投资所面临的政治挑战。作者强调，社会可通过儿童早期发展的各项努力而实现转型，因为此类努力有助于实现人的潜能，保障和保护人权，促进民主，减少贫困。他们指出，支持儿童早期发展的政治决策可能面临两个难题，一是儿童早期发展方案的即期成本（相对于长期利益，当时推行 ECD 项目的政治家可能早已卸任了），二是很难将儿童早期发展方案纳入不同政府机构或部门提供的其他服务中。作者认为，决策与效果之间的距离和时间跨度是阻碍良好决策的两大壁垒。Doryan、Gautam 和 Foege 强调，尽管存在这些制约因素，政府应在儿童早期发展方面发挥根本作用，决策者在设计或执行 ECD 方案时必须要考虑到所有利益攸关方的权力、立场和观点。他们阐述了政府开展有效行动的 6 个步骤，以及将国家资源投入儿童早期发展的 5 条基本原则。他们一致认为，现在就要行动起来，他们敦促建立全球联盟，以善用社区的热忱、政治领导人的承诺和儿童早期发展捐赠者的激情。

结　论

从根本上讲，儿童早期发展方案旨在为所有不谙世事的儿童提供一个获得成功的公平机会。即使在 3 岁或 6 岁，就有那么多的儿童开始面临诸多障碍。对他们而言，人生的竞技场不是平坦的大道，他们将终生进行艰难的奋争。尽管营养不良、被疾病侵害、被忽略或遭受虐待，他们仍然努力地生活，希冀学习。这公平吗？难道这个世界就不能为他们多做一点什么吗？

大多数父母会尽最大的努力帮助子女拥有平等的入学和工作机会；但是，许多父母本身就需要帮助，因为他们自己的生活也是捉襟见肘。社区、政府和社会可联手合作，为所有儿童和家庭提供公平的机会——为有需要的儿童和家庭提供儿童保育和教育方案，为家庭提供援助，令其从中受益，并确保所有方案优质、有效。当前世界日益复杂，市场日益全球化，因此，各国要想生存下来，进而参与世界经济，有效开展竞争，唯有仰赖于关爱儿童。

如何创造平等机会？在大多数国家，教育是伟大的平衡器，但其前提条件是：在教育面前，所有儿童机会平等。在任何一个国家中，贫困儿童均未能拥有平等的机会。即使存在教育设施，其质量也会低于富裕地区。并且，贫困儿童往往不得不弃学做工，为家庭带来收入。许多贫困儿童甚至无家可归，小小年纪就流浪街头自谋生路。

市场改革令实物和人力资本资产更具价值，而贫困家庭往往并不具有这些。必须呼吁各国政府以更加大胆的政策和方案配合这些传统改革，增加贫困人口的财产，确保他们亦能利用新的市场机遇。鼓励针对儿童早期发展制定相关政策和方案显然是首选，因为这些努力可令从中受益的儿童及其家人的一生发生改观。家庭越贫困，社会越不公平，政府就越有必要将税收及其他公共资源投入儿童早期发展干预，从而打破阻止本国发展的贫困代际传递问题（Birdsall，1999）。

世界各国需为儿童的未来投资，且私营部门必须参与这一投资。私营企业和组织应发挥重要作用，影响政府采取正确措施。公私伙伴关系有针对性地投资儿童早期发展，将有助于为所有儿童学习和取得成功以及长大成人后更加健康、更加有益于社会铺平道路。

对儿童早期发展方案的有效性进行持续评估，将为作出良好投资提供必要的指导。对方案的效能、效率和惠益—成本进行监测和评估，可为

"支持哪类方案和针对哪些社区或人口"等政策决策提供关键信息。对于任何投资，必须权衡财政成本的潜在收益及执行的可行性。未来面临的挑战是，以具有成本效益方式，资助儿童早期发展方案，改善贫困儿童及其家庭的生活。

在大会闭幕辞中，Foege 特别要求国际社会精心规划一个全球联盟，资助儿童早期发展倡议，以促进、测算、改善儿童的福祉。该联盟的组建可仿效新的全球疫苗免疫联盟（Global Alliance for Vaccines and Immunization，GAVI)，在各个国家设立儿童发展职责联络点。

正如 James D. Wolfensohn（2001）所说，通过将儿童置于全球减贫议程的中心，我们成了"在这个距离日益缩小、联系日益密切的星球上，既作为本国国民又作为全球公民思考问题的第一代"——这对我们来说既是机遇也是挑战。他意味深长地说："孩子将继承我们所创造的世界。教育问题已刻不容缓。孩子的未来取决于我们今日所作出的决策，取决于我们今日所展现出的勇气和领导力。"

参考文献

[1] Acheson, D. 1998. Independent Inquiry into Inequalities in Health: Report. London: The Stationery Office

[2] Barros, R. P. de, Mendonça, R. 1999. Costs and Benefits of Preschool Education in Brazil. Background study commissioned to IPEA by the World Bank. Rio de Janeiro: Institute of Applied Economic Research

[3] Birdsall, N. 1999. Investing in Children: The Role of the State in Unequal Societies. Remarks presented at a seminar on Breaking the Poverty Cycle: Investing in Early Childhood, Annual Meeting of the Boards of Governors of the Inter-American Development Bank and the Inter-American Investment Corporation, Paris, France, March 14, 1999. [www.iadb.org/sds/soc]

[4] Case, R., Griffin, S., Kelly, W. M. 1999. Socioeconomic Gradients in Mathematical Ability and Their Responsiveness to Intervention during Early Childhood. In: Keating, D. P., Hertzman, C., eds., Developmental Health and the Wealth of Nations. New York: Guilford Press

[5] Chaturvedi, E., Srivastava, B. C., Singh, J. V., Prasad, M. 1987. Impact of Six Years Exposure to ICDS

Scheme on Psycho-social Development. Indian Pediatrics,24:153～160

[6]Cynader, M. S. ,Frost,B. J. 1999. Mechanisms of Brain Development:Neuronal Sculpting by the Physi-
cal and Social Environment. In: Keating, D. P. , Hertzman, C. , eds. , Developmental Health and the
Wealth of Nations. New York:Guilford Press

[7]Fogel, R. W. 1999. Catching Up With the Economy. American Economic Review 89,(1):1～21

[8]Giedd, J. N. , Blumenthal, J. , Jeffries, N. D. , Castellanos, F. X. , Liu, H. , Zijdenbos, A. ,
ets. 1999. Brain Development during Childhood and Adolescence:A Longitudinal MRI Study. Nature
Neuroscience,2(10):861～863

[9]Karr-Morse, R. , Wiley, M. S. , 1997. Ghosts from the Nursery:Tracing the Roots of Violence. New
York:Atlantic Monthly Press

[10]McCain, M. N. ,Mustard,J. R. 1999. Early Years Study:Reversing the Real Brain Drain. Toronto:Pub-
lications Ontario

[11]Ramey, C. T. , Campbell, F. A. , Burchinal, M. , Skinner, M. L. , Gardner, D. M. , Ramey, S.
L. 2000. Persistent Effects of Early Childhood Education on High-Risk Children and Their Moth-
ers. Applied Developmental Science,4(1):2～14

[12]Ramey, C. T. ,Ramey,S. L. 1998. Prevention of Intellectual Disabilities:Early Interventions to Improve
Cognitive Development. Preventive Medicine,27:224～232

[13]Rutter, M. ,Giller, H. , Hagell, A. 1998. Antisocial Behavior by Young People. Cambridge:Cambridge
University Press

[14]Shore, R. 1997. Rethinking the Brain — New Insights into Early Development. Families and Work In-
stitute. New York,N. Y

[15]Tremblay, R. E. 1999. When Children's Social Development Fails. In: Keating, D. P. , Hertzman, C. ,
eds. Developmental Health and the Wealth of Nations. New York:Guilford Press

[16]Willms, D. 1999. Quality and Inequality in Children's Literacy:The Effects of Families, Schools, and
Communities. In: Keating, D. P. , Hertzman, C. , eds. Developmental Health and the Wealth of Na-
tions. New York:Guilford Press

[17]Wolfensohn, J. D. 2001. The Challenges of Globalization. The Role of the World Bank. Address to the
Bundestag. Berlin,Germany,April 2

[18]World Bank. 2000. World Development Report 2000/2001, Attacking Poverty. New York:Oxford Uni-
versity Press

[19]Young, M. E. , ed. 1997. Early Child Development:Investing in our Children's Future. International
Congress Series 1137. Amsterdam:Elsevier Science B. V

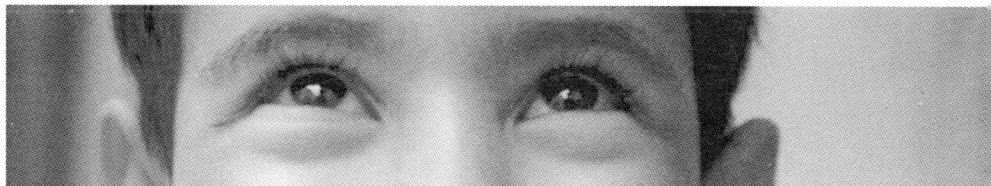

The Benefits
of Investing in Young Children

第1部分

幼儿投资的惠益

第 2 章
儿童早期发展与大脑
——一生健康、学习与行为的基石

Early Child Development and the Brain: the Base for Health,
Learning, and Behavior Throughout Life

J. Fraser Mustard

就人们仔细研究过的大多数哺乳动物而言，对早期生理发展和行为构成影响的条件亦对其以后一生的各个阶段产生重大影响。虽然幼年时期对许多哺乳动物的健康和应对技能的重要性已经得到了认可，然而，儿童早期对于人类发展和健康的重要性至今却仍然存在争议（Bruer，1999；Kagan，1998；Keating 和 Hertzman，1999）。关于人类幼年时期所处的社会环境和物理环境（水质、安全的物理环境、充足的营养以及精心的培育）对成年后的生理和心理健康、能力和应对技能的影响，出现了许多新的理解，由此引发了以下提议：为母亲和儿童投资将减少成年生活发展和健康方面的不平等（Acheson，1998；Keating 和 Hertzman，1999；McCain 和 Mustard，1999）。

这一认知加上日益增加的证据，表明儿童早期发展可影响以后人生阶段的认知、学习和行为（Keating 和 Hertzman，1999；McCain 和 Mustard，1999；Wickelgren，1999），儿童早期发展具有根本重要性的更加广泛的共识由此逐渐形成。此类证据大多源于自然科学和社会科学领域的研究工作，其中涉及历史研究、神经学、遗传学、出生队列纵向研究、人口流行病学、横向研究，以及加强儿童早期发展对此后一生影响的随机试验。

其中一个挑战就是，如何将自然科学与社会科学的知识结合起来。在《论契合——知识的统合》（Consilience：the Unity of knowledge）一书中，Wilson（1998）解读社会信念、价值观以及知识学科不同的框架、信念和文化时，列出了融通自然科学与社会科学中有关人类知识的种种困难。本章从这两种不同学科的角度探讨儿童早期发展以及成年生活的健康、能力和应对技能。以下各节分别阐述了历史证据，生物与动物研究、人类流行病学研究和纵向研究成果，并介绍了加拿大一个新的儿童早期发展倡议的案例。

历史证据

西方国家发生的巨变之一就是工业革命对国家繁荣与人口健康的影响。Fogel（1994）、McKeown（1976）以及其他人（Steckel 和 Floud，1997）一直试图评估工业革命开始之后人口死亡率明显下降的原因。

在对英国的研究中，McKeown（1976）估测，在引起人口死亡率下降的因素中，有针对性的公共卫生措施因素约占25%。他通过排除法得出结论：健康发展在很大程度上与营养改善有关，而后者则源自经济日益繁荣、粮食生产和分配的日益增加。他的结论引起了争议（Szreter，2000）。不过，在对多个西方国家开展更加广泛、深入的评估之后，Fogel（2000）亦得出了这一结论：更充足的营养——这在很大程度上归功于工业革命和经济的进一步繁荣——是引发人口死亡率下降的主要因素。

Fogel（2000）在分析中发现，随着人口平均身高的增长，平均寿命亦有所延长。由于幼儿（包括胚胎）时期的营养状况对成年后的身高有着重大影响（Floud、Wachter 和 Gregory，1990），Fogel 总结称，预期寿命的增加与幼年时期条件的改善有关。他推断，幼年时期的条件可对成年生活的健康风险产生影响。很显然，除营养水平改善外，其他变化，如家庭人口减少等，亦对这一时期的儿童早期发展有影响。家庭人口减少有助于降低儿童感染概率，亦有助于父母更好地培养幼儿（Reves，1985）。

这项历史证据展示了经济增长与健康改善之间的关系，说明健康改善并非由保健护理促成，且常规公共卫生措施仅是其中的部分原因。然而，这种关系表明：越富裕的社会，儿童的发展情况改观越明显。

作为一位经济史学家，Fogel 亦考虑到了更加健康、能力更强的人口对经济增长的影响。他总结称，发达国家与工业革命带来的经济增长主要归功于人口素质的提高。他估计，自工业革命开始以来，在推动英国经济增长的因素中，人口素质的提升占比可达 50%（Fogel，2000）。这项证据表明了技术创新、经济繁荣、社会环境变化与人口健康和福祉以及人口健康改善对经济增长的影响之间的关系。在他的一本著作中，Fogel（2000）还探讨了当今社会新的知识和技术创新如何引发重大的经济与社会变革，以及这些变化对人口的潜在影响。

历史证据向我们提出了两个有待解答的问题：幼年生活如何影响人的发展，以及可能对成年后的生理和心理健康带来怎样的风险？哪些生物路径参与其中，以及儿童早期发展的状况如何影响这些路径？

研究成果

人类和动物研究为"早期营养和经历对以后大脑发展和能力、应对技能、行为及健康的影响"提供了实质性证据（Acheson，1998；Gunnar，1998；Hales，1997；Keating 和 Hertzman，1999；Lucas、Morley 和 Cole，1998；McCain 和 Mustard，1999；McEwen，1998；Meaney 等，1996；Selye，1936，1976；Suomi，1997）。早期大脑发展及其通过内分泌系统、免疫系统、心理过程等相关路径影响身体机能等方面的新知识，正在为其他生物路径提供线索（Francis 等，1999；Gunnar，1998；Keating 和 Hertzman，1999；McEwen，1998）。有生物学证据支持这一假设，即早期大脑发展可影响人一生的健康、学习和行为。

生物路径

生物学研究为幼儿大脑发展与经历之间的关系提供了耐人寻味的证据。关于这一关系的线索可参见大脑/激素路径、感官路径（如视觉皮质等）、人类大脑发展阶段的相关研究。

大脑/激素路径

自 Selye 开展研究（1936）以来，对下丘脑—垂体—肾上腺（hypothalamus-pituitary-adrenal，HPA）系统、自主神经系统和压力的理解呈快速上升趋势。现在，通过精神神经内分泌学和精神神经免疫学研究，我们对这些系统在早期的发展及其对大脑功能以及内分泌系统、免疫系统其他重要路径的影响有了更好的了解。从根本上讲，对大脑的外在或内在感官刺激可通过 HPA 系统，导致皮质类固醇（类固醇）增加，自主神经系统被激活。类固醇水平及其在血液中的持续时间可对包括大脑在内的所有身体系统和器官产生影响。大脑通过与下丘脑有关的反馈系统，调节血液中的类固醇水平。大脑对下丘脑中促肾上腺皮质激素释放激素（corticotropin-releasing hormone，CRH）释放情况的调节不仅可影响 HPA 路径，亦可影响海马体及边缘系统中的其他路径（McEwen 和 Seeman，1999）。关键问题是：对促肾上腺皮质激素释放激素路径的调节程序是如何设置的？

海马体和下丘脑中有类固醇受体，它们在大脑机能的许多方面都非常重要，可影响行为、认知机能丧失、年老失忆、物质滥用、自杀（Gunnar，1998；Francis 等，1999；McEwen 和 Seeman，1999；Selye，1936）。对新生幼鼠的研究表明，早期的外在和内在刺激可设置 CRH-HPA 的敏感性和调节程序（Francis 等，1999；Gunnar，1998；McEwen，1998；Meaney 等，1996）。

在激活海马体和下丘脑神经元基因构件（这些是决定早期细胞差异和功能程序的一部分）时，部分调节程序似乎因类固醇等刺激物的影响而受到干预。类固醇通过几种路径调节基因表达，其中涉及激活特定基因，调节 RNA 转录等。环境条件（经历）变化对神经系统的发展产生影响并具有持续的效应——既包括基因表达层面，亦包括突触发展层面，在这方面的认识正日益增加。部分调查工作正在探索，基因转录如何调节位点的变化可作为一个机制来实现神经功能的长期效应。

至少有三个途径可实现对 CRH-HPA 路径的刺激：循环中产生的内源因素，例如与疾病有关的内源因素；内脏感官系统的直接刺激，如疼痛、血压等；通过大脑外部感官系统——如视觉、触觉、听觉和嗅觉——产生的下丘脑刺激。海马体是一个重要结构，因为它涉及边缘系统—下丘脑—垂体—肾上腺（limbic hypothalamic pituitary adrenal，LHPA）系统和前额叶皮质（Dettling 等，2000；Francis 等，1999；McEwen 和 Seeman，1999）。海马体影响记忆、学习和行为。类固醇长期保持较高水平可导致海马体神经细胞丧失，进而对记忆和行为产生影响（McEwen，1999；Sapolsky，1992，1997）。对动物的研究深刻地表明，早期经历（刺激）可影响这些大脑路径的发展及其在一生中对内外刺激的反应。

McEwen 和 Schmeck（1994）对这一动态的互动过程、早期经历的影响以及 CRH-HPA 路径的功能作出以下总结：

　　"所有这一切意味着，虽然大脑激发激素及其多重效应，然而，激素潮亦可影响大脑。其影响非常深远，个人在经历方面的差异可转化为大脑功能甚至大脑结构的差异，这正是情况如此错综复杂、难以简单归结为'先天或后天'的原因所在。早期经历以及由大脑对这些经历所作反应而决定的激素暴露暗示，这将改变大脑未来应对新经历的方式。"（McEwen 和 Schmeck，1994，第 178 页）

人类和动物研究——现在，此类研究已将早期经历与此后的生理和心理健康问题相挂钩——得出的很多证据均指向 CRH-HPA 路径（Francis 等，1999；McEwen，1998，1999；McEwen 和 Schmeck，1994；McEwen 和 Seeman，1999；Sapolsky，1997）。Barker 与同事将出生体重和妊娠期时长与成年后健康联系起来，他们的卓越研究（Barker，1992，1997；Phillips 等，1998）表明，胎儿和幼年时期的条件对成年后的健康状况有着"深远"影响，如冠心病、高血压、非胰岛素依赖性糖尿病、免疫系统功能下降以及肥胖症等。对多种动物开展的实验证实了子宫内发育迟缓与高血压、新陈代谢失调之间存在关联。

Barker 的研究团队（Phillips 等，1998）发现，64 岁男子的血浆胆固醇水平与其出生体重呈反比。由胎龄造成的出生体重轻的男子，其血浆胆固醇水平较高，它与较高的血压、血糖水平和胰岛素抗性之间存在重大关联。正如 Meaney 团队从幼鼠实验中得出的结论，Barker 的研究团队总结道，CRH-HPA 轴可在子宫中设置程序（Phillips 等，1998；Smythe 等，1994）。

因此，由于在子宫内和出生后不久受到内外刺激而产生的早期 CRH-HPA 路径的发展与调节，可对整个生命周期中这一路径的调节和功能产生影响。由于这一路径可在一生当中影响记忆、认知、行为、新陈代谢路径、免疫系统和心血管系统，早期大脑功能的发展至关重要。此外，有证据表明，自主神经系统的反应——这一点研究起来难度更大——亦受早期条件影响，很有可能与边缘 HPA 系统的发展存在部分关联（Francis 等，1999）。

感官路径

另外一组受早期情况影响的大脑路径是，连接感官系统（如视觉、触觉、听觉、嗅觉等）的皮质区域的形成与分布。大脑皮质区域不同感官部分的神经元对早期所接受信号的反应存在差别，这些神经元可影响个人对周边世界的认知程度并对感官器官输入信息作出回应。视觉领域的突破性研究（Cynader 和 Frost，2000；Hubel 和 Weisel，1962）表明，早期发展阶段中存在一个敏感期，在此期间，大脑枕叶视皮质中的视觉神经元对于正常视觉所不可或缺的神经元的形成和分布最为敏感。和 CRH-HPA 系统一样，在早期发展的敏感期，源自视网膜的刺激启动大脑枕叶视皮质神经元中的基因机器，使之能够区分各自在视觉中的功能。在动物研究中，如果错过了敏感期，启动基因机制就会有困难。

尽管非专业人士对这项研究工作有着种种不同的解读，不过，视觉领域的一位神经学家 Cynader（2000）明确阐述了这项研究工作的意义：

　　"鉴于近期围绕儿童早期经历在决定成人大脑皮质能力方面的重要性出现种种争议，对于后天发展关键时期视觉皮质可塑性的研究与此息息相关。这些争议对儿童早期教育、养育和保育有着重大意义，不过，针对这些争议，人们更多的是在进行辩论，而不是开展神经科学研究。视觉皮质为我们提供了最佳模型，供我们了解早期脑感官刺激如何对大脑在一生当中的回路和功能构成影响。对此开展研究，应可增加我们对早期感官输入如何决定大脑长期运作能力的认知。"（Cynader，2000，第 1943～1944 页）。

从动物研究和人类研究中得出的证据与这一结论完全吻合，即大脑褶皱的形成和发育在早期最具活力，并且这一发展时期的养育质量和接收到的刺激可对其产生根本性影响。不过，这些影响绝非"要么全有，要么全无"，至少视觉方面的实验结果可以说明这一点。而且，幼儿时期信号从眼睛到达视觉皮质之前的时间越长，成人后的视觉灵敏度就越差（Cynader 和 Frost，2000）。也就是说，除非在神经元形成和发育这一敏感时期眼睛中的正常信号已传递至视觉皮层，否则，这一大脑构件将无法完好地发挥其应有作用。

同理，听觉、触觉等其他感官路径亦是如此（Cynader 和 Frost，2000；Hyman，1999）。所有的研究工作都表明，如果大脑感官系统未在最佳时期获得发展，那么，之后将很难从根本上改善感官路径的成形和分布。

关于感官路径之间相互连接的证据日益增多，例如视觉与大脑其他重要中枢之间的连接（Rauschecker，1999）。虽然对通向大脑其他部分（影响唤起、情感、行为、语言和数学技能）的神经路径发展过程的认知相对较少，不过，部分神经学家推测，这些路径的成形和分布方式与感官系统相仿（Cynader 和 Frost，2000；Hubel，1994；Le Doux，1999）。关于"不同感官系统之间以及与大脑其他部分跨通路交流"的证据建立了一个框架，便于了解这些路径在生命早期的发展状况会产生何种持久影响。

人类大脑发展阶段

对人类大脑发展的无创性研究表明，部分结构的发育早于其他部分，大脑的发育在早期最为活跃。在第二个 10 年，这一活动将逐步下降到接近于成人值（Chugani、Phelps 和 Mazziotta，1987；Huttenlocher，1994）。研究结果说明，部分结构很早就开始发育（例如，视觉、听觉、触觉等感官路径，跨通路连接，CRH-HPA 路径），而其他路径的发育则相对较晚（如识字、算术等），并可能会受到先前基础的影响（Case，1996；Cynader 和 Frost，2000；Hyman，1999）。有些复杂的发育，如行为、情感和唤起等，可能会在不同阶段受到影响。幸运的是，海马体——负责记忆的重要结构——在一生之中始终保持可塑状态，并可生成新的神经元（Kandel，1999；Kempermann 和 Gage，1999）。然而，通过研究早期经历对 CRH-HPA 路径和皮质醇水平的发展与调节的影响，从中获得的证据表明，如果早期环境较差，就可导致皮质醇调节不佳，进而对整个一生中海马体的发展、运行和再生构成不利影响。

研究人员在探索各种策略，力求能在发育的较晚阶段影响基因表达，从而克服或者至少部分克服"无法在发育的早期阶段确立适当的基因表达"这一难题（Cynader 和 Frost，2000；Smythe 等，1994）。

动物研究

我们对于人类生理学、疾病以及诊断和治疗技术的了解，大多来自动物研究。科学家正在实验将动物组织移植入人体，以减少包括部分脑功能障碍在内的健康问题。鉴于文化、理念及其他因素，许多调查人员反对将动物实验中获得的知识用于了解大脑机能以及人的发育。对动物研究与人类之间的关联度保留部分意见是合理的，不过，无视核心信息那就不对了。部分原因在于，动物研究可揭示，一生中大脑等各种身体器官是如何在细胞和器官层面逐步发展和相互作用的。儿童早期发展相关研究包括发展与功能、基因—环境相互作用和免疫影响方面的研究。

发展与功能

在对老鼠、田鼠、猴子进行的多项研究中，研究人员审查了人类早期发展对此后一生中大脑发展、大脑特点及其功能的影响（Black 等，1998；Coe，1999；Greenough、Volkmar 和 Juraska，1973；Meaney 等，1988）。从这些研究以及其他动物研究中得到的证据表明，早期环境可影响大脑发展，并且早期发展可影响此后的行为、学习、健康和记忆力。

从老鼠研究中得出的数据展示了诸多耐人寻味的观察结果，表明发育神经生物学与功能之间存在关联。研究人员为幼鼠提供了内容丰富的动物笼（内有可供玩耍的玩具）并令其母亲参与进来，结果表明，这些幼鼠明显从中获益。与那些未予提供内容丰富的环境的幼鼠相比，这些幼鼠成年时的神经元和神经连接较多（这是大脑发育和褶皱形成的产物），并且在老鼠能力测试中表现更好。Greenough 及其同事们注意到，身处类似丰富环境的成年鼠亦出现了新的神经元，并且神经连接增加（Black 等，1998）。不过相比之下，幼鼠的变化更明显，速度也更快。

其他研究表明，早期被母亲频频舔舐的幼鼠可形成 CRH-HPA 轴的调节控制，从而对刺激提供更加平衡的反应——例如类固醇水平低、快速恢复至较低基准值等（Francis 等，1999；Meaney 等，1996，1988）。这些研究中的一个突出特点就是，被频频舔舐的幼鼠长大后记忆力较好。同时，这些幼鼠长大后，海马体神经元的丧失数量相对较少，这与"过高的类固醇水平可导致海马体神经元丧失"的观察结果是相符的（Sapolsky，1992，

1997）。总之，被频频舔舐的幼鼠，其 CRH-HPA 路径可获得更好的调节，并且长大后可保持更好的记忆力和认知功能。

在对老鼠进行的一项有趣的研究中，Francis 等（1999）将母亲频频舔舐、照料的幼鼠和母亲很少舔舐、照料的幼鼠对调。结果表明，无论生母是谁，被安排给"好"母亲的幼鼠，其 CRH-HPA 路径与那些由"好"母亲生养的幼鼠相仿。由"差"母亲生育并由"好"母亲带大的母性幼鼠，其生物特征和母性特征与养育它们的母鼠相同。

基因—环境相互作用

人们对猴子的幼年及发展情况进行了较为广泛的研究。在一组实验中（Suomi，1997，2000），恒河猴被分为先天脆弱和先天抗压两组。先天脆弱组别的特征是对压力或挑战反应过激。如果未经有爱心的母亲抚养，这些猴子的 CRH-HPA 系统将超出估计值，皮质醇反应过度，很难恢复静止水平。如果早期养育不当，这些易受伤害的动物会避开新奇的刺激，并对母婴分离表现得焦虑、沮丧。成年后，它们的焦虑会日益增长，并且行为消沉，有酒时会过度饮酒，一时冲动作出侵犯或暴力行为，且体内循环的类固醇水平较高。如果是母猴，则往往成为差的母亲。

研究人员详细研究了这些动物的生物路径，结果表明，应对轻微压力时其类固醇水平较高，静止的类固醇水平高，大脑血清素水平低，类固醇循环节奏紊乱。当脆弱组别中"差"母亲的后代被极具母爱的母亲接手抚养时（Suomi，1997，2000），脆弱的婴猴变得有安全感，且探索方式早熟。成年后，它们将跻身"社会上层"；拥有稳健的免疫反应，类固醇路径调节能力更强，大脑血清素水平正常；母猴则成为非常具有母爱的母亲。

研究人员发现有一项基因特征与脆弱猴子的血清素新陈代谢息息相关（Bennett 等，2000；Suomi，2000）。如果抚育不当，拥有短对偶基因的猴子会对刺激表现出类固醇反应过度、大脑血清素水平较低这一情况；如果精心抚育，则不会表现出这些不良反应（Suomi，2000）。这一发现以实例说明了环境对于基因表达的影响。

对免疫系统的影响

HPA 系统最重要的一个影响就是对免疫系统的影响。早期类固醇水平上升引发 CRH-HPA 系统过度活动，可使免疫能力出现永久性大幅下降（Coe，1999；Suomi，2000）。类固醇对免疫系统的影响十分复杂；例如，较强的 CRH-HPA 反应有益于控制急性病。研究还表明，在贫困环境中养大的婴猴，其抗体功能会发生变化，从而增加它们自身免疫紊乱和患上哮喘等的风险。

人类研究

人口流行病学随机社会实验、纵向研究和观察研究表明，儿童健康、学习和行为受到早期生活经历中的营养、父母养育能力以及支持儿童早期发展的其他因素影响。研究工作清楚地表明了父母等多方共同参与的良好的 ECD 方案的价值和益处。

环境影响

发达国家基于人口的流行病学研究记录了健康、学习和行为的社会隔离现象。研究表明，健康、认知、行为措施与社会经济地位（Socioeconomic status，SES）之间存在梯度关系（Bennett 等，2000；Case、Griffin 和 Kelly，1999；Hertzman，1999；Macintyre，1994；Marmot 等，1995；Power 和 Hertzman，1999；Willms，1999）。位于社会经济地位指数底层的个人分数最低，位于指数顶层的个人分数最高。以下几点很耐人寻味。

第一，发达国家的健康、学习和行为梯度倾向于呈直线型（也就是说，不存在贫困门槛）。

第二，梯度无法仅用基因进行解释，社会环境可明确地对其产生影响。

第三，部分国家分数很高，梯度相对较平。

第四，在发达国家，绝大多数困难儿童都属于人数众多的中产阶级。例如，加拿大数据表明，贫困家庭中约32%的儿童和富裕家庭中超过20%的儿童早期发展欠佳（McCain和Mustard，1999）。也就是说，造成这些人口梯度或社会隔离的原因并不仅仅是家庭收入。

理解社会环境对健康、学习和行为的影响路径并非易事。从纵向研究中获得的证据证实，大脑发展是其中一个影响因素，它涉及影响一生学习、行为、生理和心理健康的路径的确立。Power和Hertzman（1999）将这一程序称作"生物嵌入"，这一概念将早期环境与负责区分大脑不同区域神经元具体功能的基因机制的启动联系了起来。

通过对儿童从出生至成年的同期组进行纵向研究表明，在健康、行为和学习方面存在类似的社会经济地位梯度影响（Case、Griffin和Kelly，1999；Power和Matthews，1997；Power和Hertzman，1997，1999；Power等，1997；Tremblay，1999；Wadsworth，1991）。图2.1描述了英国1958年出生同期组23岁时与出生时社会阶层相关的学业成绩梯度（Power和Matthews，1997）。儿童出生时的社会阶层每上升一级，教育程度的百分比就会随之上升。

图2.1表明，23岁时不具备任何教育背景的人（在英国教育系统处于0级以下）占比最高的群体为出生于英国最低社会阶层（Ⅳ和Ⅴ）的儿童，而出生于最高社会阶层（Ⅰ和Ⅱ）的儿童占比仅为5%。无论是男性还是女性，出生时社会阶层每升一级，教育程度百分比就会相应出现增长。很显然，这一梯度受到个人出生时的情况以及23岁以前的生命历程的影响。

图2.2展示了同一同期组在33岁时的健康梯度（Power和Matthews，1997）。图中，"心理困扰"（依据24项心理和身体不适症状予以评估）与未来的心理健康问题有关，"糟糕的健康状况自我评价"与未来的慢性健康问题有关。该图展示了与出生时社会阶层相关的健康梯度。女性在33岁时的心理健康问题梯度最为明显。两个梯度（未来心理健康与慢性健康问题）的某些方面可反映出早期环境对CRH-HPA路径发展的影响，这一点

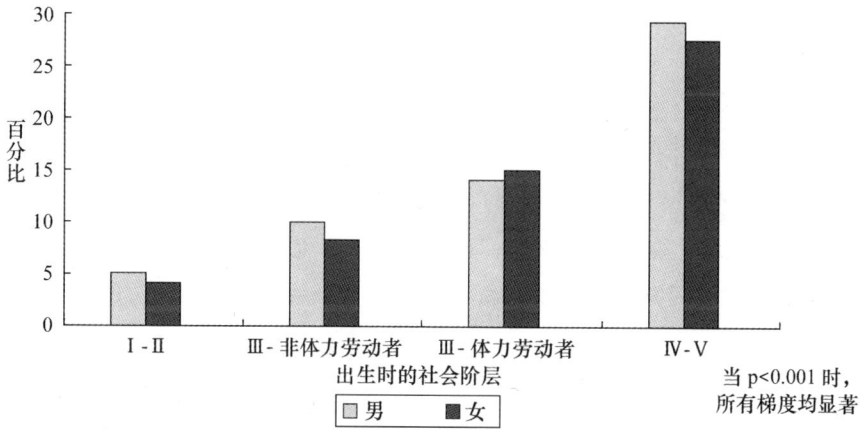

图 2.1　出生时社会阶层与 23 岁时的教育程度百分比（0 级或以上）

（1958 年英国出生同期组）

在前文中已有探讨。

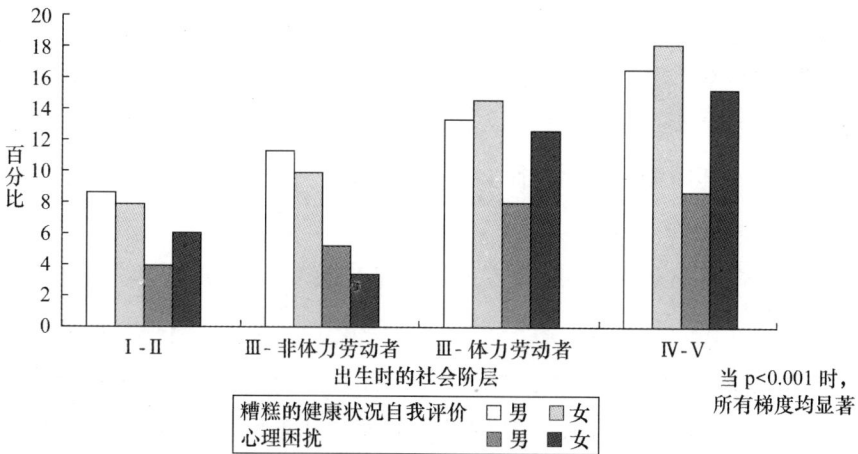

图 2.2　出生时的社会阶层与 33 岁时的健康状况

（1958 年英国出生同期组）

数据表明，在成年早期，糟糕的健康状况自我评价是未来慢性健康问题的预警器。这一数据与 Barker 及其同事们的发现相符，他们发现，成年人的很多慢性疾病与母亲怀孕期间以及幼年时期的生活条件有关（Barker，

1992，1997；Phillips 等，1998）。这些数据亦与 Acheson 关于英国健康不平等问题的报告中得出的结论相吻合，即儿童早期发展影响成年后的生理和心理健康。

图 2.1 和图 2.2 中的出生同期组数据表明，所有社会阶层中的儿童均受制于可影响他们早期健康、行为和学习的环境因素，且社会阶层较低的儿童受影响的比例较高。当然，这些数据并未虑及 23 岁和 33 岁前所发生事件对健康、行为和学习的影响。Power、Hertzman 及其同事们估测了此类影响，并得出总结，糟糕的早期起点再加上糟糕的生命历程，对健康、行为和学习的影响最大（Power 和 Hertzman，1997；Power 等，1997）。

早期经历与发展

在其他国家开展的纵向研究的数据表明，早期发展状况与之后的能力、应对技能和健康之间存在清晰的联系。瑞典对一组 1975 年出生、来自城市中低收入家庭的儿童样本进行的研究（Andersson，1992）表明，1 岁前参加过优质 ECD 中心活动——父母亦参与其中——的儿童 13 岁时拥有最佳社交技能与认知能力。进入瑞典学校体系、语言技能较差的男童很可能会在青少年时期成为功能性文盲，并且，其中很大一部分人最终将走上犯罪道路（Stattin，1993）。

法国 Ecoles Maternelle 方案的儿童研究（Bergmann，1996）表明，该方案提升了来自所有社会阶层的儿童在学校中的表现，并且，儿童越早参与学前方案，他们的成绩就会越好。英国一项研究（Osburn 和 Milbank，1987）表明：参加了优质半日制学前方案的儿童，与未参加的儿童相比，获得了更好的认知发展和学业成绩；并且，与身处有利境地的儿童相比，身处不利境地的儿童从中受益更大。

纵向研究中一项显著的观测结果就是，早期在不健全的家庭中成长且缺乏外界支持的女童，日后在行为和心理健康方面的风险呈递增之势（Maughan 和 McCarthy，1997；Rodgers、Power 和 Hope，1997；Rutter、Giller 和 Hagell，1998）。许多在不健全家庭中成长的男童入学时就明显地展示出反社会行为，其中约 1/3 的男童十几岁时会犯罪（Tremblay，1999）。这些发现对于所有社会阶层的儿童都是成立的，并且，对于身处较低社会经济阶层的儿童而言，日后发生各种不良后果的比例相对较高。

改善儿童早期发展：影响

发达国家和发展中国家的多项研究关注了改善儿童早期发展的方案如何影响儿童日后的学习、行为和健康。与药物随机试验相比，开展社会干预随机试验的难度要大得多，且往往规模较小。然而，这些研究的结果可通过对比生物、动物研究以及基于人口的流行病学和纵向研究发现，予以测试。

少数研究展示了改善儿童早期发展对于贫困人口的影响。在牙买加，Grantham-McGregor 等（1991，1997）对比正常对照组，考察了良好的营养与养育对出生时发育迟缓的儿童的影响。发育迟缓儿童被随机分成了 4 组：不提供强化营养和养育；改善营养；加强养育或刺激；改善营养和养育。两年后，未给予支持的小组发育不良；改善营养或给予刺激的小组几乎出现了均等改善，发育情况达到了正常对照组的 50% 左右；获得培养和营养的小组，其发展情况等同于正常对照组。这项研究突出强调了营养和养育在早期发展中对出生时明显处于不利境地的婴儿的价值。在本次研究中，发育迟缓儿童的母亲妊娠期不健康，儿童需在出生时承担 Barker（1992，1997）确定的部分风险。这项研究的结果与动物和生物研究结果相符。

卡罗来纳 Abecedarian 项目展示了儿童早期发展倡议在美国非裔贫困人口中取得的成效（Campbell 和 Ramey，1994；Ramey，1990；Ramey 等，2000）。母亲智商（IQ）较低的儿童被随机分成了两组。一组参与儿童早期发展方案，方案涉及父母及家访，家访工作从儿童出生后不久开始一直持续到入学。另外一组是对照组，不参与儿童早期发展方案。该方案是一项十分细致的 ECD 倡议，每 3 名 3 岁以下婴幼儿、每 6 名 3 岁以上儿童即配备一位具备资质的儿童早期教育者。

结果表明，与对照组相比，参与 ECD 方案的儿童在认知（包括 IQ）、教育表现和行为改善方面受益匪浅，并且直至 21 岁时，他们自身的进步仍十分明显。该方案对智商的影响尤其值得关注，因为 Wickelgren 的最新综述（1999）认为生命最初几年的情况似乎可影响智商。参与卡罗来纳项目的儿童，在学校数学成绩方面也表现良好。21 岁时，曾参与过学前教育方案的儿童入读四年制学位课程的人数是对照组儿童的 4 倍多。入学时，为对照组儿童提供的特别方案未对其发展产生巨大影响——这进一步突出了学前教育方案的重要性。

众所周知的 High/Scope 学前教育研究（Berruta-Clement，1984；Schwein-hart，1993）提供了来自一项随机研究的证据。这项随机研究关注美国的一个 ECD 计划对身处贫困社会经济环境家庭儿童的影响。那些儿童自 3 岁起进入该方案，并一直持续至 6 岁入学。该方案于 Abecedarian 项目之后启动，仅于学年期间运作。它涉及父母、儿童早期教育者（每 6 名儿童配备一位）和家访。事实证明，到 18～20 岁时，曾参与过学前教育方案的儿童在校表现及就业情况较好，少女怀孕、犯罪活动等行为问题较少。在其 27 岁时进行的评估表现出某些显著的效果。与对照组相比，曾参与过干预的女性较少接受"可教育心理障碍"方案，而男性中因犯罪活动而被捕者更是少之又少。这些结果与下列结论相符：（1）越来越多的证据表明，早期发展环境较差的女性成年之后心理健康风险将呈递增之势；（2）数据表明，错过早期这一黄金期，日后将很难克服早期大脑发育不佳的种种劣势。研究并未表明，儿童早期发展可对智商持续产生影响，这可能是因为，该方案所招收的是 3 岁儿童，此时 IQ 效应的效果似乎已经停止（Wickelgren，1999）。

数学能力的变化是见证学前发展成效的一个范例。旨在提升 4～5 岁儿童基本数学认知能力的方案成就显著（Case、Griffin 和 Kelly，1999；Griffin、Case 和 Siegler，1994）。在美国，Case 与同事们审查了学年数学成绩可否通过一项名为 Right Start 的倡议获得改善。他们采用了"数学的认知权重"这一策略，该策略动用多个感官路径，并且，在早期得到发展的感官路径的跨通路信息交流可能影响该策略。在研究中，社会经济地位较低的儿童被随机分为干预组和对照组，与一所中产阶级学校的儿童进行对比。9 岁时，参与特殊学前干预方案的儿童超过了中产阶级学校的儿童，而对照组儿童的表现则不及中产阶级学校的儿童。Case 推测，错过 4 ~ 5 岁这一敏感发展期的儿童日后可能很难应对复杂的数学。

Case 的发现与 Fuchs 和 Reklis 的结论（1994）相符，Fuchs 和 Reklis 研究了儿童早期发展对美国各州学生数学成绩的影响。两人发现，入学前，如果儿童获得了良好的早期发展，那么，这个州的学校数学成绩就高，否则成绩就低。他们总结道，要改善美国整体的数学成绩，必须推行强有力的学前教育方案。这些结果与 Abecedarian 项目的发现以及"大脑功能在早期不同阶段得到发展"这一观念相符。

在全球其他地方，儿童早期发展方案研究工作开始展现出类似效果。印度的一项研究（Kaul 等，1991）亦展示了早期干预方案对于儿童日后数学能力的影响。世界银行一项研究（World Bank，2001）曾概述过巴西儿童早期发展方案的成果：小学毕业人数增加了 1/3，留级率和辍学率下降。这些成果，以及玻利维亚的其他成果（Behrman、Cheng 和 Todd，2000）进一步证实，良好的儿童早期发展方案可改善学习结果。

观察研究

观察研究亦说明了早期提供良好支持的益处。近期开展的一项研究（Ames 等，1997）对比了刚刚出生就被加拿大卑诗省家庭收养的罗马尼亚儿童与出生后在罗马尼亚孤儿院中生活了几个月或几年后才被收养的儿童。对这些孤儿院的描述表明，其环境条件较差，无法提供良好的儿童早期发展支持。出生后不久就被收养的儿童与在加拿大出生的中产阶级家庭的儿童相比，其发展相似；但在罗马尼亚孤儿院中生活了几个月或几年后才被收养的儿童则存在显著的行为问题，与照顾者之间的感情较差，并且，智商也较低。基于对罗马尼亚孤儿院研究进行的一项详细分析，O'Connor 等（2000）总结称，收养前在孤儿院中生活较长时间的儿童其行为表现等一直较差。

Gunnar 与同事们研究了被加拿大卑诗省家庭收养的罗马尼亚儿童的

CRH-HPA 轴，他们发现，收养时间较晚的儿童类固醇水平相对较高（Donzella 等，2000；Gunnar，1998；Gunnar 和 Donzella，1998）。这些类固醇数据与动物研究的结果一致，表明早期较差的养育环境可导致 CRH-HPA 系统反应过激、调节能力较差，且类固醇水平提高，从而对认知、记忆力和行为构成影响。在审议压力—类固醇路径和早期发展时，Gunnar 总结称，保育人员和父母可通过提升养育质量，对早期这一路径的发展产生强有力的影响。从 CRH-HPA 轴及其发展和影响的动物、人类研究中得出的数据极为相同。

对美国家庭收养的韩国孤儿的研究（Lien、Meyer 和 Winick，1977），亦展示了早期发展的质量对儿童日后表现的影响。与收养前曾在韩国孤儿院中生活了较长时间的儿童相比，所有刚出生不久就被美国家庭收养的儿童 IQ 分数较高。收养后营养十分充足的儿童 IQ 分数最高——这再次强调了营养在儿童早期发展中的重要性。

尽管孤儿院研究工作或其他可能的解释存在局限性，但是，所有发现均与动物研究结果相符。人类研究数据表明了早期在奠定一生能力与应对技能基础方面的重要性。

识　字

很多研究中的一项重要观察就是，5 岁左右时的语言能力与日后识字之间的关系。识字方面的 SES 梯度可部分地反映出儿童早期发展情况。Willms 一直致力于由经济合作与发展组织（OECD，简称经合组织）和加拿大统计局（Statistics Canada）在发达国家开展的识字研究，他强调了早期发展以及学校系统对于识字的重要性（1999）。

经合组织对 OECD 国家三项识字测算标准的研究表明，当针对父母受教育程度等 SES 测算标准绘图时，所有国家的识字水平呈现梯度变化（OECD 和 Statistics Canada，2000；Willms，1999）。部分国家成绩较高，梯度较为平直；其他国家的梯度则相对较陡。日后的识字能力与早期语言技能或语言发展有关（McKeough，1992；Stattin，1993；Willms，1999）。

在美国，人口的早期语言技能测算结果表明，SES 梯度相对较陡（Brooks-Gunn、Duncan 和 Britto，1999），这符合成年人口（OECD 和 Statistics Canada，2000；Willms，1999）中发现的识字梯度相对较陡的结果。未达到潜在表现水准的儿童绝大多数属于中产阶级，这一发现有力地驳斥了"育有幼儿的中产阶级家庭几乎都具备良好的儿童早期发展环境"这一说法（Bruer，1999）。提出这一说法的人不了解或不相信从人口流行病学研究中得出的结果。

由于超过 45% 的美国人口识字程度较低，因而存在重大的问题（以 OECD 的标准①测算）。这一低层次的人口群体包括技能较差的人，比如，他们可能无法根据包装上的文字说明确定子女正确服用的药量，只能读懂简单的、表达明确的材料，仅可完成不太复杂的任务。对美国社会而言，如若希望减少识字方面的不平等，改善儿童早期发展是摆在面前的一项艰巨任务。

在智利等发展中国家，85% 以上的人口识字水平为 1 级和 2 级（以 OECD 的标准测算）。为改善这些国家的社会经济状况，世界银行及其他机构必须提供支持，在书面及认知表现方面提升识字率，鼓励各国投资学前教育（即"一级"）（McCain 和 Mustard，1999 年）。如果从现在开始努力，那么，提高人口的识字水平至少需 20～25 年的时间。重要的是，"一级"学前倡议必须适用于所有社会阶层（不只是贫困人口），因为证据表明，识字与社会经济地位之间存在梯度关系。有趣的是，古巴几十年来一直为母亲和儿童早期发展投资，该国所有人口——不分社会阶层——均拥有较高的识字率（Willms，1999）。

斯坦福大学经济学家 Fuchs（Fuchs 和 Reklis，1994）针对美国多个州开展了相关的观察研究，其主题是，儿童早期发展指数、儿童入学时学习准备

---

① OECD 的成人识字标准分 5 个等级：1 级为极低的识字水平，不能从药物包装的标签上读懂并确定应该给小儿服用的正确药量；2 级为极其有限的识字水平，识字量少得可怜，难以逾越诸如学习新的工作技能之类的障碍；3 级被视为"可以对付全球以知识为基础的经济社会之要求的最低门槛"，大致相当于达到完成高中学业的水平；4 级和 5 级被视为拥有强有力的识字能力，能够处理庞大复杂的信息，理清各种错综纷乱的关系，执行高难度指令。——编者注

程度与儿童八年级数学测试成绩之间的关系。这一相关性为正值，相关系数大于0.8。学校数学成绩与儿童入学时的儿童早期发展水平明显相关。Fuchs和Reklis（1994）总结称，为了实质性地提高美国的数学成绩，为所有儿童投资学前教育至少可与投资学校的重要性画等号。除Case的研究、人口流行病学研究以及经合组织的数据外，这项证据驳斥了一个幼稚的假设，即"仅一小部分儿童可从良好的儿童早期发展方案中获益"（Bruer，1999）。

通过对发达国家（OECD，2000）和拉丁美洲识字水平的评估得出了部分显著成果（Willms，1999）。有些国家在测试方面成绩较高，梯度相对平直，而另外一些国家所有社会阶层的表现都要差得多。成绩较高、梯度较为平直的国家往往为儿童提供了父母共同参与的优质学前教育方案。一国的识字水平与平均寿命估测值之间存在强有力的关联，这很可能是因为识字是大脑发展和功能的测算依据，并且大脑发展可影响健康（OECD，2000）。后文中Willms所著的章节会更加深入地阐述这个问题。

发达国家儿童早期发展：加拿大案例

儿童早期发展对发达国家和发展中国家同样重要。此处以加拿大为例。

评估需求

1998年，Margaret McCain女士（前新不伦瑞克省副总督）与本文作者受邀担任一个咨询小组的主席，并就安大略省儿童早期发展情况编制一份报告（McCain和Mustard，1999）。报告被呈递给加拿大总理、时加拿大儿童部（现更名为"儿童与家庭发展部"）部长和安大略省政府。在报告筹备过程中，咨询小组收到了加拿大最富有省份困难儿童的许多逸事记录，以及这一问题正在呈上升趋势的说明；但是，小组无法证实这一信息，因为安大略省政府未建立相关数据库。幸运的是，国家儿童与青少年纵向调查（National Longitudinal Survey of Children and Youth，NLSCY）已就安大略省和加拿大的儿童及青少年生成了重要数据，咨询小组可就此对安大略省的儿童早期发展质量进行人口评估。

　　该调查还测算了所有社会阶层中 4 岁和 5 岁儿童的语言能力（这是未来发展的一个重要预报器）。图 2.3 清晰地展示了这项测算工作与家庭社会经济地位相应的梯度曲线。虽然最贫困儿童的表现最差，可是 10% 来自富裕家庭的儿童表现也很差。此外，安大略省各社会经济阶层中儿童识字测试的成绩不及加拿大其他地区的儿童。与加拿大其余地区相比，表现欠佳的儿童绝大多数属于中产阶级家庭。

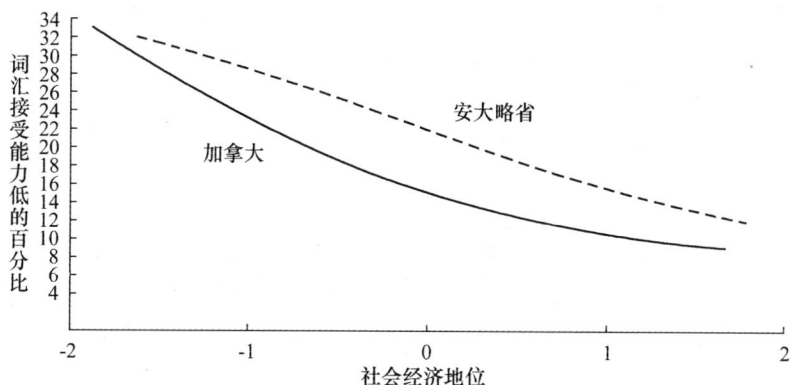

图 2.3　安大略省和加拿大词汇接受能力较低的 4 岁和 5 岁儿童的社会经济梯度（NLSCY，1994）

注：基于皮博迪图片词汇测验（Peabody Picture Vocabulary Test），社会经济地位是家庭收入和父母职业、收入的综合测算值，左为贫困阶层，右为富裕阶层。

　　儿童在 4 岁和 5 岁时的语言能力亦是此后行为和认知发展的预报器。安大略省青少年的识字梯度比加拿大草原区三个省份（阿尔伯塔省、萨省、曼尼托巴省）及魁北克省要陡。这在人们的意料之中。

　　图 2.4 展示了加拿大各省按社会经济地位分列的人口识字成绩梯度（McCain 和 Mustard，1999）。这些省份分为两组：一组成绩高、梯度平缓（魁北克省和草原区三个省份），另外一组梯度相对较陡。SES 刻度与图 2.3 相仿。

　　安大略省的儿童数学成绩评估显示出了类似的梯度（McCain 和 Mustard，1999）。重要的是，所有这些数据均表明，大量来自富裕家庭的儿童

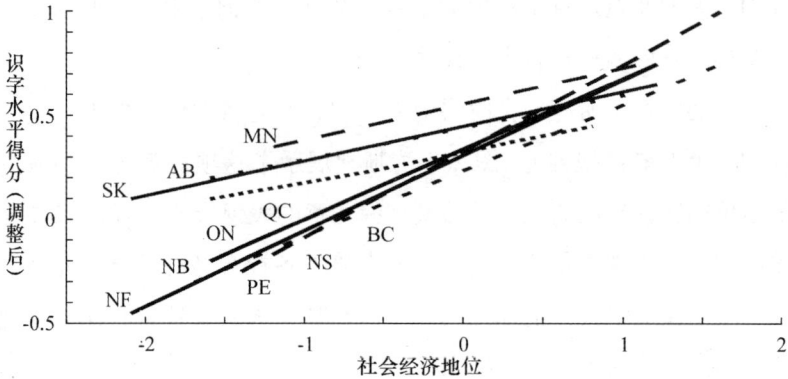

图 2.4　加拿大青少年识字与 SES 梯度，按省份分列（1994）

注：SK，萨省；AB，阿尔伯塔省；MN，曼尼托克省；QC，魁北克省；ON，安大略省；NB，新不伦瑞克省；NF，纽芬兰省；PE，爱德华王子岛省；NS，新斯科舍省；BC，卑诗省。

并未达到令人满意的水平，与此同时，大多数处于 SES 底层的儿童亦面临困难。

安大略省与家庭收入相关的儿童发展评估表明，位于收入下四分位的家庭中约 32% 的儿童，以及位于收入上四分位的家庭中超过 20% 的儿童表现欠佳。完整的数据分析表明，存在困难的儿童绝大多数属于中产阶级家庭，并且，收入并不是决定因素，父母养育和照料的质量才是影响儿童早期发展的重要因素。基于这些发现，该研究向安大略省提出建议，如果希望未来本省的人口具备更高的能力和素质，那么，就应为本省所有育有幼儿的家庭及早提供优质的儿童早期发展和养育方案。

此外，上述研究发现与经合组织和加拿大统计局开展的识字水平调查结果（OECD，2000）挂钩时，它的意义尤为重大。这些识字水平调查中审查了以下领域：散文阅读、文件阅读和定量识字能力。在加拿大，40%以上的人口识字水平为 1 级和 2 级（以 OECD 的标准测算），约 22% 的人口识字水平为 4 级和 5 级。在部分发达国家，识字水平为 1 级和 2 级的人口占比不足 25%，超过 30% 的人口为 4 级和 5 级水平。为改善加拿大在知识经济方面的表现，加拿大及安大略省必须投资优质 ECD 方案。数据表明，发达国家——如加拿大等——以及发展中国家，需提升人口能力和应对技能，以保障未来的发展。

建议：儿童早期发展与养育中心

儿童早期发展研究（McCain 和 Mustard，1999）建议，安大略省政府应与社区联手，动员公共部门、私营部门参与进来，共同建立儿童早期发展与养育中心，从胚胎期开始重视儿童早期及大脑发展。图 2.5 描述了这些中心的框架（McCain 和 Mustard，1999）。

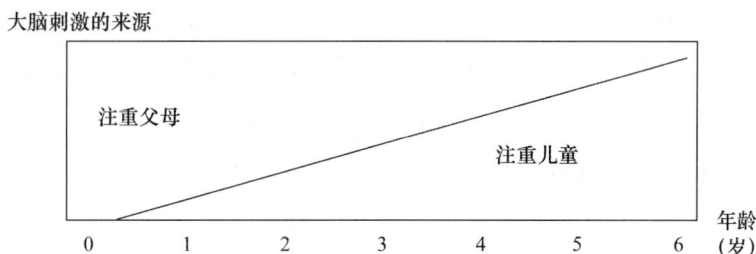

大脑刺激的来源

注重父母

注重儿童

年龄
（岁）

0 1 2 3 4 5 6

儿童早期发展与养育中心构件：

- 父母支持（包括非父母关爱计划）与教育
- 在儿童早期教育者和父母指导下开展趣味性学习
- 玩具和资源图书馆，家庭活动
- 产前与产后支持
- 营养方案和信息、转介服务

图 2.5 安大略省儿童早期发展与养育中心拟议框架

该项研究特别提议，鉴于胚胎期的重要性，中心应于儿童出生前就开始为家庭提供支持；从胚胎期直至入学（6 岁），中心应包含 5 项基本构件，或者说为幼儿及其父母提供 5 项核心职能；中心应估测它们在改善儿童结果方面取得的成功。儿童早期发展与养育中心的指导原则如下：

1. 为安大略省所有幼儿（自胚胎期至入读一年级期间）及其家庭提供可获得、可参与、可承担、可选择的儿童早期发展与养育中心服务（父母可选择是否带子女前来）；

2. 中心既注重父母，又关注儿童；

3. 儿童早期发展方案为儿童提供环境，令其能与其他儿童和成人共同参与趣味性十足、问题解决型学习过程；

4. 成人（儿童早期发展工作人员和父母）与儿童之间为响应关系，这可增加趣味学习的潜力；

5. 提供优质方案，教育来自不同文化、民族和语言背景的父母及照顾者识字和运算；

6. 提供养育方案，在儿童早期发展的方方面面，为父母及其他照顾者提供支持；

7. 父母参与儿童早期发展方案，加强儿童在家庭环境中的早期学习与最佳发展；

8. 提供适当支持和专业知识，使所有儿童不论是否存在生理、发育、语言、学习或行为障碍，均可充分参与；

9. 有能力作出必要的特殊努力，使部分经济条件不允许的家庭和儿童亦能参与中心活动；

10. 中心无论位于何处，应与当地小学以及其他机构（例如图书馆、游乐园）和社区文化活动相关联；

11. 中心应提供灵活的连续性服务，以满足父母和儿童在家时、工作中和在校时的需要；

12. 当儿童入学时，应利用儿童发展式学习准备测算手段，监测中心的有效性。

加拿大高等研究所（Canadian Institute for Advanced Research，CIAR）、人类发展计划（Human Development Program）、加拿大高等研究所创办人网络（Founders' Network of CIAR）和麦克马斯特大学（McMaster University）开发了早期发展测算方法（早期发展指数，Early Development Index），它与 Fuchs 和 Reklis（1994）所使用的类似（Janus 和 Offord，2000）。利用这一测算方法对数千名入学儿童进行的评估表明，学校表现与儿童早期发展的质量直接相关。这项敏感型成果测算方法可用于估测社区方案在改善儿童早期发展方面的有效性。

安大略省政府和儿童部部长认识到此类方案对于社区的重要性，并且十分重视儿童早期发展的极大重要性。部长的目标是，对幼年时期的发展与日后的发展（初等、中等和高等教育）一视同仁。政府在安大略省推出的相关计划，以社区为基础，涉及公共和私营部门。部长已于 1999 年开始执行早期发展研究的建议（McCain 和 Mustard，1999）。

结　论

本文提及的所有研究表明，应为所有人口提供优质的儿童早期发展方案，这些倡议将改善人口综合素质，减少健康、能力和应对技能方面的不平等。一个重要的社会考量就是，起点不佳的儿童日后作出反社会行为的风险将呈上升趋势，有可能会作出违法犯罪和暴力行为。高度混乱的社会可妨碍竞争经济的发展，而团结、稳定且在能力与应对技能方面具有合理公平性的社会，最能适应与知识和新技术迅猛发展相关的经济与社会变革。

投资儿童早期发展可为社会和个人带来巨大的经济惠益。正如经济史学家所指出的，健康、能力与应对技能的改善是工业革命后西方国家经济发展的一个重要因素。在评价儿童早期发展的价值时，Jacques van der Gaag 在下一章中总结道："执行良好、针对性强的儿童早期发展方案是人类发展的发起者。它们刺激教育、健康、社会资本和平等领域取得改进，令参与方案的儿童获得即期和长期惠益。从许多方面来看，投资儿童早期发展方案无异于投资一个国家的未来。"

全球各地区要想应对深刻的社会经济变革，必须要关注所有人口的能力和应对技能。通过建立儿童早期发展与养育中心，安大略省已经朝这一方向迈出了一大步。促成这一行动的建议（McCain 和 Mustard，1999）受到了世界银行的工作以及《儿童早期发展》一书中所得结论（Young，

1997）的有力影响：

　　"学习之旅始于出生一刻，甚至在出生之前就已开始，因此，使家庭参与儿童早期发展方案的起点必须要尽可能早……对儿童早期发展方案的认知和理解不再是儿童早期发展工作面临的难题。将这一认知转化为行动才是执行儿童早期发展方案的重要限制因素，这需要政府、非政府组织、私营部门和媒体共同提供支持。关爱社会幼小成员的艰巨任务并非某一国家或大洲的事情，而是整个全球社会所共同面临的挑战。"

参考文献

［ 1 ］Acheson, D. 1998. Independent Inquiry into Inequalities in Health：Report. London：The Stationery Office

［ 2 ］Ames, E. 1997. The Development of Romanian Orphanage Children Adopted to Canada. Final Report. Burnaby, B. C. ：Simon Fraser University

［ 3 ］Andersson, B. E. 1992. Effects of Day-Care on Cognitive and Socioemotional Competence of Thirteen-Year-Old Swedish School Children. Child Development, 63：20～36

［ 4 ］Barker, D. J. P. , ed. 1992. Fetal and Infant Origins of Adult Disease. London：British Medical Journal

［ 5 ］Fetal Nutrition and Cardiovascular Disease in Later Life. British Medical Bulletin, 53（1）：96～108

［ 6 ］Behrman, J. R. , Cheng, Y. , Todd, P. 2000. The Impact of the Bolivian Integrated 'PIDPPreschool Program. World Bank Research Foundation Project on Evaluation of the Impact of Investments in Early Childhood Development on Nutrition and Cognitive Development. Washington, D. C. ：World Bank

［ 7 ］Bennett, A. J, Lesch, K. P. , Heils, A. , Long, J. , Lorenz, J. , Shoaf, S. E. , Champoux, M. , Suomi, S. J. , Linnoila, M. V. , Higley, J. D. 2000. Early Experience and Serotonin Transporter Gene Variation Interact to Influence Primate CNS Function. Molecular Psychiatry

［ 8 ］Bergmann, B. 1996. Saving Our Children from Poverty：What the United States Can Learn from France. New York：Russell Sage Foundation

［ 9 ］Berruta-Clement, J. R. 1984. Changed Lives：The Effects of the Perry Preschool Program on Youths Through Age 19. Ypsilanti, Mich. ：High/Scope Press

［10］Black, J. E. , Jones, T. A. , Nelson, C. A. , Greenough, W. T. 1998. Neuronal Plasticity and the Developing Brain. In：Alessi, N. E. , Coyle, J. T. , Harrison, S. I. , Eth, S. , eds. Handbook of Child and Adolescent Psychiatry, Vol. 6: Basic Psychiatric Science and Treatment. New York: John Wiley & Sons

[11] Brooks-Gunn, J. , Duncan, G. J. , Britto, P. R. 1999. Are Socioeconomic Gradients for Children Similar to Those for Adults?: Achievement and Health of Children in the United States. In Keating D. , Hertzman, C. , eds. Developmental Health and the Wealth of Nations. New York: Guilford Press

[12] Bruer, J. T. 1999. The Myth of the First Three Years: A New Understanding of Early Brain Development and Lifelong Learning. New York: Free Press

[13] Campbell, F. A. , Ramey, C. T. 1994. Effects of Early Intervention on Intellectual and Academic A- chievement: A Follow-up Study of Children from Low-Income Families. Child Development, 65: 684 ~ 698

[14] Case, R. 1996. Mathematics Education for the Information Age. HDWP-29. Toronto: Canadian Institute for Advanced Research

[15] Case, R. S. , Griffin, S. , Kelly, W. M. 1999. Socioeconomic Gradients in Mathematical Abilityand Their Responsiveness to Intervention during Early Childhood. In Keating, D. , Hertzman, C. , eds. Developmental Health and the Wealth of Nations. New York: Guilford Press

[16] Chugani, H. T. , Phelps, M. E. , Mazziotta, J. C. 1987. Positron Emission Tomography Study of Human Brain Functional Development. Annals of Neurology, 22(4): 487 ~ 497

[17] Coe, C. L. 1999. Psychosocial Factors and Psychoneuroimmunology Within a Lifespan Perspective. In Keating, D. , Hertzman, C. , eds. Developmental Health and the Wealth of Nations. New York: Guilford Press

[18] Cynader, M. S. 2000. Perspectives: Neuroscience. Strengthening Visual Connections. Science, 287: 1943 ~ 1944

[19] Cynader, M. S. , Frost, B. J. 2000. Mechanisms of Brain Development: Neuronal Sculpting by the Physi- cal and Social Environment. In: Keating, D. , Hertzman, C. , eds. Developmental Health and the Wealth of Nations. New York: Guilford Press

[20] Dettling, A. C. , Parker, S. W. , Lane, S. , Sebanc, A. , Gunnar, M. R. 2000. Quality of Care and Tem- perament Determine Changes in Cortisol Concentrations over the Day for Young Children in Childcare. Psychoneuroendocrinology, 25: 819 ~ 836

[21] Donzella, B. , Gunnar, M. R. , Krueger, W. K. , Alevin, J. 2000. Cortisol and Vagal Tone Responses to Competitive Challenge in Preschoolers: Associations With Temperament. Developmental Psychobiology, 37: 209 ~ 220

[22] Floud, R. , Wachter, K. , Gregory, A. 1990. Height, Health and History: Nutritional Status in the United Kingdom, 1750 – 1980. Cambridge: Cambridge University Press

[23] Fogel, R. W. 1994. Economic Growth, Population Theory and Physiology: The Bearing of Long-term Processes on the Making of Economic Policy. National Bureau of Economic Research Working Paper No. W4638. Cambridge, Mass

[24] Butler, J. 2000. The Fourth Great Awakening and the Future of Egalitarianism. The Business History Review, 74(4): 699~702

[25] Francis, D. D., Champagne, F. A., Liu, D., Meaney, M. J. 1999. Maternal Care, Gene Expression, and the Development of Individual Differences in Stress Reactivity. In Socioeconomic Status and Health in Industrial Nations. Annals of the New York Academy of Sciences, 896:66~84

[26] Fuchs, V., Reklis, D. 1994. Mathematical Achievement in Eighth Grade: Interstate and Racial Differences. National Bureau of Economic Research Working Paper No. 4784. Cambridge, Mass

[27] Grantham-McGregor, S. M., Powell, C. A., Walker, S. P., Himes, J. H. 1991. Nutritional Supplementation, Psychosocial Stimulation, and Mental Development of Stunted Children. Lancet, 338(8758):1~5

[28] Grantham-McGregor, S. M., Walker, S. P. C., Chang, S. M., Powell, C. A. 1997. Effects of Early Childhood Supplementation With and Without Stimulation on Later Development in Stunted Jamaican Children. American Journal of Clinical Nutrition, 66:247~253

[29] Greenough, W. T., Volkmar, F. R., Juraska, J. M. 1973. Effects of Rearing Complexity on Dendritic Branching in Frontolateral and Temporal Cortex of the Rat. Experimental Neurology, 41:371~378

[30] Griffin, S., Case, R., Siegler, R. 1994. Rightstart: Providing the Central Conceptual Prerequisites for First Formal Learning of Arithmetic to Students at Risk for School Failure. In: McGilly, K., ed. Classroom Lessons: Integrating Cognitive Theory and Classroom Practice. Cambridge, Mass.: MIT Press

[31] Gunnar, M. R. 1998. Stress Physiology, Health and Behavioral Development. In: Thornton, A., ed. The Wellbeing of Children and Families: Research and Data Needs. Institute for Social Research Report. Ann Arbor, Mich.: University of Michigan

[32] Gunnar, M. R., Donzella, B. 1998. Social Regulation of the LHPA Axis in Early Human Development. Institute of Child Development. Minneapolis: University of Minnesota

[33] Hales, C. N. 1997. Non-Insulin-Dependent Diabetes Mellitus. British Medical Bulletin, 53(1): 109~122

[34] Hertzman, C. 1999. Population Health and Human Development. In: Keating, D., Hertzman, C., eds. Developmental Health and the Wealth of Nations. New York: Guilford Press

[35] Hubel, H. D. 1994. Nature vs Nurture vs Knowledge. In: McEwen. B. S., Schmeck, H., eds. The Hostage Brain. New York: Rockefeller University Press

［36］Hubel, H. D., Weisel, T. N. 1962. Receptive Fields, Binocular Interaction and Functional Architecture in the Cat's Visual Cortex. Physiology, 160: 106 ~ 154

［37］Huttenlocher, P. R. 1994. Synaptogenesis in Human Cerebral Cortex. In: Dawson, G., Fischer, K. W., eds. Human Behavior and the Developing Brain. New York: Guilford Press

［38］Hyman, S. 1999. Susceptibility and "Second Hits". In: Conlan, R., ed. States of Mind: New Discoveries About How Our Brains Make Us Who We Are. New York: John Wiley & Sons

［39］Janus, M., Offord, D. 2000. Readiness to Learn at School. Isuma, 1(2): 71 ~ 75

［40］Kagan, J. 1998. Three Seductive Ideas. Cambridge, Mass.: Harvard University Press

［41］Kandel, E. 1999. Of Learning, Memory, and Genetic Switches. In: Conlan, R., ed. States of Mind: New Discoveries About How Our Brains Make Us Who We Are. New York: John Wiley & Sons

［42］Kaul, V. 1991. Starting Children Too Early on Number Work: A Mismatch of Developmental and Academic Priorities. Resources in Education. Research Report 143. ERIC Data Base. Urbana Champaigne: University of Illinois

［43］Keating, D. P., Hertzman, C. 1999. Developmental Health and the Wealth of Nations: Social, Biological, and Educational Dynamics. New York: Guilford Press

［44］Kempermann, G., Gage, F. H. 1999. New Nerve Cells for the Adult Brain. Scientific American, 280: 48 ~ 53

［45］Le Doux, J. 1999. The Power of Emotions. In: Conlan, R., ed. States of Mind: New Discoveries About How Our Brains Make Us Who We Are. New York: John Wiley & Sons

［46］Lien, N. M., Meyer, K. K., Winick, M. 1977. Early Malnutrition and "Late" Adoption: A Study of Their Effects on the Development of Korean Orphans Adopted into American Families. American Journal of Clinical Nutrition, 30: 1734 ~ 1739

［47］Lucas, A., Morley, R., Cole, T. J. 1998. Randomised Trial of Early Diet in Preterm Babies and Later Intelligence Quotient. British Medical Journal, 317(7171): 1481 ~ 1487

［48］Macintyre, S. 1994. Understanding the Social Patterning of Health: The Role of the Social Sciences. Journal of Public Health Medicine, 16(1): 53 ~ 59

［49］Marmot, M., Bobak, M., Smith, G. D. 1995. Explanations for Social Inequalities in Health. In: Amick, B. C., Levine, S., Tarlov, A. R., Walsh, D. C., eds. Society and Health. New York: Oxford University Press

［50］Maughan, B., McCarthy, G. 1997. Childhood Adversities and Psychosocial Disorders. British Medical Journal, 53(1): 156 ~ 169

［51］McCain, M. N., Mustard, J. F. 1999. Early Years Study: Reversing the Real Brain Drain. Toronto: Publications Ontario

[52] McEwen, B. 1999. Corticosteroids, the Aging Brain and Cognition. Trends in Endocrinology and Metabolism,10(3):92~96

[53] McEwen, B. S. 1998. Protective and Damaging Effects of Stress Mediators. New England Journal of Medicine,338(3):171~179

[54] McEwen, B. S. ,Schmeck,H. M. 1994. The Hostage Brain. New York:Rockefeller University Press

[55] McEwen, B. ,Seeman,T. 1999. Protective and Damaging Effects of Mediators of Stress. Elaborating and Testing the Concepts of Allostasis and Allostatic Load. In Socioeconomic Status and Health in Industrial Nations. Annals of the New York Academy of Sciences,896:30~47

[56] McKeough, A. 1992. Testing for the Presence of a Central Conceptual Structure. In:Case,R. ,ed. The Mind'sStaircase:Exploring the Conceptual Underpinnings of Children'sThought and Knowledge. Hillsdale,N. J. :Lawrence Erlbaum Associates

[57] McKeown, T. 1976. The Modern Rise of Population. New York:Academic Press

[58] Meaney, M. J. ,Aitken,D. H. ,van Berkel,C. ,Bhatnagar,S. ,Sapolsky,R. M. 1988. Effect of Neonatal Handling on Age-Related Impairments Associated With the Hippocampus. Science,239:766~768

[59] Meaney, M. J. ,Diorio,J. , Francis, D. , Widdowson,J. , LaPlante, P. , Caldji, C. , Sharma, S. , Seckl, J. R. ,Plotsky,P. M. 1996. Early Environmental Regulation of Forebrain Glucocorticoid Receptor Gene Expression:Implications for Adrenocortical Responses to Stress. Developmental Neuroscience,18:49~72

[60] O'Connor, T. G. ,Rutter,M. ,Beckett,C. ,Keaveney,L. ,Kreppner,J. M. ,the English and Romanian Adoptees (ERA) Study Team. 2000. The Effects of Global Severe Privation on Cognitive Competence: Extension and Longitudinal Follow-up. Child Development,71:376~390

[61] OECD, (Organization for Economic Cooperation and Development), and Statistics Canada. 2000. Literacy in the Information Age:Final Report of the International Adult Literacy Survey. Paris:OECD. Canada:Minister of Industry

[62] Osburn, A. F. ,Milbank,J. E. 1987. The Effects of Early Education:A Report from the Child Health and Education Study. Oxford:Clarendon Press

[63] Phillips, D. I. W. ,Barker,D. J. P. ,Fall,C. H. D. ,Seckl,J. R. ,Whorwood,C. B. ,Wood,P. J. ,Walker,B. R. 1998. Elevated Plasma Cortisol Concentrations:A Link Between Low Birth Weight and the Insulin Resistance Syndrome? Journal of Clinical Endocrinology and Metabolism,83(3):757~760

[64] Power, C, Hertzman, C. 1997. Social and Biological Pathways Linking Early Life and Adult Disease. British Medical Bulletin,53(1):210~221

[65] Power, C. , Hertzman, C. , 1999. Health, Well-Being, and Coping Skills. In: Keating, D. , Hertzman, C. , eds. Developmental Health and the Wealth of Nations. New York: Guilford Press

[66] Power, C, Hertzman, C. , Matthews, S. , Manor, O. 1997. Social Differences in Health: Life-Cycle Effects Between Ages 23 and 33 in the 1958 British Birth Cohort. American Journal of Public Health, 87(9): 1499 ~ 1503

[67] Power, C. , Matthews, S. 1997. Origins of Health Inequalities in a National Population Sample. Lancet, 350(9091):1584 ~ 1589

[68] Ramey, C. T. 1990. Early Intervention for High-Risk Children: The Carolina Early Intervention Program. Binghamton, N. Y. : The Haworth Press

[69] Ramey, C. T. , Campbell, F. A. , Burchinal, M. , Skinner, M. L. , Gardner, D. M. , Ramey, S. L. 2000. Persistent Effects of Early Intervention on High-Risk Children and Their Mothers. Applied Developmental Science, 4:2 ~ 14

[70] Rauschecker, J. P. 1999. Making Brain Circuits Listen. Science, 285:1686 ~ 1687

[71] Reves, R. 1985. Declining Fertility in England and Wales as a Major Cause of the Twentieth Century Decline in Mortality. The Role of Changing Family Size and Age Structure in Infectious Disease Mortality in Infancy. American Journal of Epidemiology, 122:112 ~ 126

[72] Rodgers, B. , Power, C. , Hope, S. 1997. Parental Divorce and Adult Psychological Distress: Evidence from a National Birth Cohort: A Research Note. Journal of Child Psychology and Psychiatry, 38(7):867 ~ 872

[73] Rutter, M. , Giller, H. , Hagell, A. 1998. Antisocial Behavior by Young People. Cambridge: Cambridge University Press

[74] Sapolsky, R. M. 1992. Stress, the Aging Brain, and the Mechanisms of Neuron Death. Cambridge, Mass. : MIT Press

[75] Sapolsky, R. M. 1997. The Importance of a Weil-Groomed Child. Science, 277(5332):1620 ~ 1621

[76] Schweinhart, L. J. 1993. Significant Benefits: The High/Scope Perry Preschool Study Through Age 27. Ypsilanti, Mich. : High/Scope Press

[77] Selye, H. 1936. A syndrome procluced by diverse nocuous agents. Nature, 138:22

[78] Selye, H. 1956. The Stress of Life. New York: McGraw-Hill

[79] Smythe, J. W. , McCormick, CM. , Rochford, J. , Meaney, M. J. 1994. The Interaction Between Prenatal Stress and Neonatal Handling on Nociceptive Response Latencies in Male and Female Rats. Physiology and Behavior, 55(5):971 ~ 974

[80] Stattin, H. 1993. Early Language and Intelligence Development and Their Relationship to Future Crimi-

nal Behavior. Journal of Abnormal Psychology,102(3):369~378

[81]Steckel, R. H. , Floud, R. 1997. Health and Welfare during Industrialization. Chicago: University of Chicago Press

[82]Suomi, S. J. 1997. Early Determinants of Behaviour: Evidence from Primate Studies. British Medical Bulletin,53(1):170~184

[83]Suomi, S. J. 2000. A Biobehavioral Perspective on Developmental Psychopathology. In:Sameroff,A. J. , Lewis,M. , Miller,S. M. , eds. Handbook of Developmental Psychopathology. New York:Plenum

[84]Szreter, S. 2000. The McKeown Thesis. Journal of Health Services Research Policy,5(2):119~120

[85]Tremblay, R. E. 1999. When Children's Social Development Fails. In: Keating. D. , Hertzman, C. , eds. Developmental Health and the Wealth of Nations. New York:Guilford Press

[86]Wadsworth, M. E. J. 1991. The Imprint of Time. Oxford:Clarendon Press

[87]Wickelgren, I. 1999. Nurture Helps Mold Able Minds. Science,283:1832~1834

[88]Willms, J. D. 1999. Quality and Inequality in Children'sLiteracy:The Effects of Families,Schools,and Communities. In: Keating, D. , Hertzman, C. , eds. Developmental Health and the Wealth of Nations. New York:Guilford Press

[89]Wilson, E. O. 1998. Consilience:The Unity of Knowledge. New York:Alfred A. Knopf

[90]World Bank. 2001. Brazil,Early Child Development:A Focus on the Impact of Preschools. Washington, D. C. :World Bank,Human Development Network

[91]Young, M. E. , ed. 1997. Early Child Development:Investing in our Children's Future. International Congress Series 1137. Amsterdam:Elsevier Science B. V.

第3章
从儿童发展到人类发展
From Child Development to Human Development

Jacques van der Gaag

儿童早期发展与人类发展密切相关。儿童早期发展是儿童早期生理、心理与社会发展的结合体——这些维度通常通过综合性儿童早期发展方案予以解决。这些方案包括如下干预措施：改善儿童早期的营养、健康、认知发展与社会交往（Myers，1992；Young，1997）。

人类发展的维度差不多，如教育、健康（包括营养）、社会发展与成长，这是指在国家层面上。本章中采用的人类发展多维框架基于联合国开发计划署于1990年首次提议的框架，并进行调整。平等和不平等问题被纳入了讨论范围，不过，更加宽泛的人类发展概念还将包括人权等其他维度（Sen，1999）。

从广义上讲，人类发展是大多数国际和跨国发展方案的首要目标。人类发展与儿童早期发展如此密切相关，因此，投资儿童早期发展是这些方案以及设计这些方案的公共政策毫无争议的起点。

有 4 个关键"路径"将儿童早期发展与人类发展挂起钩来。第 1 个路径是教育。儿童早期干预对接下来的儿童教育投资具有多重惠益——从及时入读小学到进一步接受更高一级教育的可能性。第 2 个路径是健康。和教育一样，投资健康等于是投资人力资本，具有长期益处。第 3 个路径将改善社会行为的理念与构建社会资本相联系（前者也是儿童参加 ECD 项目的结果）。这一联系的推断性较强，但部分有趣的研究结果亦暗示这一联系不无可能性。在第 4 个路径中，儿童早期发展通过 ECD 方案解决社会不平等问题的潜力与人类发展挂钩。健康、教育、社会资本和平等最终都与经济增长并进而与人类发展相关联。

本章探讨了上述所有联系，笔者在结论部分建议，进一步开展研究工作，缩小部分知识鸿沟。为提供背景信息，本章首先就发展经济学作简要介绍。

发展经济学：简史

《发展经济学手册》（*Handbook of Development Economics*）卷一（Chenery 和 Srinivasan，1989）详细阐述了发展经济学的历史，我们诚挚地向认真的读者推荐这本书。本章提到的一个要点是：以数学规划模型为特征的早期发展举措，已逐渐被新的发展模型所代替，后者认为人类既是发展的手段，又是发展的终极原因。这些新的模型突出强调了对（年轻）人进行投资，以此作为促进发展的主要手段的重要性。

4 位诺贝尔经济学奖获得者通过自身的突出贡献展示了从规划模型向人的转变——他们均凭借在各自发展领域的工作而获奖。首位是 Jan Tinbergen。1969 年，他与 Ragna Frisch 共同获得了这一奖项。至今 Tinbergen 仍然在影响全球在这一领域的研究。

Tinbergen 起初研究物理学，之后将数学规划模型应用于发展中国家的经济，其主要目的是确定最佳投资水平。至少从概念上讲，这种规划包括 3 个阶段。第 1 阶段，在宏观层面选择一个期望实现的经济增长水平。他认为劳动力十分充足，因此这一期望实现的增长率决定了最佳综合投资水平。第 2 阶段，确定这项投资按区域并按产业划分的最佳分配比例。第 3 阶段，评估并就单个项目拨款。除充裕的劳动力外（可从农村地区招募），这些规划模型中不考虑任何人力要素。

如果我们认为，人在发展进程中被遗忘了，那么，对于 Tinbergen 来说并不公平，他正是出于对全球贫困人口生活状况的关切，才进入或者说开创了发展经济学这一领域。相反，人被视为一个重要的生产要素。因此，教育是这些模型中的一个重要因素。与道路或机器投资一样，教育投资也需要进行规划。事实上，熟练劳动力（此类投资的产物）亦可按区域或产业分配，必要时可从外引入。

然而，这些早期模型忽略了人的（经济）行为。1979 年，诺贝尔经济学奖授给 T. W. Schultz（和 W. A. Lewis）。Schultz 对这一领域的主要贡献在于，他表明了发展中国家人们的行为和发达国家的人们一样，具有理性经济人的特征，会对经济刺激和机遇作出反应。他强调，投资人力资本（技能和知识）对于提升生产率（尤其是农业领域）和创业精神至关重要。

1993 年诺贝尔奖获得者 R. W. Fogel，则以另一种方式强调了"人类发展"的重要性。Fogel 从历史的观点强调了技术变革对于生理进化所作贡献的重要意义。他总结称，过去两个多世纪以来，英国约一半的经济增长要归功于这场"技术生理"（technophysio，他自创的术语）演变。他说："这一益处大多应归功于人类热力效率的改进。自 1790 年以来，人类能量输入与工作产出之间的转换率似乎提升了 50% 左右。"（Fogel，2000）Fogel 亦是少数几位认识到幼儿时期的贫困对健康产生长期重要影响的经济学家之一。

1998 年诺贝尔奖获得者 Sen 亦认识到人的投资至关重要。生产率提升可带来收入的增加，从而降低贫困，增加经济福祉。然而，Sen 亦将改善健康、接受更高程度的教育和改善营养作为独立的目标予以强调，除提高收入外，这些代表了生活质量（即"人类发展"）中具有价值的非货币因素。在最新著作中，他拓展了这一理念，强调称，个人自由是经济生活的终极目标（Sen，1999）。在这一论著中，Sen 对"自由"的定义十分宽泛，其中包括没有饥饿、疾病、无知、一切形式的剥夺、贫困的自由，以及政治自由、经济自由与公民权利。

将儿童早期发展与人类发展相挂钩：4 种路径

教 育

从儿童早期发展到人类发展的第 1 个路径就是教育。儿童早期发展对儿童之后教育表现的重要性以及教育在经济和人类发展中的重要作用众所周知，并且神经物理学、儿科学、医学、儿童发展、教育、社会学和经济学积累了这方面的大量科学证据。有充足的证据证实早期对于儿童生理、心理和社会发展的重要性（Cynader 和 Frost，1999；McCain 和 Mustard，1999；Myers，1992；Young，1997）。早期的大脑快速发育至关重要，获得适当护理和刺激的新生儿可更好地为准时入学和学习做好准备。

参与儿童早期发展方案的儿童可获得生理刺激、营养补充和保健，他们的父母则可受到有效的育儿培训。参与过这些方案的儿童表现出更高的智商，并在实际推理、眼手协调、听说、阅读准备方面有所改善（Myers，1992）。留级率、辍学率下降，学校表现更佳，儿童接受更高一级教育的可能性增加（Barnett，1995；Barnett，1998；Grantham-McGregor 等，1997；Karoly 等，1998；Schweinhart 等，1993）。

从长期来看，这些儿童将从早早入学和获得更好、更高的学校教育中受益，使其长大成人后更具生产力，更加"成功"。无论对"成功"有着怎样的定义，总之，受过良好教育绝对是成人后"成功"的最佳预报器。

对"成功"的定义因人而异,比如,找到一份好工作,获得较高的收入,或者增加和改善家庭产出(例如育儿、营养、家庭保健等),不过从广义上说,教育水平越高,所获得的福祉就越可观(Haveman 和 Wolfe,1984;Psacharopoulos,1994)。

教育的公共惠益亦是众所周知的。对于社会,它可包括提高采用新技术的能力、使民主程序运行更顺畅、降低死亡率、减少犯罪率(Carnoy,1992;Rutter、Giller 和 Hagell,1998)。正如经济发展文献中明确强调的那样,教育对于经济增长同样十分重要(Barro,1997)。

教育路径明确表明,儿童早期发展与人类发展直接相关,这一点得到了大量科学证据的资料证实。单单凭借这一项证据,就已经有充分的理由加大儿童早期发展方案投资力度(Van der Gaag 和 Tan,1998)。良好的教育本身就是我们努力的目标,并且,它还可推进经济繁荣。不过,另外 3 个路径至少也同样值得我们关注。

健 康

几十年来,主要的发展机构,包括世界卫生组织、联合国儿童基金会、世界银行等,一直在强调为幼儿提供良好营养、免疫及其他基本保健服务的重要性。这些服务的健康惠益即时可见(Bundy,1997;PAHO,1998;Stephenson 等,1993),并且旨在改善这些服务的干预措施,其成本效益已获认可(Horton,1999)。尽管如此,遗憾的是,发展中国家数百万儿童仍然不满 1 岁就夭折了,幸存下来的儿童则罹患各种本可轻松预防的疾病。

儿童早期发展方案可带来巨大改观。这些方案涉及降低儿童患病率、死亡率,减少营养不良和发育迟缓病例,改善个人卫生与保健,减少虐待儿童的情况。

此外,较不为人知的是,早期创伤——例如营养不良(甚至胎儿时期亦不例外)、传染性疾病——与成人健康之间存在显著关联。近期的研究表明,早期健康和营养与成人健康状况之间的关联远比此前知道的要强,并且要有力得多。现在已知的与胎儿成长及早期发展相关的成人健康结果包括血压、呼吸系统功能及精神分裂症。幼年时期的社会和教育因素亦与成人的生理、心理健康结果之间存在有力关联（Wadsworth 和 Kuh，1997）。

与胎儿期及出生后不久大脑发展关键阶段相关的科学证据亦可证实这些关联（Barker，1998；Ravelli，1999）。婴儿营养不良与成人后的糖尿病、身材矮小有关。早期感染与成人后慢性支气管炎、急性阑尾炎、哮喘、帕金森病、多发性肝硬化有关。此外，出生体重低与之后血压升高、慢性肺病、心血管疾病、冠状动脉心脏病、中风有关。因此，尽管投资幼儿基本保健与营养服务可通过儿童即时的健康和人体测量结果来证明其合理性，不过，作为综合性儿童早期发展方案的标准构件，与成人健康状况之间的关联进一步提升了此类干预的重要性。

儿童早期发展与成人健康状况之间的关联对人类发展的各项努力也意义重大。证据表明，成人健康状况与经济福祉之间的显著关联丝毫不亚于教育与经济福祉之间的关联（Hertzman，1999；Smith，1999）。与运气不太好、未能获得良好儿童早期发展的同龄人相比，身体更健康、预期寿命更长、身高体重测量结果更佳的成人一般生产效率较高，缺勤较少，收入较高。

不过，健康状况与经济福祉之间的因果关系仍然存在疑问。好的身体一定就能有更高的生产力（收入）吗？或者，更高的收入能够让一个人买到更好的健康吗？事实证明，这两种关系——以健康为因，以健康为果——均已证明真实有效。健康或虚弱的身体可决定随后的经济结果——例如，幼年时因营养不良导致发育迟缓，成人后赚钱能力较低（Bundy，1997；Thomas 和 Strauss，1997）。反过来，高收入可令人更加健康，这一说法亦得到证明（Acheson，1998）。很明显，在许多情况下，更好的身体可产生更高的收入。不过，要想进一步解开上述双重关系之谜，尚需开展更多的研究。

要确立健康与一个国家的人类发展之间的明确关联，必须合计所有个人的健康—收入关联。一些研究已经展示了这一关联。和教育一样，人口健康状况与自身的经济增长有关（Barro，1997；Pritchett 和 Summers，1996；WHO，1998）。非洲通过重要例子展示了疟疾和获得性免疫缺陷综合征（AIDS）对经济发展的影响——减缓经济发展（Bloom 和 Sachs，1998）。

令人吃惊的是，关于健康与经济增长相互关系的研究开展的时间并不长，为了更加充分地了解健康可通过哪些方式影响一个国家的财富，尚需开展额外的研究。不过，"这一关联非常重要"已是不争的事实。和教育一样，从儿童早期发展到人类发展之间的健康路径十分清晰。如果增加国家财富是总体目标，那么，按照逻辑推理，第一步就要从新生儿的健康抓起。

社会资本

与健康和教育惠益相比，对儿童早期发展的"社会"惠益的界定相对欠缺；但这不代表此类惠益不存在。针对儿童早期发展方案开展的多项研究，注意到了儿童行为的改变（Kagitcibasi，1996；Karoly 等，1998）。他们不喜争斗，更具合作精神，在小组中表现较佳，并且非常听话（比如很听父母的话）。总体来说，这些儿童具有更高的自我意识，且社会调节能力更强。

数项长期追踪研究就这些儿童的成年生活得出了相似的结果：他们的自尊、社会能力、动力以及对文化准则和价值的接受力有所改善。其中，有证据表明，参与儿童早期发展方案可减少成人后的犯罪行为，降低违法犯罪概率（Schweinhart 等，1993；Yoshikawa，1995；Zigler、Taussig 和 Black，1992）。

社会行为改善与"社会资本"的形成和维护之间的关联，尚有待确立。社会资本包括许多独特的社会现象。在宏观层面上，它指的是非正式的机构安排、信任、族裔社会网络、与法律无关的市场安排及其他相关现象（Coleman，1990；Putnam，1993）。在个人层面上，这一术语指的是，个人利用社会网络更好地实现自身利益的能力，这一现象通常涉及互惠安排（与获得财政信贷时交换"欠条"相似）（Coleman，1988，1990；Lin，1999）。

针对儿童早期发展方案社会惠益的研究表明，社会惠益将贯穿人的一生。大脑需要为学业学习创建正确回路，因此，需要为社会学习适当地做出准备。如果研究工作能够真正确立儿童早期发展方案的社会惠益与成人进一步创造和利用社会资本的技能之间的关联，那么，就可以轻松地明确儿童早期发展方案与人类发展之间的关联。

要想实现这个目标，只需要将社会资本在个人层面的惠益汇总为社会总体惠益。虽然对"社会资本"这个指代不同社会现象的概念的定义存在欠缺，但是，社会学和经济文献已经牢牢地确立这一关联（Narayan，1997；Woolcock，1999）。虽然已经获得的许多经验证据未能如上所述，在儿童与成人之间直接建立关联，但是，这些证据令人信服并且数量在不断增加。

此外，人们对文化或价值观与经济表现之间的关联的兴趣日益浓厚。一些研究表明，"价值观"是解释国家之间发展差异的一个重要概念（Fukuyama，1995）。如果研究人员确定儿童早期发展方案能够向儿童输入价值观，并且这些价值观可以在他们成人后的行为中体现出来，那么，通过社会资本路径建立起来的儿童早期发展与人类发展之间的关联可能远远超出本文所述。

平　等

第4个路径"平等"，指的是"公平竞争的机会"。它与此前的3个路径之间存在内在关联。"平等"可指代在教育、健康或社会资本方面公平竞争的机会。此外，和教育、健康或社会资本一样，平等本身极具价值，并可促进一个国家的经济发展。如果能够展示儿童早期发展方案有助于实现一个更加平等的社会，那么可以通过平等路径轻松地确立儿童早期发展与人类发展之间的关联。事实上，如果儿童早期发展方案的针对性较强，可极大地促进竞争机会平等（Barros 和 Mendonca，1999）。儿童早期发展方案可利用相对较小的投资，减少贫困儿童在营养状况、认知和社会发展以及健康方面的劣势。实现更平等的惠益始于出生一刻。

对成人而言，教育和健康平等带来机会平等；更好的教育与健康水平带来更高的收入。非常重要的一点是，数据表明，收入分配较为公平的国家，人口亦较为健康（Deaton，1999；Hertzman，1999；Wilkinson，1996）。上述证据无可否认，不过，支持这种关系的理由有待论证。然而，正如社会收入与健康平等之间的总体关联所示，早期较高程度的机会平等与日后较高程度的教育、收入与健康平等之间似乎存在有力关联。我们希望再次强调，惠益始于实施 ECD 方案的那一刻。

最后，众多研究表明，平等程度越高，可持续增长的水平就越高（Aghion、Caroli 和 Garcia-Penalosa，1999；Barro，1997）。通过平等路径，儿童早期发展与人类发展之间存在着复杂而又有力的关联。

儿童早期发展：惠益与研究需要

表 3.1 概述了儿童早期发展的惠益——提升受教育水平，改善健康，增加社会资本，促进平等。上述结果本身均极具价值，并且这些惠益在采取干预措施时立马可见，也就是说，在幼儿时期即可收到成效。儿童早期发展方案的合理性往往通过儿童在社会、认知发展以及健康与营养状况方面的即期惠益予以证实。不过，如上所述，这些结果可对儿童的一生乃至整个国家产生积极、长远的影响。除教育路径外，这些长期惠益往往为政府官员和决策者所忽视。

儿童早期发展与人类发展之间通过教育路径的关联已被明确建立并已有广泛记录。健康研究的新进展，尤其是围绕儿童健康与成人健康之间关联的研究进展，亦为儿童早期发展与人类发展二者间的关联提供了充足证据。随着新的研究发现的出现，健康路径对于人类发展的重要性有望与教

表 3.1　　　　　　儿童早期发展对儿童、成人和社会的惠益：概要

儿童早期发展的惠益	实现儿童早期发展（ECD）与人类发展（HD）相互关联的路径			
	教　育	健　康	社会资本	平　等
儿童 （即期惠益）	智商更高，在实践推理、眼手协调、听说、阅读准备方面有所改善；学校表现更佳；留级率、辍学率下降；接受更高一级教育的可能性增加	降低儿童患病率、死亡率；减少营养不良和发育迟缓病例；减少虐待儿童的情况；改善个人卫生与保健护理	具有更高的自我意识；社会适应性更强；不喜争斗；极具合作精神；在小组中表现较佳；非常听话	减少贫困儿童的劣势；提升营养水平、改善认知与社会发展、健康
成人 （长期惠益）	提高生产力；增加成功几率（找到更好的工作，获得更高的收入）；改善儿童保育和家庭健康；实现更大的经济福祉	改善身高、体重；加强认知发展；减少感染和慢性疾病	增强自尊，加强社会能力、动力、对文化准则和价值观的接受力；减少违法犯罪行为	机会、教育、健康、收入平等
社会	加强社会团结；减少贫困和犯罪；降低死亡率；加大新技术的采用；改善民主进程；促进经济增长	生产力更高，出勤率下降，收入提高	更好地利用社会资本；提升社会价值观	减少贫困和犯罪；社会更加健康；提高社会公正；更好地推动可持续的经济增长

育路径持平。国际组织和各国政府需从根本上重新审视全球范围的保健工作，并将更大比例的保健预算用于儿童，尤其是儿童早期的保健工作。其目的不仅仅在于解决儿童即期的健康问题，亦在于降低他们成人之后的健康风险。

目前，社会资本路径较不明确，但仍具有启示性。儿童与成人社会行为之间的关联有待确认，社会行为与社会资本之间的关联仍然较弱。有关社会资本的论著相对较浅，不过，当前证据表明，儿童早期发展—人类发展（ECD-HD）的社会资本路径有望成为继教育、健康路径之后又一牢固确立的路径。

ECD-HD 平等路径不可否认，正如此前所述，它与其他 3 个路径密切相关。收入平等与社会健康状况有关，这是一项令人吃惊的发现，它进一步突出了儿童早期发展的重要性，暗含着深远的政策寓意。

教育、健康、社会资本和平等均是促进经济增长的重要因素。如图 3.1 所示，它们与经济增长一起，构成了人类发展综合框架中相辅相成的要素。这一框架可轻松予以扩展，例如纳入性别或贫困问题（因为它与平等相关）。

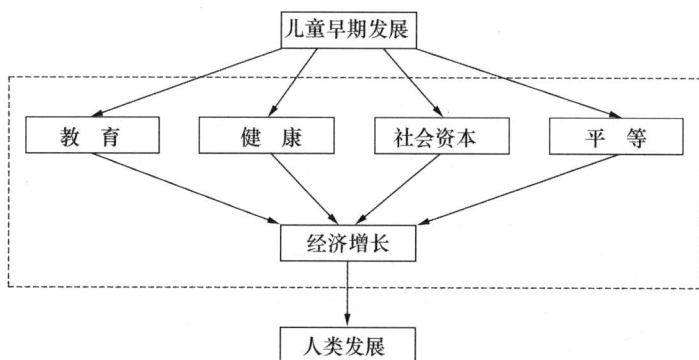

图 3.1 从儿童早期发展到人类发展：综合框架

执行良好、针对性强的儿童早期发展方案是人类发展的发起者。它们刺激教育、健康、社会资本和平等领域取得改进，令参与方案的儿童获得即期和长期惠益。从许多方面来看，投资儿童早期发展方案无异于投资一个国家的未来。

致谢

笔者谨对本章编写过程中 Wendy Janssens 提供的出色研究协助表示感谢。

参考文献

[1] Acheson, D. 1998. Independent Inquiry into Inequalities in Health: Report. London: The Stationery Office

[2]Aghion, P. ,Caroli,E. ,Garcia-Penalosa,C. 1999. Inequality and Economic Growth:The Perspective of the New Growth Theories. Journal of Economic Literature,37(11):1615~1660

[3]Barker, D. J. P. 1998. Mothers,Babies and Health in Later Life. Edinburgh:Churchill Livingstone

[4]Barnett, W. S. 1995. Long-Term Effects of Early Childhood Programs on Cognitive and School Outcomes. The Future of Children,5(3):25~50

[5]Barnett, W. S. 1998. Long-Term Cognitive and Academic Effects of Early Childhood Education on Children in Poverty. Preventive Medicine 27:204~207

[6]Barro, R. J. 1997. Determinants of Economic Growth:A Cross-Country Empirical Study. Cambridge, Mass. :MIT Press

[7]Barros, R. P. de,Mendonca,R. 1999. Costs and Benefits of Preschool Education in Brazil. Rio de Janeiro:Institute of Applied Economic Research

[8]Bloom, D. E. ,Sachs,J. D. 1998. Geography,Demography,and Economic Growth in Africa,Harvard Institute for International Development. Brookings Papers on Economic Activity. Washington, D. C. : Brookings Institution

[9]Bundy, D. A. P. 1997. Health and Early Child Development. In:Young, M. E. ,ed. Early Child Development:Investing in our Children'sFuture. Amsterdam:Elsevier Science B. V.

[10]Carnoy, M. 1992. The Case for Investing in Basic Education. New York:United Nations Children'sFund

[11]Chenery, H. ,Srinivasan,T. N. 1989. Handbook of Development Economics,volume 1. New York:North Holland

[12]Coleman, J. Social Capital in the Creation of Human Capital. American Journal of Sociology,94:S95~S120

[13]Coleman, J. S. 1990. Foundations of Social Theory. Cambridge,Mass. :Harvard University Press

[14]Cynader, M. S. ,Frost,B. J. 1999. Mechanisms of Brain Development:Neuronal Sculpting by the Physical and Social Environment. In:Keating, D. P. , Hertzman, C. , eds. Developmental Health and the Wealth of Nations:Social,Biological,and Educational Dynamics. New York:The Guilford Press

[15]Deaton, A. 1999. Inequalities in Income and Inequalities in Health. National Bureau of Economic Research Working Paper No. W7141. New York

[16]Fogel, R. W. 2000. The Fourth Great Awakening. Chicago:University of Chicago Press

[17]Fukuyama, F. 1995. Trust:The Social Virtues and the Creation of Prosperity. New York:Free Press

[18]Grantham-McGregor, S. M. , Walker, S. P. , Chang, S. M. , Powell, C. A. 1997. Effects of Early Childhood Supplementation With and Without Stimulation on Later Development in Stunted Jamaican Children. American Journal of Clinical Nutrition,66:247~253

[19] Haveman, R. H. , Wolfe, B. L. 1984. Schooling and Economic Well-being: The Role of Nonmarket Effects. Journal of Human Resources,19(3):377~407

[20] Hertzman, C. 1999. Population Health and Human Development. In: Keating, D. P. , Hertzman, C. , eds. Developmental Health and the Wealth of Nations: Social, Biological, and Educational Dynamics. New York: The Guilford Press

[21] Horton, S. 1999. Economics of Nutritional Investments (draft). In: Semba, R. D. , Bloem, M. W. , eds. Nutrition and Health in Developing Countries. Totowa, N. J. : Humana Press

[22] Kagitcibasi, C. 1996. Family and Human Development Across Cultures: A View from the Other Side. Mahwah, N. J. : Lawrence Erlbaum Associates

[23] Karoly, L. A. , Greenwood, P. W. , Everingham, S. S. , Hoube, J. , Kilburu, M. R. , Rydell, C. P. , Sanders, M. Chiesa,J. 1998. Investing in Our Children: What We Know and Don'tKnow about the Costs and Benefits of Early Childhood Interventions. Washington,D. C. : RAND

[24] Lin, N. 2000. Inequality in Social Capital: Evidence from Urban China. Contem porarg Sociology, 29 (6):785~795. Creation and Returns of Social Capital in Education and Labor Markets. Center for Research in Experimental Economics and political Decision(CREED) Making/University of Amsterdam, Institute of Information and Computing Sciences (ICS)/University of Groningen and ICS/Utrecht University

[25] McCain, M. N. , Mustard, J. F. 1999. Reversing the Real Brain Drain: Early Years Study, Final Report. Toronto: Publications Ontario

[26] Myers, R. G. 1992. The Twelve Who Survive. London: Routledge

[27] Narayan, D. 1997. Voices of the Poor: Poverty and Social Capital in Tanzania. Washington, D. C. : World Bank

[28] PAHO(Pan American Health Organization), ed. 1998. Nutrition, Health and Child Development: Research Advances and Policy Recommendations. Scientific Publication No. 566. Washington, D. C.

[29] Pritchett, L. , Summers, L. H. 1996. Wealthier Is Healthier. Journal of Human Resources, 31(4):841 ~868

[30] Psacharopoulos, G. 1994. Returns to Investment in Education: A Global Update. World Development, 22(9):1325~1343

[31] Putnam, R. 1993. The Prosperous Community-Social Capital and Economic Growth. The American Prospect,356(sprmg):4~6

[32] Ravelli, A. C. J. 1999. Prenatal Exposure to the Dutch Famine and Glucose Tolerance and Obesity at Age 50. Thela Thesis. Amsterdam: University of Amsterdam

［33］Rutter, M. , Giller, H. , Hagell, A. 1998. Antisocial Behavior by Young People. Cambridge: Cambridge University Press

［34］Schweinhart, L. J. , Barnes, H. V. , Weikart D. P. (with Barnett, W. S. , Epstein, A. S.) 1993. Significant Benefits: The High/Scope Perry Preschool Study Through Age 27. Ypsilanti, Mich. : High/Scope Press

［35］Sen, A. 1999. Development as Freedom. New York: Alfred A. Knopf

［36］Smith, J. P. 1999. Healthy Bodies and Thick Wallets: The Dual Relation Between Health and Economic Status. Journal of Economic Perspectives, 13(2): 145~166

［37］Stephenson, L. S. , Latham, M. C. , Adams, E. J. , Kinoti, S. N. , Pertet, A. 1993. Physical Fitness, Growth and Appetite of Kenyan Schoolboys With Hookworm, Trichuris trichiura and Ascaris lumbricoides. Infections Are Improved Four Months After a Single Dose of Albendazole. Journal of Nutrition, 123: 1036~1046

［38］Thomas, D. , Strauss, J. 1997. Health and Wages: Evidence on Men and Women in Urban Brazil. Journal of Econometrics, 77: 159~185

［39］Van der Gaag, J. , Tan, J. P. 1998. The Benefits of Early Child Development Programs: An Economic Analysis. Washington, D. C. : World Bank, Human Development Network

［40］Wadsworth, M. E. , Kuh, D. 1997. Childhood Influences on Adult Health. Paediatric and Perinatal Epidemiology, 11: 2~20

［41］WHO(World Health Organization). 1998. Health, Health Policy, and Economic Outcomes. Health and Development Satellite, WHO Director-General, Transition Team. Geneva

［42］Wilkinson, R. G. 1996. Unhealthy Societies: The Afflictions of Inequality. London: Routledge

［43］Woolcock, M. 1999. Managing Risk, Shocks, and Opportunity in Developing Economies: The Role of Social Capital. Washington, D. C. : World Bank, Development Research Group

［44］Yoshikawa, H. 1995. Long-Term Effects of Early Childhood Programs on Social Outcomes and Delinquency. The Future of Children, 5(3): 51~75

［45］Young, M. E. , ed. 1997. Early Child Development Investing in our Children's Future. International Congress Series No. 1137. Amsterdam: Elsevier Science B. V.

［46］Zigler, E. , Taussig, C. , Black, K. 1992. Early Childhood Intervention: A Promising Preventative f or Juvenile Delinquency. American Psychologist, 47(8): 997~1006

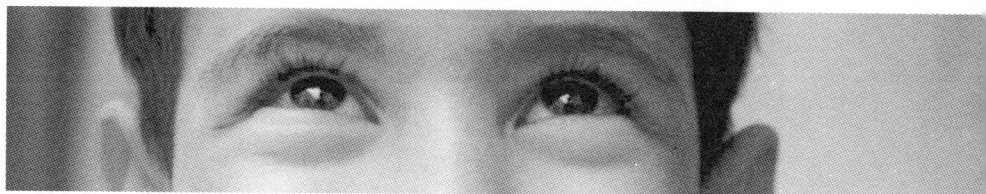

Measuring
the Early Opportunity Gap

第 2 部分

测算早期机会鸿沟

第 4 章

保育标准——改善拉丁美洲儿童教育结果的投资

Standards of Care: Investments to Improve Children's Educational Outcomes in Latin America

J. Douglas Willms

在泰国宗天（Jomtien）召开的 1990 年世界全民教育大会上，教育家和决策者建议，应进一步重视儿童早期的保育与激励，改善教育质量，于 2000 年底完成初等教育的普及。20 世纪 80 年代，研究人员指出，与接受过类似数量学校教育的高收入国家儿童相比，低收入国家儿童的识字水平相对较低。对于这项发现，有两个解释比较可信：其一，贫困国家的儿童入读小学时缺乏发展基础，无法使其实现自身全部的潜能；其二，低收入国家学校教育的质量不及高收入国家。

20 世纪 80 年代，在几个国家开展的研究提供了极具说服力的证据，即不同的学校在结果方面存在巨大差异，即使考虑了儿童家庭背景的影响后依然如此（Bryk、Lee 和 Smith，1990；Gray，1989；Raudenbush 和

Willms，1991；Willms，1992）。低收入国家大规模的学校教育研究结果，展示了人力和物质资源（例如学校基础设施、班级人数、教师经验和资质、指导教材的可得性）对于实现更好的学校结果的重要性（Fuller 和 Clarke，1994）。世界银行的研究工作表明，与高收入国家相比，这些因素与低收入国家学习成绩之间的关联更加显著（Heyneman 和 Loxley，1983）。

1996 年，13 个拉丁美洲国家利用几个国家的常用测试和问卷调查，共同开展了拉丁美洲的首项国际性学校结果（小学三四年级学生语言、数学及相关因素）比较研究，即 Primer Estudio Internacional Comparativo（PEIC）项目。PEIC 研究包括：（1）对三、四年级 5 万余名学生开展语言与数学技能测试；（2）对学生、家长、教师和学校管理人员进行问卷调查。统计数据中包含了大量有关儿童早期成果的信息，如父母在家中的育儿方法、子女是否参加日托等。这项对比研究是最早着手评估这些因素重要性的项目之一。以下机构资助了此项跨国研究工作：美洲开发银行、Convenio Andres Bello、福特基金会、联合国教科文组织。参与国包括：阿根廷、玻利维亚、巴西、哥伦比亚、哥斯达黎加、智利、古巴、多米尼加、洪都拉斯、墨西哥、巴拉圭、秘鲁和委内瑞拉。

本次研究工作已经公布了两份实质性报告。第一份报告（UNESCO，1998）提供了 PEIC 相关技术信息，以及各国的描述性分析。第二份报告名为"拉丁美洲学校教育结果"，由 Willms 和 Somers（2000）经与为本次研究工作提供协作的拉丁美洲教育质量评估实验室（Laboratorio Latino-americano de Evaluación de la Calidad de la Educación，LLECE）磋商，共同编写而成。第二份报告按国别分列，详细描述了教育结果与家庭的社会经济地位、学校性质（公立、私立）、城市化程度（农村、城市、大城市）、物质资源（例如班级大小、学校基础设施、教师资质）以及学校"文化"（例如父母参与程度、教师的态度、校长的自主权、学习氛围）之间的关系。

本章概述了 Willms 和 Somers 报告（2000）中的部分发现，并拓展了分析，评估家庭和学校因素的相对重要性。其具体目标有 4 个：（1）描述学校结果与社会经济地位之间的关系，关注城市化程度（农村、城市、大城市）和学校性质（公立、私立）；（2）估测与拉丁美洲儿童脆弱性相关的风险因素可能产生的影响广度，并识别这些影响在调和学校结果与社会经济地位相互关系上的程度；（3）建议利用国际研究发现，根据儿童早期结果最重要的预报器设计"保育标准"的框架；（4）就提高儿童早期发展进展的监测能力提供建议。

本章阐述了如何利用 PEIC 发现，在相关国家推行建议框架，并指出了各国保育标准的实现情况。基于 Willms 和 Somers（2000）的报告，本章展示了 12 个国家（本文称作"区域"）的统计数据（由于具体编码问题，第 13 个国家哥斯达黎加的数据不存在；古巴的数据仅被收录于区域估测值中，这是因为该国的国别结果被禁止使用）。

本章包括 5 个主要小节——了解社会经济梯度的重要性；拉丁美洲学校教育结果：梯度与学校概况；保育标准：建议框架；儿童时期的脆弱性：分析与研究发现；下一步举措：加强监测与改革的基础。结尾部分将从其他视角进行阐述。

有几条警告需要特别留意，任何此类分析或者设立标准的尝试都很容易招致批评。将进程与结果联系在一起的框架必定会受到以下限制：可获得的数据难以概括反映当地社会、政治和经济现实的实证研究发现。与学区和政府就"如何利用数据进行监测"所开展的协作表明，监测的主要价值在于，激励各方就期待实现的学校教育结果开展对话，并对当前政策和实践进行批判性审查。因此，本章的首要目标是就保育标准展开对话。

了解社会经济梯度的重要性

关于人类发展，最具普遍性的研究发现可能就是：儿童的发展结果与家庭的社会经济地位有关。这两者之间存在梯度关系：与富裕家庭出身的儿童相比，父母受教育程度和收入水平较低、工作不够体面的儿童在学业方面取得成功的概率较小，更易产生行为障碍，出现健康问题的风险较大。事实上，每一项重要的学校教育结果似乎都与社会经济地位有关。这一关系在了解人类发展的过程中已变得如此根深蒂固，以至于"发育迟缓儿童"、"高危儿童"、"贫困儿童"俨然成了同义词。这一关系几乎已被普遍接受，因此，有人可能会提出质疑：进一步研究社会经济梯度是否还有必要？

了解社会经济梯度对了解促成社会成功的因素至关重要。社会经济梯度描述的是部分发展结果与社会经济地位之间的关系。儿童早期发展领域的研究人员通常对描述儿童认知、社会和行为发展的结果很感兴趣。他们通常持续测算这些结果，如成绩测试分数，不过他们也可利用指标采取二分法测算，例如儿童是否患有某种疾病或行为障碍或特别脆弱。

社会经济地位指的是基于对财富、名声和权力的获得或控制情况，家庭或个人在等级社会结构中所处的相对位置（Dutton 和 Levine，1989；Mueller 和 Parcel，1981）。社会经济地位通常作为一个由收入、受教育程度和职业体面程度组成的综合测算值进行运用。"梯度"指的是图形上的直线，纵坐标轴为发展结果，横坐标轴为社会经济地位测算值（见图 4.1）。

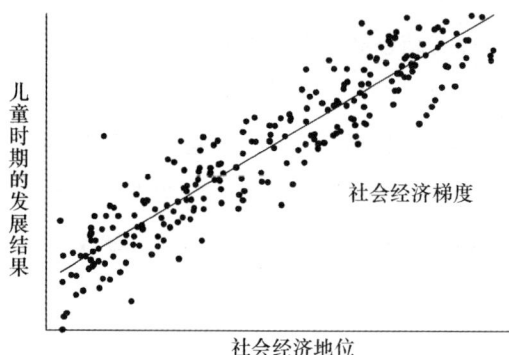

图 4.1 所定义的社会经济梯度

社会经济梯度的意义

梯度可用来展示一段时间内（例如几十年间）物质、社会、文化资源投资向技能和能力的转化情况。对社会而言，梯度描述的是总体结果（例如识字水平）以及社会阶层之间的不平等。这些不平等对社会具有多重影响，如影响社会团结、健康与福祉、社会政策等。

社会团结

实现结果平等（即梯度平直）对实现社会团结至关重要。Ritzen 对"社会团结"的定义是："一个包容性的公民社会和应对性较强的政治机构。"（Ritzen，2000）这一定义正是世界银行政策与项目做法的核心所在。越来越多的证据表明，社会的经济成就取决于机构、社区、国家内部以及相互之间的人际关系。

研究人员利用"社会资本"这个术语描述了人际关系的本质，以及人际关系在促进集体行动、社会网络和社区准则及价值观方面的作用（Coleman，1988）。微观层面的研究表明，机构和组织的生产力取决于团队工作、沟通、知识与理念共享以及员工对机构目标的拥护。宏观层面的研究则一直侧重于社会支持、集体行动的本质及其对人们的信任感、可信赖性、安全感和福祉的影响。目前，"社会资本"的概念正被纳入经济发展增长的新模型中。

健康与福祉

社会成果不平等似乎是健康与福祉的一个重要决定因素。多项研究表明，街坊、社区、卫生主管部门、州、省、国家的健康结果不尽相同，即使将人们的社会经济背景考虑在内依然如此。这两项发现与社会经济梯度的相关性尤为明显。首先，死亡率与健康状况的梯度为非线性：低收入时梯度较陡，高收入时梯度较平直（Epelbaum，1999；House 等，1990；Mirowsky 和 Hu，1996；Wolfson 等，1999；Wolfson、Rowe、Gentleman 和 Tomiak，1993）。当人们满足了自身对衣、食、住的基本需要之后，收入的进一步增长似乎与健康之间关联甚微。其次，健康不仅与总体收入和财富水平有关，亦与社会收入不平等有关（Wilkinson，1992，1996；Kaplan 等，1996；Wolfson 等，1999）。这种主流解释涉及的是那些感觉自身相对贫困或遭到排斥的人。

社会政策

关于梯度的研究可为社会政策提供着力点，此类社会政策侧重于为整个社会，尤其是弱势群体，实现某些具体的成果。过去几十年来，各国政府一直侧重于经济政策。因此，社会政策未能实现同步变革。围绕社会政策的讨论向来以州政府的职能为主，尤其是服务提供（如公共教育、保健和保护性服务），通过收入转移向目标群体重新分配收入等（Fellegi 和 Wolfson，1999）。公司、社区和家庭在塑造社会政策方面所扮演的角色一直未获关注。梯度十分有用，它能够以一种简单、直接的方式引导人们关注希望实现的社会结果以及社会结果的不平等问题。针对一组结果绘制一个简单的梯度图形往往能引出这一问题："我们能否改变梯度？"

儿童时期脆弱性的社会经济梯度

社会经济梯度与儿童早期发展和归因为社会不公平的儿童脆弱性息息相关。在 PEIC 及其他研究中，研究人员展示了这些梯度与儿童脆弱性之间的复杂关系和相互作用。加拿大社会政策研究院阐述了有待研究的 10 个关键问题（Willms，2002），概述如下：

1. 儿童几岁时其发展结果的社会经济梯度变得非常明显？随着儿童年龄的增长，这种梯度是否越来越强？例如针对低出生体重的儿童，或者针对儿童的早期发展结果，梯度是否明显？儿童进入正规学校系统之后，梯度是否日益变强？

2. 部分结果的梯度是否强于其他结果？例如与行为结果相比，认知结果的梯度是否更强？

3. 哪些社会经济地位要素与儿童社会、认知结果之间的关联最显著？近期的研究工作着重强调了贫困对儿童发展结果的影响，不过，其他因素（例如父母，尤其是母亲的受教育程度）亦扮演十分重要的角色。需进一步了解不同年龄时各个 SES 要素的相对重要性。

4. 梯度表现为直线还是曲线？人们特别关心的一个问题是，超过特定的 SES 临界值时，儿童发展结果梯度是否会变弱，如果的确如此，那么这一临界值在不同社区之间是否存在差异。例如，健康结果的收入临界值似乎约为 20000 美元：低于 20000 美元时，收入与健康之间存在有力关联，高于 20000 美元时，两者之间的关联较弱（Epelbaum，1990；House 等，1990；Mirowsky 和 Hu，1996）。收入梯度可能是曲线也可能是直线。在加拿大，健康结果的收入梯度是曲线，不过，斜率变化较为平缓，因而很难准确地识别临界值（Boyle 和 Willms，1998；Wolfson 等，1993，1999）。确定梯度是线性还是曲线，这与制订儿童早期发展投资政策、向低收入家庭注入资源尤为相关。

5. 哪些是儿童发展结果与社会经济地位关系的调和因素？"调和因素"这一术语指一个变量影响另一变量的潜在流程（Baron 和 Kenny，1986）。例如，低收入家庭的父母是否采用了另外一种养育方式，导致了较差的发展结果？若是，养育方式就成了社会经济梯度的调和因素。

6. 社会中是否存在子女尤为脆弱的特殊群体？在少数群体、单亲家庭、父母十几岁时即育有首个子女的家庭中，儿童的发展结果尤其令人担忧。

7. 儿童的发展结果是否在社区间存在差异？在提到儿童的发展时，"社区"指的是共同关切子女健康和福祉的一群公民。社区可以是多样和重叠的（例如街坊、教会、市政当局、班级、学校、学区）。其中一个关注点就是，无论家庭背景如何，儿童的发展结果是否在社区间存在差异。

8. 社会经济梯度是否在社区间存在差异？例如，是否有些社区在降低儿童结果不平等方面尤为成功？在许多情况下，梯度在社区间存在差异，我们可发现梯度特别陡或特别平直的社区。就学校结果而言，儿童拥有较高的社会经济地位时，他们的梯度逐渐交会

（Willms，2000）。这一会合对于社会政策具有重要寓意，它暗示，出身较富裕家庭的儿童通常在任何一个社区中都表现得很好，而出身贫困家庭的儿童在不同社区中的结果会大相径庭。成功的社区能够提高处境最不利公民的社会结果。

9. 通过居住地隔离、私立学校教育、选择性学校教育、跟踪或按学生能力分组，教室内按能力分组或其他依据社会经济背景分组等机制，把儿童从社会经济地位较低的背景隔离开来会产生哪些影响？这一问题与低收入国家尤为相关，由于城乡家庭收入差距和私立学校教育等原因，这类国家的学校体系高度隔离。这种"双重危险假设"暗示，贫困家庭儿童如在较差环境中接受教育，则更易受到伤害。

10. 如果社区梯度存在差异，那么，哪些因素与高收入水平和平直梯度有关？如果儿童发展结果的梯度在社区间存在差异，那么，可否从社区因素的角度出发解释优越的收入或较为公正的收入分配造就的社区成果？

拉丁美洲学校教育结果：梯度与学校概况

PEIC 项目的目标人口为 13 个参与国中所有的三、四年级学生。各国的样本包括约 100 所学校，每所学校 20 名三年级学生和 20 名四年级学生，共计 3000～4000 名学生。所收集的数据包括，语言（西班牙语）和数学成绩测试得分，以及对每位学生、学生父母、教师、校长、学校管理人员进行的问卷调查（详情参见 UNESCO，1998；Willms 和 Somers，2000）。下文概述了梯度与学校概况的调查发现。

梯　度

图 4.2～图 4.4 中展示了按国家分列、与父母受教育程度有关的学校结果（语言得分、数学得分、零留级率）的社会经济梯度。父母二人的受

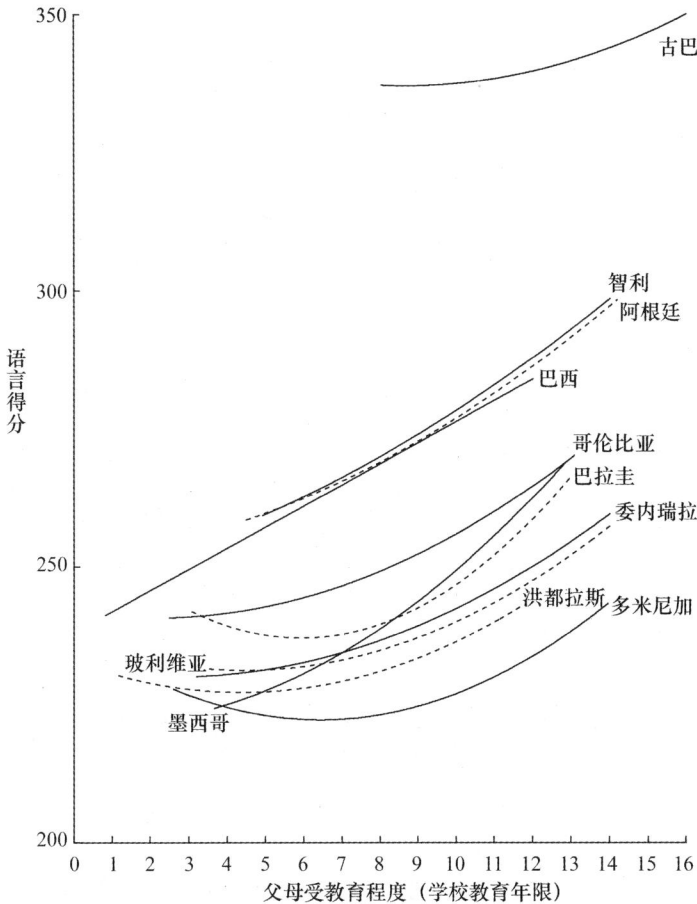

图 4.2 语言得分的社会经济梯度,按国别分列

教育程度(学校教育年限)取平均值(全量回归模型包括单亲和双亲家庭变量)。根据普通的最小二乘法关系计算梯度,并且,由于大多数国家存在巨大的非线性构件,父母受教育程度的平方值也纳入其中。语言和数学测试成绩利用 Rasch 模型计算,最终得出该区域的平均值为 250,标准差为 50。其中包括"零留级率",以测算儿童读完三年级前是否至少留过一级。

在大多数的学校有效性分析中,留级率被视作学校政策的一个变量,并在回归分析中作为独立变量使用,以解释学习成绩的变化情况。在 PEIC

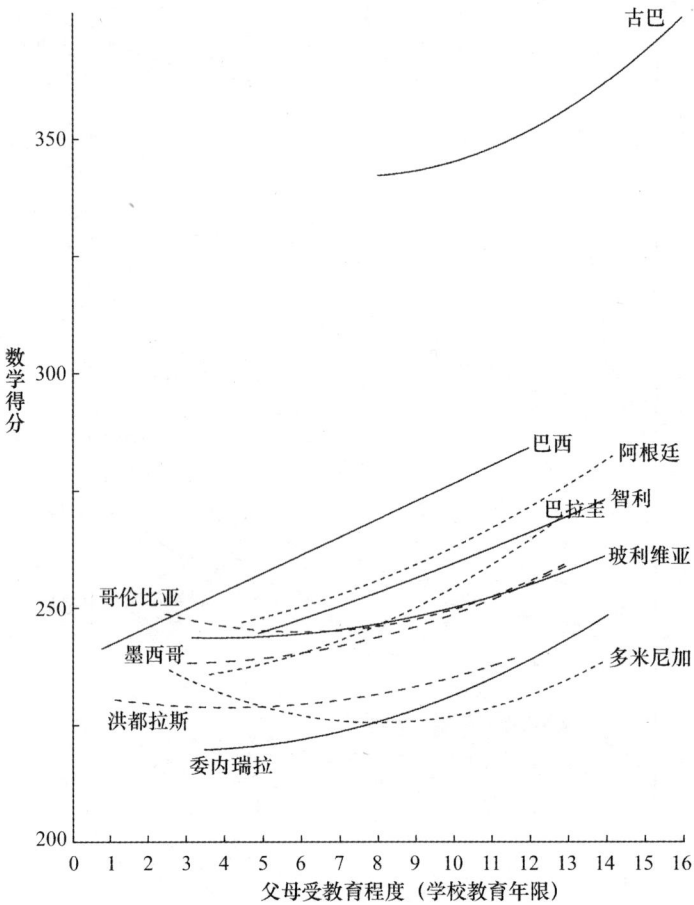

图 4.3 数学得分的社会经济梯度，按国别分列

项目中，留级被作为独立变量的理由有 3 点：（1）与同龄人一同完成学业是一个重要的学校结果，这一结果与自尊、归属感和总体福利之间存在显著关联（Shepard，1989；Shepard 和 Smith，1989）；（2）小学留级是能否完成中学学业的最佳预报器之一（Audas 和 Willms，2000；Rumberger，1995）；（3）降低留级率是拉丁美洲学校教育长期成功的关键所在，并且这项结果可轻松地通过国家和地方政策予以改善。据联合国教科文组织拉丁美洲和加勒比区域办公室调研显示，在 20 世纪 80 年代，拉丁美洲儿童升入下一个年级一般要用 1.7 年（UNESCO-OREALC，1992）。

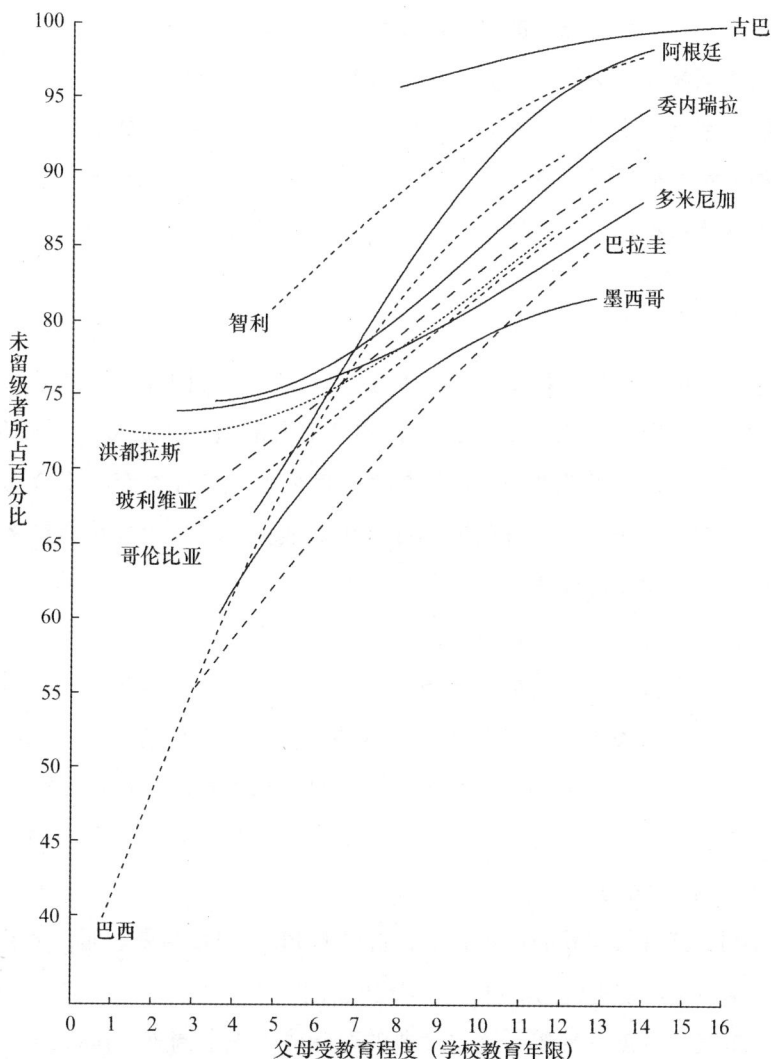

图4.4 零留级率的社会经济梯度，按国别分列

为了简化讨论，并与"不留级"政策的"标准"保持一致，本章采用了二分变量，以表明儿童是否至少留过一级。Willms 和 Somers（2000）采用"完成所需时间"这一测算方法来说明儿童的留级问题。然而，这两种测算方法均未解释"儿童未读满一年就离校，次年又重返该年级"的现象。这项研究从巴西开始，针对部分国家，通过重建每名儿童的教育经历并运用事件——历史分析的多层次变量，更加详尽地分析了这一问题。

留级问题在几个拉美国家中十分尖锐。有些孩子报告称，他们就读三年级时已留级 5 次以上。然而，留级次数与儿童年龄的数据不相吻合。许多学校的情况似乎是，学生在学年中离校，次年重返同一年级，很多家长往往不认为这种情况是留级。

研究发现

本研究的分析可以得出几项重要发现。第一，各国在学校结果和社会经济梯度方面存在巨大差异。第二，梯度汇合的假设不成立；也就是说，父母受教育程度高的儿童与父母受教育程度低的儿童在教育结果方面存在同样大的差异。第三，部分国家的梯度为非线性，不过，当社会经济地位较高时，成绩水平亦随之上升。

此前似乎存在这样一种看法——"对此类指标进行测算时，一个社会的成功与否取决于它是否成功地减少不平等的幅度"（Willms，1999）。笔者目前的工作假设如下。（1）社会进展的趋势是，社会结果值较低时，梯度相对平直；之后，社会结果达到平均值时，梯度较陡；最后，社会结果值较高时，梯度较浅。（2）这一进展趋势取决于社会和人力资本的投资方式（Willms，2000）。

不过，或许最重要的一点就是，古巴的 PEIC 项目结果表明，社会经济地位低和社会经济地位高的群体可实现较高水平的社会结果，并在社会结果方面实现较高程度的平等。这与瑞典的国际成人识字调查（International Adult Literacy Study，IALS）结果相仿，非线性关系在得分最低的国家中最为明显，这一关系表明，完成中学学业与"额外费用"有关，这一发现与当前的工作假设之间并无相悖之处。一个国家的精英群体可能首先达到较高的成绩标准，社会经济地位较低的群体之后慢慢达到这一标准。

此外，按照拉丁美洲的标准，古巴和智利的结果表明，其留级率相对较低，而且如果没有留级生，两国有望取得较高的成绩。巴西儿童的留级率较高，该国的语言成绩水平与智利相仿，数学成绩略高于智利。然而，这些结果基于年级分组，而非年龄分组。如果各国 7~9 岁学生的平均分数能够估测出来，那么巴西的结果会略低一些。这项估测将成为"学生成绩指标项目（PISA）"研究的优势之一，它针对各国所有 15 岁的儿童。如果各国采取"不留级"政策，或采取措施大幅降低留级率，那么，许多教师将不得不改变自身对于留级的态度，并学习必要技能，为能力水平参差不齐的学生讲课。

学校概况

学校概况分析对每个国家内部以及该区域的学校结果差异提供了补充信息。图 4.5~图 4.7 中呈现了该区域的学校概况。分等级的线性分析得出了每所学校平均测试得分的估测值（测算和取样错误已作调整）。图中展示了每所学校的性质（公立或私立）、城市化程度（农村、城市、大城市）和相对规模。Willms 和 Somers（2000）的报告中提供了每个国家的类似图表。

研究发现

学校概况表明，该区域的学校在学业成绩方面存在广泛差异，即便考虑了"父母受教育程度"之后仍然如此。在全面报告（Willms 和 Somers，2000）中，作者结合特定的家庭背景变量，审查了每个国家的学校之间的差异，其中包括父母受教育程度、工作日父母待在家中的时间、家中书籍的数量、单亲或双亲家庭。即使对这些变量采取控制手段后，学校的学业成绩水平仍存在极大差异。在任何一个社会经济层面，最差学校与最佳学校之间差距的标准差约为 1.5，学校间三、四年级的教育时间相差约 1.5 年。

PEIC 数据中还包含几个与儿童早期经历相关的因素，例如"学前阶段父母定期读书给孩子听"、"父母参与子女的学校教育"。不出所料，这些因素与学校结果之间的关系成正比，这项发现已为其他许多研究项目所证实。数据中还包含了"儿童参加日托"这一项，分析结果表明，这一变量可产生较小但意义深远的影响。然而，该研究未就日托的性质或质量，以及儿童参加日托的时期收集相关信息。在各国范围内，对这一变量开展更加详尽的分析，有望产生更大的影响。

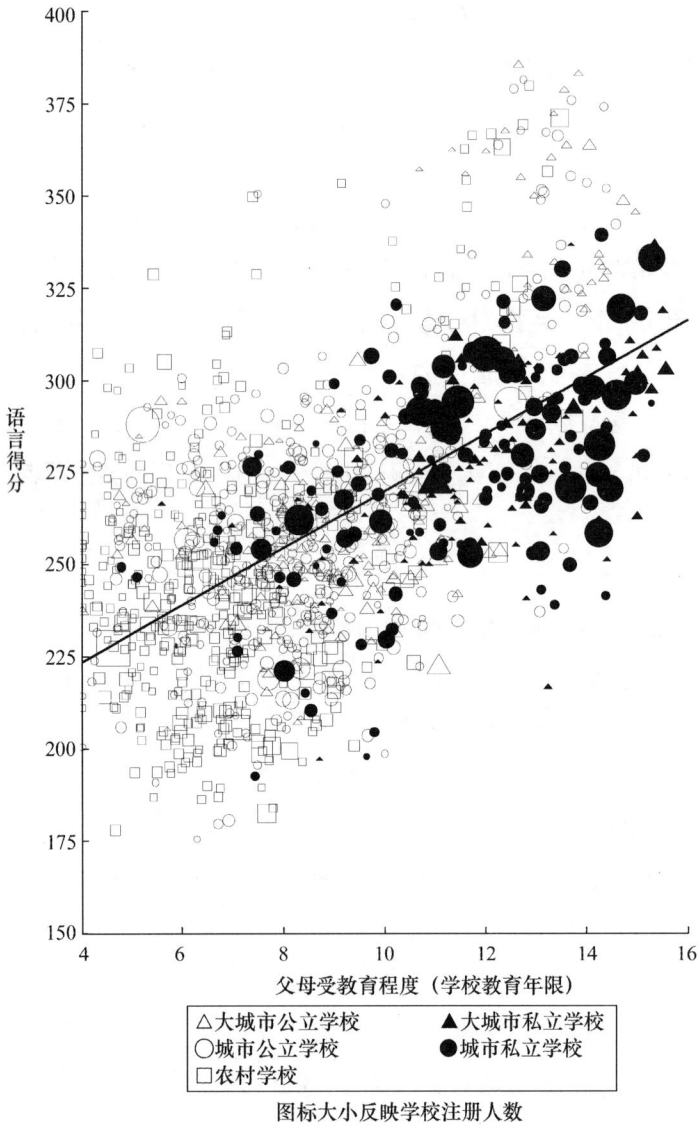

图 4.5　本区域学校语言成绩概况，按学校类型分列

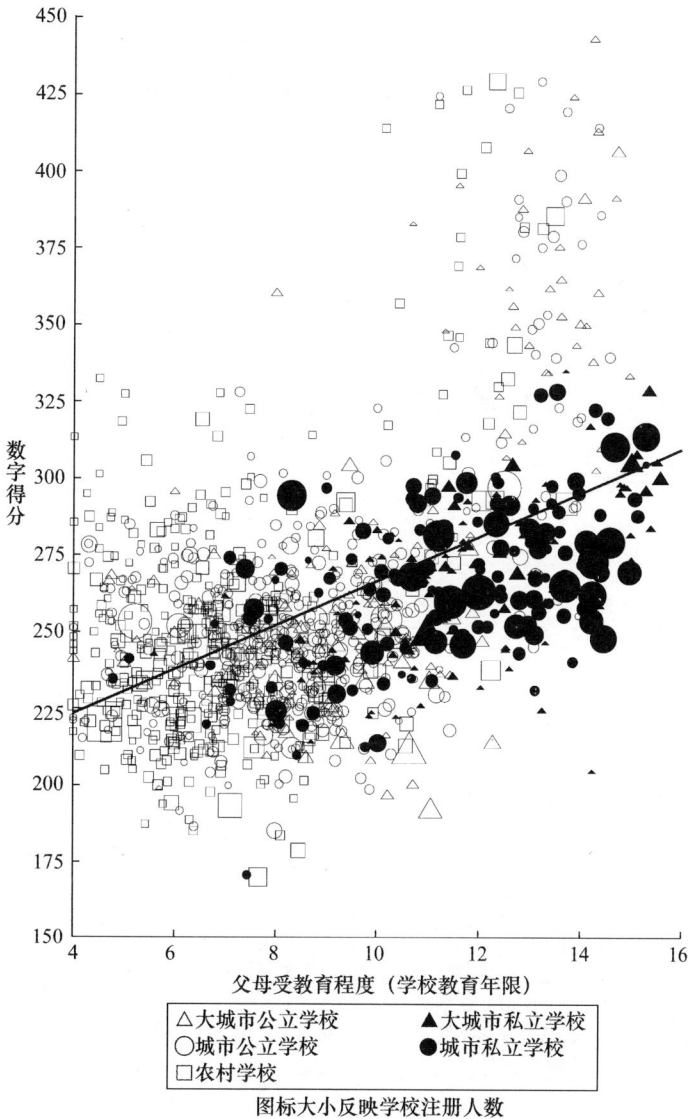

图4.6 本区域学校数学成绩概况，按学校类型分列

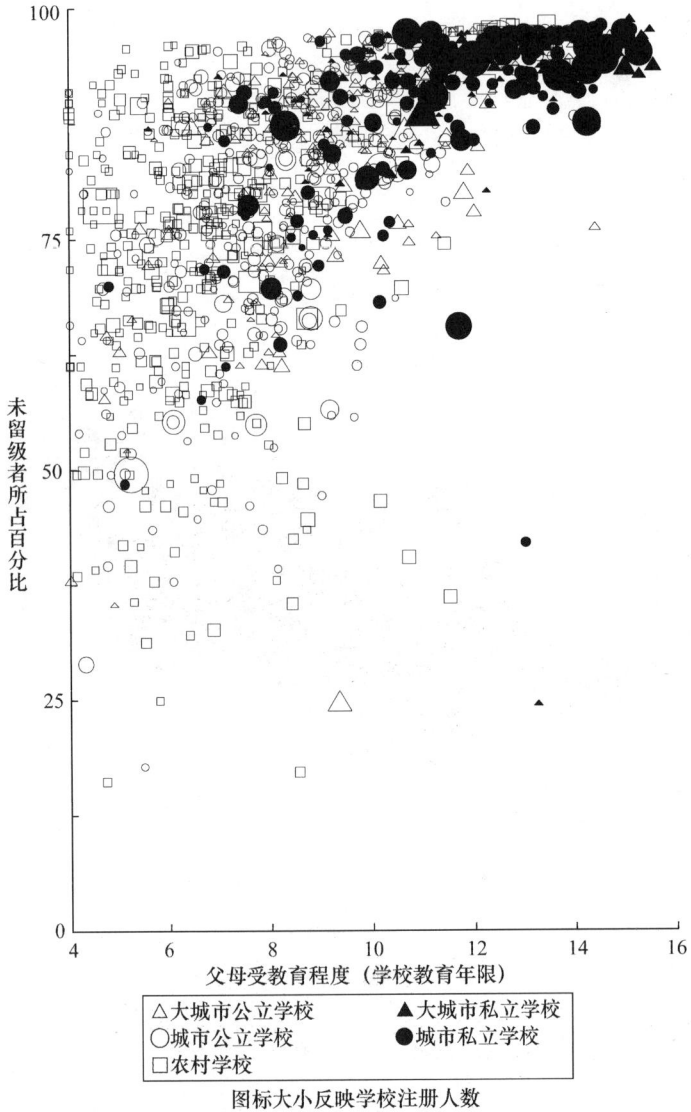

图标大小反映学校注册人数

图4.7 本区域学校零留级率实现概况，按学校类型分列

本次研究的主要目的，在于辨别哪些学校教育因素有助于实现较高的教育成果。分析表明，一系列因素与较高的测试分数以及学生完成小学前3 年所需时间之间存在正比的关系。其中的重要因素包括与学校资源以及学校政策与做法相关的各种变量。

保育标准：建议框架

人们可进一步分析上述数据，从而建议适宜的保育标准，以评估、监测当前及今后的学校结果。不过，制定保育标准和改革政策并非易事，且必须认真审查为保育标准和改革政策提供依据的数据和分析。对政策制定者而言，他们主要担心的是解读从回归系数、相对风险和归因风险分析中得出的统计数据时过于复杂。

在 PEIC 研究中，多层面的回归结果十分复杂，难以转化为改革政策。一般来说，回归系数的解读比较简单——它表示在其他所有变量保持不变的情况下，共变向量中一个单位的增长对于结果产生的影响。例如，Willms 和 Somers（2000）估测，从事兼职的教师对语言成绩的影响值为 −11.2。换言之，与所有教师均不做兼职的学校相比，在全体教师均做兼职的学校中，在校儿童的语言成绩要低 11.2 分。不过，PEIC 项目以及类似研究的情况要复杂得多。该区域仅一半左右的学生入读教师不做任何兼职的学校，不到 10% 的儿童入读所有教师均做兼职的学校；剩下的儿童（约占 40%）入读部分教师做兼职的学校。

与此相关的一个问题就是，这种影响的重要性可能是相对的，而非绝对的。例如在一个国家中，少数群体可能测试成绩极低，但这一群体在全国人口中仅占 1%。在回归分析中估测少数群体与非少数群体之间的测试成绩差距时将其作为非标准化回归系数，且这一差异以测试单位来表示。在这种情况下，是从"相对"的角度来判断差异的重要性。

然而，它对 R 平方的边际贡献（即它在上述差异中所占比例）非常小，因为少数群体仅占全国人口的1%。即便少数群体中所有儿童的得分能够立即提升至区域平均值，这一总体平均值也不会出现重大变化。在这种情况下，则是从"绝对"的角度判断差异的重要性。这一区分对于政策制定者来说非常重要，因为他们需要在以下两种方案中作出选择——为提高特定群体（如社会经济等级较低地区的农村学校的学生）的分数和结果而采取的专门干预措施，以及旨在提升所有学生分数和结果的普遍干预措施（Offord 等，1997）。

此外，相对风险和归因风险通常还被流行病学家使用。在这种情况下，相对风险指的是处于某一风险因素群体中的脆弱个人的占比与未处于该风险因素群体中的脆弱个人的占比之间的比率。作为乘数，相对风险表明，儿童从未处于风险状况转为处于风险状况其脆弱性的概率上升的可能性。归因风险则以百分比表示可归因于某一特定风险因素的脆弱性发生率的总和。

要计算这些风险，结果变量必须为二分变量（如脆弱/不脆弱）。就PEIC 项目来说，结果变量为二分变量："存在较低测试成绩/不存在较低测试成绩"，又或者"留级/未留级"。此外，风险因素也必须是二分变量。例如，PEIC 项目的风险因素包括"就读一所图书馆很差的学校/就读一所图书馆很好的学校"，又或者"就读一所父母参与度较低的学校/就读一所父母参与度较高的学校"。

为了阐述改革标准，分析中采用了相对风险与归因风险分配技巧，具体可见下文。这一技巧的威力虽不及回归分析，但它有助于更清晰地展示相对风险与绝对风险之间的区分。

儿童结果标准

如果满足以下条件中的任一项，PEIC 项目就会将儿童归入"脆弱儿童"类别：

- 三年级和四年级语言测试分数分别低于221 分和240 分（这些底线

分数大致与最低的 1/3 对应）；

- 三年级和四年级数学测试分数分别低于 225 分和 239 分；
- 就读小学头三年曾留过一级。

这一定义基于以下几个考量。第一，确定大部分成绩测试的结果标准（底线分数）时十分随意。在 PEIC 项目中，一种可能是以古巴的结果作为该区域的标准；另外一种可能是以测试分数的平均值或中值作为标准，将分数低于平均值或中值的儿童归为脆弱儿童。第二，许多国家的管理人员对成绩名列倒数 1/3 的学生表示担忧。第三，经验表明，刚入学几年就留级的儿童很可能会早辍学。

根据所用定义，PEIC 项目的统计数据表明，在该区域的所有儿童中，半数以上（50.5%）可被列为脆弱儿童（比如，15.5% 的儿童在入学头三年内留过级）。由此，PEIC 项目中"脆弱/不脆弱"这个二分变量与所调查的近半数人口有关。

优质学校教育标准

为了这项分析，PEIC 研究确立了每个相关共变向量的标准。表 4.1 针对 Willms 和 Somers（2000）发现的最重要的过程变量阐述了其相关标准。

表 4.1　　过程变量标准和该区域就读合规学校的儿童占比

过程变量	标　　准	该区域就读合规学校的儿童占比（%）
小班教学	学生注册人数不超过 25 人	54.2
教材资源充足	学校中有 6.574 种（区域平均值）以上的教材（为确定这一平均值，调查人员询问校长是否具备列表中列明的 12 种教材）	52.3
图书馆馆藏充足	学校图书馆中至少拥有 1000 本藏书	32.1
训练有素的教师	样本中所有教师接受培训的时间平均超过 3.46 年（区域平均值）	54.8

过程变量	标　准	该区域就读合规学校的儿童占比（%）
教师仅从事一份工作	学校所有教师仅从事一份工作	52.5
单年级课堂	学校中不存在多年级混班模式	12.6
学生被定期测试	所有教师定期开展测试	17.8
不存在按能力分组	不存在按学生能力分组的现象	38.7
积极的学习环境	学习氛围高于0.600这一区域平均值。这一指数由三个变量的平均值组成：课堂上部分学生是否影响其他学生（否=1，是=0），学生是否经常打架（否=1，是=0），同班学生是否为好朋友（是=1，否=0）。学生在调查问卷上作出回答，纪律方面的综合平均值由学校汇总得出	51.3
父母参与度较高	父母参与度高于2.535这一区域平均值。这一指数由三个变量的平均值组成：父母是否参与学校相关活动（很少参加=1，偶尔参加=2，一向参加=3），父母是否认识子女的教师（否=1，稍有了解=2，非常熟=3），父母是否参加家长会（从不或很少参加=1，几乎总是参加=2，一向参加=3）。家长在调查问卷上作出回答，父母参与度方面的综合平均值由学校汇总得出	53.8

学生的人口统计学特征和儿童早期特征

为测算上述标准的相对重要性，笔者亦对分析中所用的主要共变向量作了一分为二的剖析。笔者将下列6项特征作为人口统计学变量和儿童早期变量进行了审议。

1. 女性。在被调查儿童中，50.3%为女童，49.7%为男童。

2. 父母受教育程度高。"高危"儿童指的是父母接受正规学校教育年限不超过 8 年的儿童。在该区域所有儿童中，有 52.3% 的儿童父母受教育年限超过了 8 年。

3. 双亲家庭。该区域约 80% 的儿童生活在双亲家庭中。

4. 父母经常读书给孩子听。该区域约 36.3% 的儿童父母经常读书给孩子听。

5. 儿童参加日托。该区域约 74% 的儿童参加某种形式的日托。

6. 父母参与子女的学校教育。仅当父母参与指数的得分不低于 2.5 分时，父母才被认为的确参与了子女的学校教育。在该区域中，约 60.9% 的儿童，其父母参与子女的学校教育。

儿童时期的脆弱性：分析与研究发现

笔者利用业已确立的标准以及人口统计学和早期变量，以一系列逻辑回归模型估测了各个要素的相对重要性。过程变量（例如入读大班而非小班）被视为风险因素。

风险因素的比值比

表 4.2 阐述了自逻辑回归系数推导得出的比值比。

性别与家庭背景

表 4.2 中呈现的第一组变量包括"性别"、"单亲家庭"、"父母受教育程度低"。回归分析结果表明，男童脆弱性比值比高出女童 8%。Willms 和 Somers（2000）发现，与性别相关的差异相对较小：女童的语言测试分数平均高出 6 分左右，而男童的数学测试分数平均约高出 2 分；与女童相比，男童完成前 3 年学校教育平均用时稍长一点，但相差时间不足 1 个月。

与双亲家庭相比，单亲家庭儿童脆弱性比值比大约高出 26%。最显著的影响当属"父母受教育程度低"这一变量。这一风险因素的比值比为

3.26，这说明，与父母至少接受过中等教育的儿童相比，父母受教育程度为小学或者更低水平的儿童，其脆弱的概率要高出三倍多。这一风险因素最为重要，其影响超出了性别和家庭结构因素。

表 4.2 与性别、家庭背景、城市化程度（农村、城市、大城市）、学校性质（公立、私立）、儿童早期发展、学校资源以及学校政策与做法相关的儿童时期脆弱性比值比

变量		回归模型/系数				
		I	II	III	IV	V
性别与家庭背景	男性	1.08	1.08	1.06	1.11	1.10
	单亲家庭	1.26	1.27	1.25	1.24	1.26
	父母受教育程度低	3.37	2.91	2.58	2.32	2.14
学校性质与城市化程度	农村学校		2.29	2.48	1.30	1.60
	城市公立学校		1.57	1.76	1.33	1.58
	大城市公立学校		1.18	1.33	(1.03)	(1.07)
	城市私立学校		2.23	1.31	1.25	1.31
	大城市私立学校（基地）		(1.00)	(1.00)	(1.00)	(1.00)
儿童早期发展	不参加日托			1.39	1.15	1.11
	父母不经常读书给子女听			1.79	1.60	1.50
	父母参与度低			1.39	1.32	1.16
学校资源	大班教学				1.62	1.54
	缺乏教材				1.72	1.68
	图书馆馆藏缺乏				2.26	2.04
	教师培训水平低				(1.04)	(0.94)
学校政策与做法	教师从事兼职工作					1.16
	多年级混班教学					1.39
	不经常开展测试					1.14
	按能力分组					(1.06)
	课堂气氛差					1.68
	父母不经常参与学校活动					1.56

注：0 无统计学意义。

学校性质与城市化程度

图 4.5 ~ 图 4.7 说明，在学校性质（公立、私立）和城市化程度（农村、城市、大城市）方面存在着明显的"社会经济鸿沟"。为了在这一研究发现与儿童脆弱性之间建立关联，其分析工作包括指定大城市私立学校作为基准，确定比值比，以阐述儿童与其他类别相关的风险。结果表明，与大城市私立学校相比，城市私立学校或大城市公立学校儿童脆弱的比值比要高出 20% 左右。这一实质性影响几乎等同于单亲家庭变量的影响，但是，它与就读城市公立或农村学校的相关影响比较时变得较弱。与大城市私立学校中的儿童相比，城市公立学校中儿童脆弱的比值比要高出 1.5 倍多，而农村学校儿童则要高出 2.25 倍多。

值得注意的是，学校性质和城市化程度这两个变量调和了"父母受教育程度低"这一变量的影响。如果儿童就读的是大城市中的私立学校，那么父母受教育程度低的儿童的比值比由 3.37 降至 2.91。

儿童早期发展

这项分析的变量包括"不参加日托"、"父母不经常读书给子女听"、"父母参与度低"。这 3 个因素具有实质性影响——其比值比分别为 1.39、1.79 和 1.39。在考虑到其他变量之后，这些影响十分明显。而且，有效的儿童早期发展进一步调和了"父母受教育程度低"这一变量的影响。当儿童参加日托，父母读书给子女听，并且父母参与子女的学校教育活动时，"父母受教育程度低"这一变量的比值比由 2.91 降至 2.58。这些影响尤其明显，原因就是，这些因素是粗略测算出来的，未考虑日托时间、日托质量、养育方式或父母的参与程度。最好能探究这些更加具体的变量，此类变量可通过类似研究获取。

学校资源

表 4.2 中下一组变量描述的是学校资源。教师培训是唯一一个无统计

学意义的因素。其他因素的比值比大得出奇——从 1.62 到 2.26 不等，尤其是在考虑到性别、家庭背景、学校性质和城市化程度等变量后，这些影响可归因于学校资源的情况下。对于就读拥有丰富资源的学校的儿童而言，这些变量仅稍稍调和了"父母受教育程度低"这一变量的影响，令其由 2.58 降至 2.32。然而，这些变量解释了与学校性质、城市化程度相关的影响（见下文"学校性质与城市化程度的影响"）。

学校政策与做法

与其他涉及学校资源的因素相比，这一组因素更直接地受到了学校管理人员和教师的影响。按能力分组的比值比不具有统计学意义，其他因素的比值比从 1.14 至 1.68 不等。"课堂气氛差"、"父母不经常参与学校活动"的影响尤为明显，比值比分别为 1.68 和 1.56。对于就读拥有良好政策和做法的学校的儿童而言，这些变量进一步调和了"父母受教育程度低"这一变量的影响，令比值比降到了 2.14。

相对风险与归因风险

表 4.3 展示了性别和家庭背景、学校因素相关变量的相对风险和归因风险。为改善学校教育体系，有 4 个变量——"缩小班级规模"、"获得更多教材"、"改善学校图书馆条件"、"要求教师更加训练有素"——需进行大规模投资。与上述 4 个变量有关的相对风险分别为 1.50、1.74、2.29 和 1.12。例如，数据表明，儿童就读的学校如果采用大班教学（超过 25 名学生），这些儿童脆弱的概率是就读合规学校儿童的 1.5 倍。同样，儿童就读的学校如果缺乏充足的教材，那么，这些儿童脆弱的概率是那些就读拥有充足教材学校的儿童的 1.74 倍。

与大班教学相关的归因风险为 18.7%。这一发现表明，如果所有儿童能够参加小班教学，那么，儿童时期脆弱性可降低 18.7%。毫无疑问，实际情况要复杂得多，因为这些分析仅基于简单的二变量交叉列表。例如，教学能力最强的教师可能是在采取小班教学的学校中，或者教材资源最丰

表 4.3　　与性别、家庭背景、学校因素相关的儿童时期脆弱性
相对风险和归因风险

	变　　量	相对风险（比值）	归因风险（百分比）
性别 和家庭 背景	男性	1.05	2.6
	单亲家庭	1.10	2.0
	父母受教育程度低	1.74	26.1
儿童 早期 发展	不参加日托	1.33	7.6
	父母不经常读书给子女听	1.41	20.7
	父母参与度低	1.27	9.5
学校 资源	大班教学	1.50	18.7
	缺乏教材	1.74	26.1
	图书馆馆藏缺乏	2.29	46.5
	教师培训水平低	1.12	5.0
学校 政策 与做法	教师从事兼职工作	1.23	10.1
	多年级混合教学	1.22	2.8
	不经常开展测试	1.11	8.6
	按能力分组	1.12	6.8
	课堂气氛差	1.49	19.5
	父母不经常参与学校活动	1.53	20.0

富的学校倾向于采取小班教学。

　　因此，仅仅缩小班级规模是无法实现预期结果的。此外，上述变量有可能是其他重要变量的"代理人"。例如，学校"图书馆馆藏缺乏"这一变量的归因风险为 46.5%。然而，增加所有学校图书馆的馆藏规模很可能并不会因此而改善学校结果。不过，这些结果可揭示所选变量的相对和绝对重要性。

　　学校政策与做法 6 个因素的相对风险如下："按能力分组"和"不经常开展测试"为 1.11～1.12，"多年级混合教学"和"教师从事兼职工作"为 1.22～1.23，"课堂气氛差"和"父母参与度低"为 1.49～1.53。表中前 4 个因素的归因风险从不足 3% 至略高于 10% 不等，不过，与"课

堂气氛差"和"父母不经常参与学校活动"相关的归因风险较高，约为
20%。

还有一点值得注意："身为男性"或"生活在单亲家庭"的相对风险
和归因风险都比低。"父母受教育程度低"的相对风险为 1.74，归因风险
为 26.1%。这些数据表明，如果所有儿童的父母受过小学以上程度的教
育，那么，儿童时期的脆弱性可减少 25% 以上。当然，这一目标近期很难
实现。不过，奇怪的是，这些变量的相对风险和归因风险与"缺乏教材"
相同，这一因素并非不可能纠正的。

分析亦表明，父母的行为极其重要。"父母不经常读书给子女听"这
一变量的相对风险为 1.41，"父母参与度低"这一变量的相对风险为
1.27。这些结果说明，如果所有家长能够定期读书给子女听，儿童早期的
脆弱性可降低 20% 以上；如果所有家长积极参与学校教学活动，儿童早期
的脆弱性可降低近 10%。与参加日托的儿童相比，不参加日托的儿童脆弱
的概率要高出 1.33 倍，且归因风险较低，不及 8%。

学校性质与城市化程度的影响

上述分析为评估学校性质和城市化程度等因素的相对重要性提供了一
个框架。表 4.4 列出了各个学校类型和城市化程度类别中脆弱儿童的占比
情况。基于所用标准，农村学校中 65.2% 的儿童脆弱。在私立学校中，大
城市学校和城市学校中脆弱儿童的占比分别为 29.0% 和 33.8%。在公立
（非农村）学校中，大城市学校和城市学校中脆弱儿童的占比分别为
39.9% 和 49.6%。城市公立学校中脆弱儿童约占 50%，这与整个区域的发
现比较接近。

这项分析提出的主要问题是：如果所有学校都在学校资源、学校政策
与做法方面实现合规，那么，公立和私立学校还会存在什么样的差别？为
回答这个问题，笔者在逻辑回归模型中估测出了学校性质和城市化程度比
值比。大城市私立学校作为比较基数（1.00）。其他学校的比值比高于
1.00，这是因为，我们认为，如果居于其他 4 种类别中的一种，儿童脆

表 4.4　按学校性质和城市化程度分列的儿童时期脆弱性比值比，
不考虑家庭背景、儿童早期发展、学校资源、学校政策与做法

比值比/变量	学校性质/城市化程度				
	农村	公立		私立	
		城市	大城市	城市	大城市
脆弱儿童占比	65.2	49.6	39.9	33.8	29.0
未予调整	4.57	2.41	1.62	1.25	1.00
针对下列因素予以调整 性别、家庭背景和儿童早期发展（FB/ECD）	2.48	1.76	1.33	1.31	1.00
学校资源（SR）	1.70	1.54	1.11	1.26	1.00
学校政策与做法（SPP）	4.57	2.66	1.73	1.54	1.00
FB/ECD ＋ SR	1.30	1.33	1.03	1.25	1.00
FB/ECD ＋ SPP	3.16	2.14	1.52	1.52	1.00
FB/ECD，SR，＋ SPP	1.60	1.58	1.07	1.31	1.00

弱的概率会增加。为估测与选定风险因素相关的影响，比值比不考虑家庭背景、儿童早期发展、学校资源、学校政策与做法等单一或混合变量。具体结果可见表4.4。

表4.4 说明，农村学校中儿童脆弱比值比是大城市私立学校的4.5倍以上。城市公立学校中儿童脆弱比值比为2.41，大城市公立学校为1.62，城市私立学校为1.25。

部分差异可归因于儿童的家庭背景。当不考虑家庭背景和儿童早期发展（FB/ECD）时，公立学校儿童脆弱比值比出现大幅下降：农村学校中，由4.57降至2.48；城市学校中，由2.41降至1.76；大城市学校中，由1.62降至1.33。城市私立学校儿童脆弱比值比略有增长，由1.25升至1.31。

当仅考虑学校资源（SR）时，公立学校儿童的比值比亦出现了大幅下降：农村学校中，由4.57降至1.70；城市学校中，由2.41降至1.54；大城市学校中，由1.62降至1.11。城市私立学校儿童的比值比几乎保持不变。将这些结果与FB/ECD结果进行比较时，我们可以得出一条极其重要的发现：与学生的家庭背景、儿童早期发展相比，学校性质和城市化程度之间的差异与学校资源之间存在更加有力的关联。

当仅考虑学校政策与做法（SPP）时，按学校性质或城市化程度分列的比值比并未出现增长。这一结果清楚地表明，学校性质和城市化程度之间的差异和学校政策与做法无关，虽然这些因素在公共/私营部门中以及农村、城市环境中极为重要。

即便将家庭背景和儿童早期发展考虑在内，这两项重要发现也依然成立。仅仅通过 FB/ECD 与 FB/ECD + SR 的对比，可以发现，比值比出现大幅下降；而当 FB/ECD 与 FB/ECD + SPP 进行比较时可发现，比值比降幅较小。

不考虑学校政策与做法时的比值比和考虑家庭背景、儿童早期发展、学校资源、学校政策与做法时的比值比变化相似。这一发现说明，学校政策与做法可进一步调和学校资源对于调节学校性质和城市化程度之间差异的部分作用。也就是说，打个比方，当班级规模较小时，保持积极的课堂气氛、实现父母较高的参与度可能要容易得多。总而言之，上述发现表明，学校资源和学校政策与做法是学校结果的重要决定因素，不过，学校资源（而非学校政策与做法）是区分农村学校与非农村学校教育结果的关键因素。

实现拉丁美洲高标准：当前现状

分析中展示了家庭和学校实现较高标准的重要性。表4.5记录了该区域国家中，儿童所在家庭和学校达到了这些标准，此类儿童所占比例，以及不脆弱（即高于脆弱临界值）的儿童占比。

表中一项特别有趣的发现揭示，古巴每一项测算内容的分数都很高——经常开展测试和不按能力分组这两项除外。这项发现表明，古巴较高的测试成绩并不仅仅归因于父母受教育程度较高，还应归因于与儿童早期发展、学校资源、学校政策与做法相关的因素。在会见 LLECE 成员时，古巴教育部部长解释了古巴在学校结果上取得的巨大成功，他首先提及的并非古巴学校的

表 4.5　**其家庭和学校达到到选定标准的儿童占比情况**

	变　量	AR	BO	BR	CH	CO	CU	HO	ME	PA	RD	VE	所有国家
家庭背景	双亲家庭	84	83	82	84	74	78	64	89	79	72	70	80
	父母受教育程度高	59	50	23	67	47	89	18	49	36	44	61	52
儿童早期发展	日托	87	70	78	70	67	94	59	84	50	67	86	75
	父母经常读书给子女听	37	28	43	40	26	73	30	25	26	38	35	36
	父母参与度高	51	48	65	66	69	84	57	53	62	49	70	61
学校资源	小班教学	84	80	57	33	36	88	2	—	29	11	27	54
	教材	79	18	71	94	48	69	4	57	13	25	30	52
	图书馆馆藏充足	43	7	56	45	21	76	17	5	12	8	27	32
	教师培训水平高	12	58	48	80	58	73	39	60	11	50	43	55
学校政策与做法	教师不做兼职	41	11	73	46	68	99	68	—	78	59	68	52
	不存在多年级混合教学	86	83	98	78	68	99	65	93	100	95	98	87
	经常开展测试	41	53	31	86	24	39	57	72	27	14	45	46
	不按能力分组	30	32	62	11	33	64	52	18	40	53	38	39
	课堂气氛好	35	59	52	32	41	97	27	37	37	61	22	51
	父母参与度高	29	10	56	73	76	98	32	33	55	26	87	54
	儿童不脆弱	66	38	55	71	45	95	25	41	47	26	35	50

注：AR，阿根廷；BO，玻利维亚；BR，巴西；CH，智利；CO，哥伦比亚；CU，古巴；HO，洪都拉斯；ME，墨西哥；PA，巴拉圭；RD，多米尼加共和国；VE，委内瑞拉。

教育质量，而是几乎所有儿童都参加儿童早期发展中心的事实。其他因素，如高层次的教师培训，仅排在了第二位。

下一步举措：加强监测与改革的基础

开展国际性的儿童早期发展比较研究面临巨大挑战，这些挑战在低收入国家中表现得尤为尖锐。与其他国家和国际性研究相比，PEIC 项目取得了重大成就。该研究项目为监测儿童早期发展奠定了强有力的基础。研究结果表明，我们可精确估测出社会经济梯度，发现学校资源的重要性，确认家庭和学校对儿童早期教育作出投入会产生怎样的效果。或许与其他任何研究工作相比，PEIC 更能表明，父母和教师的行为（他们利用自身资源的所作所为）其影响相当于提升资源水平。如果各国达到了本章中列明的标准，它们可将有关父母受教育程度低的风险降低近一半。令梯度变得平直绝非是不可能的任务，部分国家已经实现了上述多项标准。

本章中建议的保育标准框架基于对低收入国家的几个关键考量。对这些国家来说，保育标准必须具备以下要件：（1）基于实证研究的发现探讨了保育标准对于衡量结果的影响；（2）通过家庭、学校和政府之间的协作努力可以实现；（3）定期监测的成本不高；（4）为测算社会的逐步改善提供手段。

拉丁美洲的其他研究项目可以纳入 PEIC 制订并提议的许多测算内容，并将从中获益匪浅。它们可通过下文建议的几种方式加强自 PEIC 项目中获取的信息。第一条建议执行起来成本较高，不过其他几条建议的成本相对较低。

1. 开展一项与 PEIC 相当的研究，但目标人口全部为 5 岁儿童。对于下一次研究来说，目标人口若能小于 5 岁自然更好，不过，全部为 5 岁儿童已经是不小的挑战了。这项研究工作将与另外一项目标人口全部为 9 岁儿童的研究项目一同进行。如能每 4 年开展一次监测工作，当绝大部分儿童 9 岁时，我们就能评估同一所学校 5 岁同期组的结果。

2. 优先考虑以同年龄组而非同年级组为侧重点的研究项目。尽管从行政角度而言相对较为复杂，但是，同年龄组研究可展示儿童在学校中的渐进式发展，并直接去除与留级相关的任何影响。

3. 跟踪"社区"（无论以何种方式界定这种"社区"）。例如，如果一项研究首先对社区进行抽样（按地理位置界定），之后对学校和学生抽样，那么就可审查社区结果和社会经济梯度，确认估测值的稳定性。通过使用多层面模型，拓展 PEIC 的分析，并纳入"时间"这一因素（Willms 和 Raudenbush，1989），可就儿童早期发展政策与做法的影响获取高效信息。截距和梯度的变化可与当地社区的政策和做法相关。

4. 更好地融合地理学与分析工作。在几乎所有"学校效果"的研究项目中，学校均被视为独立的实体，与社区中的其他学校不存在关联。如果地理数据充足，能在全国地图上展示研究结果，则可大幅改善对当地社区所扮演角色的理解。重要的是，具体政策与做法的影响可"实地"记录下来。

5. 将儿童早期发展小样本、定量及定性研究纳入大规模监测活动。例如，Willms 和 Somers（2000）的报告指出了依据学生人数和资源水平测算，在实现高标准方面极其成功或极不成功的学校。人们需开展人种学研究，以了解这些学校成功的原因。他们可在大规模研究项目的基础上附加小规模研究，以确定根据 PEIC 的建议，为提升学校政策与做法标准开展一体化行动 4 年之后，表现最差的学校取得了哪些成果。

PEIC 的研究发现暗示了两个机会：巴西和巴基斯坦。世界银行近期签订合约，为巴西国家教育研究院（National Institute for Educational Research，INEP）提供技术援助。巴西已建立起先进的学校监测系统，其中包括学校普查等。研究人员可从梯度的视角监测数据分析，并更加强调保育标准、长期的社区梯度变化和地理差异。之后，巴西国家教育研究院可利用历史成绩记录（如过去 10 年的记录），为教育者和管理人员提供基于 1 年以上概况信息的研究结果。

巴基斯坦的机会则涉及研究人类发展的运筹学方法。巴基斯坦的阿加汗大学（Aga Khan University，AKU）正在建立一个人类发展研究所，并确认，研究所将在研究、培训以及影响发展中及穆斯林国家政策制订方面发挥重要作用。这项研究工作可展示出低收入国家投资人类发展的重要性。当前的机会就是，制订一项研究，调查旨在改善养育技能、动员父母更多地参与游戏及其他识字相关活动的培训方案对（0 ~ 6 岁）儿童发展的影响。该培训方案通过阿加汗大学的初级保健护理中心网络开展。针对儿童早期发展开展大规模监测工作所需的工具和数据收集程序，可作为本研究工作的一部分予以开发。

结　论

低收入国家越来越热衷于参加大规模国际调研，如第三次国际数学和科学测评（Third International Mathematics and Science Study，TIMSS）和 IALS，这两项调查均于 1994 年开展。2000 年，几个低收入国家参与了由经合组织针对 15 岁儿童开展的学业成绩调查——PISA。这些政府所采取的这一大胆、重要的举措可为本国的学校教育体系带来长期惠益。然而，大规模调查结果的内效应往往微乎其微。重点大多放在各国之间平均成绩的名次比较上，国内数据分析工作通常缺乏资源。

人们需建立内效应监测系统。监测系统可就成绩水平的变化，男性与女性之间或者不同社会经济背景的学生之间的成绩不平等问题，各辖区间的成绩差异问题，以及学校质量与材料、人力资源或政策与做法之间的关系提供信息。

PEIC 研究为分析国内和国家之间的儿童教育成果提供了十分宝贵的信息。从此类分析中得出的保育标准，为投资改善拉丁美洲儿童学校结果、监测儿童早期发展提供了基础。PEIC 首份报告（UNESCO，1998）中最显著的一项发现就是古巴取得的巨大成功：该国阅读、数学的平均测试得分比该区域的平均值高出约 2 个标准差。从该区域以及大部分国家中得出的另外两项重要发现是：（1）大城市（人口超过 100 万）学生的平均测试得分略高于小城市中的学生，明显高于农村地区的学生；（2）私立学校学生的得分有高于公立学校的倾向（UNESCO，1998）。

第二份报告（Willms 和 Somers，2000）——本章内容即基于此份报告——的成果包括，测算学生完成小学头三年学业所需时间。拉丁美洲大多数国家仍实行留级制，在有些情况下，学生升至下一年级前，可能会留级两三次。数据表明，成绩测试得分和留级率与儿童的家庭背景、学校性质、城市化程度之间存在有力关联。然而，即使不考虑学生的家庭背景，学校在学生学业成绩和学生完成小学头三年学业所需时间方面仍存在巨大差异。这一差异，部分——而非全部——可归因于学校资源，尤其是课堂教材的可得性、学校图书馆馆藏的充足性、小班教学、教师训练有素等。

进一步的分析表明，学校政策与做法可产生极大的效果。若学校具备以下条件——教师不做兼职工作、不实行多年级混班教学、经常开展测试、不按能力分组，那么相对来说，它的测试得分就会很高，留级率会很低。影响学校结果的两个最重要的因素就是课堂学习氛围和父母在家中、学校中参与儿童教育的程度。

我们希望，这些发现可激发相关方围绕保育标准展开针对性的讨论和对话，并作出针对性投资，以改善拉丁美洲及其他地区儿童的教育结果。基于本章建议框架开展的补充研究工作，可加强结果与改革的监测基础。

注

本章进一步拓展了一份名为"拉丁美洲学校教育结果"的报告的研究

范畴，该报告由本章作者、Marie-Andree Somers 与拉丁美洲教育质量评估实验室（LLECE）合作，为联合国教科文组织编写。报告的筹备工作得到了联合国教科文组织的资助，本章则得到了世界银行的资助。研究工作由加拿大高等研究所、加拿大人力资源发展中心、加拿大统计局、美国斯宾塞基金会提供资助，前者资助了新不伦瑞克省/加拿大帝国商业银行（NB/CIBC）新不伦瑞克大学讲座。本章中的观点仅代表作者本人的看法。

参考文献

[1]Audas, R., Willms, J. D. 2000. Engagement and Dropping Out of School: A Life Course Perspective. Report prepared for Human Resources Development Canada. Ottawa

[2]Baron, R. M., Kenny, D. A. 1986. The Moderator-Mediator Variable Distinction in Social Psychological Research: Conceptual, Strategic, and Statistical Considerations. Journal of Personality and Social Psychology, 51:1173 ~ 1182

[3]Boyle, M. H., Willms, J. D. 1998. Place Effects for Areas Defined by Administrative Boundaries. American Journal of Epidemiology, 149(6):577 ~ 585

[4]Bryk, A. S., Lee, V. E., Smith, J. B. 1990. High School Organization and Its Effects on Teachers and Students: An Interpretative Summary of the Research. In: Clune, W. H., Witte, J. F., eds. Choice and Control in American Education. Volume 1: The Theory of Choice and Control in Education. London: Falmer Press

[5]Coleman, J. S. 1988. Social Capital in the Creation of Human Capital. American Journal of Sociology, 94 (supplement):S95 ~ S120

[6]Dutton, D. B., Levine, S. 1989. Overview, Methodological Critique, and Reformulation. In: Bunker, J. P., Gomby, D. S., Kehrer, B. H., eds. Pathways to Health. Menlo Park, Calif.: Henry J. Kaiser Family Foundation

[7]Epelbaum, M. 1990. Sociomonetary Patterns and Specifications. Social Science Research, 19:322 ~ 347

[8]Fellegi, I., Wolfson, M. 1999. Towards Systems of Social Statistics: Some Principles and Their Application in Statistics Canada. Journal of Official Statistics, 15(3):373 ~ 393

[9]Fuller, B., Clarke, P. 1994. Raising School Effects While Ignoring Culture? Local Conditions and the Influence of Classroom Tools, Rules, and Pedagogy. Review of Educational Research, 64(1):119 ~ 157

[10]Gray, J. 1989. Multilevel Models: Issues and Problems Emerging from Their Recent Application in British Studies of School Effectiveness. In: Bock, D. R., ed. Multi-level Analyses of Educational

Data. Chicago: University of Chicago Press

[11] Heyneman, S. P. , Loxley, W. A. 1983. The Effect of Primary-School Quality on Academic Achievement across Twenty-nine High- and Low-Income Countries. American Journal of Sociology, 88 (6) : 1162 ~ 1194

[12] House, J. , Kessler, R. , Herzog, R. , Mero, R. P. , Kinney, A. M. , Breslow, M. J. 1990. Age, Socioeconomic Status, and Health. The Millbank Quarterly, 68 : 383 ~ 411

[13] Kaplan, G. A. , Pamuk, E. R. , Lynch, J. W. , Cohen, R. D. , Balfour, J. L. 1996. Inequality in Income and Mortality in the United States: Analysis of Mortality and Potential Pathways. British Medical Journal, 312 : 999 ~ 1003

[14] Mirowsky, J. , Hu, P. 1996. Physical Impairment and the Diminishing Effects of Income. Social Forces, 74 (3) : 1073 ~ 1096

[15] Mueller, C. W. , Parcel, T. L. 1981. Measures of Socioeconomic Status: Alternatives and Recommendations. Child Development, 52 : 13 ~ 30

[16] Offord, D. R. , Kraemer, H. C. , Kazdin, A. E. , Jensen, P. S. , Harrington, R. 1997. Lowering the Burden of Suffering from Child Psychiatric Disorder: Trade-offs among Clinical, Targeted and Universal Interventions. Toronto: The Canadian Institute for Advanced Research

[17] Raudenbush, S. W. , Willms, J. D. , eds. 1991. Schools, Classrooms, and Pupils: International Studies of Schooling from the Multilevel Perspective. New York: Academic Press

[18] Ritzen, J. 2000. Social Cohesion, Public Policy, and Economic Growth: Implications for OECD Countries. Report prepared for Organization for Economic Cooperation and Development and Human Resources Development Canada. Ottawa

[19] Rumberger, R. 1995. Dropping Out of Middle School: A Multilevel Analysis of Students and Schools. American Educational Research Journal, 32 (3) : 583 ~ 625

[20] Shepard, L. A. 1989. A Review of Research on Kindergarten Retention. In: Shepard, L. A. , Smith, M. L. , eds. Flunking Grades: Research and Policies on Retention. London: Falmer Press

[21] Shepard, L. A. , Smith, M. L. 1989. Flunking Grades: A Recapitulation. In: Shepard, L. A. , Smith, M. L. , eds. Flunking Grades: Research and Policies on Retention. London: Falmer Press

[22] UNESCO (United Nations Educational, Scientific, and Cultural Organization) . 1998. Primer Estudio International Comparative. Santiago, Chile

[23] UNESCO-OREALC (Regional Office for Education in Latin America and the Caribbean). 1992. Situation Educativa de America Latinay del Caribe (1980 – 1989). Santiago, Chile

[24] Wilkinson, R. G. 1992. Income Distribution and Life Expectancy. British Medical journal, 304 :

165 ~ 168

[25] Wilkinson, R. G. 1996. Unhealthy Societies: The Afflictions of Inequality. London: Routledge

[26] Willms, J. D. 1992. Monitoring School Performance: A Guide for Educators. Lewes, U. K. : Falmer Press

[27] Willms, J. D. 1999. Inequalities in Literacy Skills among Youth in Canada and the United States. International Adult Literacy Survey No. 6. Ottawa: Human Resources Development Canada and National Literacy Secretariat

[28] Willms, J. D. 2000. Three Hypotheses about Community Effects Relevant to the Contribution of Human and Social Capital to Sustaining Economic Growth and Well-being. Report prepared for Organization for Economic Cooperation and Development and Human Resources Development Canada. Fredericton, N. B. : Canadian Research Institute for Social Policy, University of New Brunswick

[29] Willms, J. D. Forthcoming. Vulnerable Children in Canada. Ottawa: Human Resources Development Canada

[30] Willms, J. D. , Raudenbush, S. W. 1989. A Longitudinal Hierarchical Linear Model for Estimating School Effects and Their Stability. Journal of Educational Measurement, 26(3) : 209 ~ 232

[31] Willms, J. D. , Somers, M. A. 2000. Schooling Outcomes in Latin America. Fredericton, N. B. : Canadian Research Institute for Social Policy, University of New Brunswick

[32] Wolfson, M. , Kaplan, G. , Lynch, J. , Ross, N. , Backlund, E. , Gravelle, H. , Wilkinson, R. G. 1999. Relation between Income Inequality and Mortality: Empirical Demonstration. British Medical Journal, 319 : 953 ~ 957

[33] Wolfson, M. , Rowe, G. , Gentleman, J. F. , Tomiak, M. 1993. Career Earnings and Death: A Longitudinal Analysis of Older Canadian Men. Journal of Gerontology, 48(4) : S167 ~ 179

第 5 章
确保所有儿童拥有公平起点——巴西案例
Ensuring a Fair Start for All Children: The Case of Brazil

Mary Eming Young

  幼儿期既是一个极易受到伤害的时期,又是一个机遇期。0~3 岁是人类生理和心理发展发生快速、根本性变化的时期。这些发展变化已被视为构成成人认知和情感功能的主要"基石"。大脑研究表明,早期经历可塑造个人的发展(见本书 Mustard 撰写的章节),幼儿期为改变所有儿童——尤其是那些处于危险中的儿童——的生命轨迹提供了一个独特的机遇。

  为充分利用这一机遇,使儿童、家庭和社会受益,全球范围已采取了诸多不同的干预措施。这些干预措施关注儿童、父母和家庭,往往涉及整个社区。儿童早期发展方案通过一系列服务,如儿童保育、学前教育、训练有素的专业人员家访、健康与营养支持和父母教育,加强了儿童早期的生理和智力发展。此类方案可以在家庭或者保健中心开展。

对这些方案进行的评估清楚表明，儿童早期干预可有效促进儿童，尤其是贫困或低收入家庭中脆弱的高危儿童，在学业以及此后人生中取得成功。这些儿童往往出生时体重较轻——这是贫困和发育迟缓的必然结果，他们的父母通常为文盲，或者母亲受教育程度较低。生活贫困对儿童的负面影响已有过大量记录。这些负面影响将延续至整个一生，从出生（例如出生体重低）到蹒跚学步和学前期（例如交际和情感能力差、认知能力测试分数低），再到青少年时期（例如中学学业完成率低、识字程度低、早早为人父母）。早期干预措施是为了儿童及其长大成人后在生理、心理和经济方面的福祉，以小投资能换取大回报。

本章着重探讨了投资儿童——尤其是贫困儿童——早期发展的回报。美国几项知名的干预方案概述了对这些儿童开展学前干预的惠益，巴西这个案例阐述了为确保所有儿童在 21 世纪拥有公平起点所存在的机会和可能的做法。

脆弱儿童的早期干预措施：美国的发现

对所有国家而言，儿童早期发展方案可提升学习准备程度，提高入学率，降低留级率和辍学率，增强个人未来的收入能力。学前教育是儿童早期发展的一个重要构件，它可使儿童为小学教育做好更充分的准备，在校表现总体较佳，并从健康和营养方面受益。学前教育对脆弱儿童的惠益尤为巨大，它有助于纠正出生不平等。

研究表明，早期干预尤其能改善贫困儿童在小学的表现和成绩（Karoly 等，1998）。美国取得了积极成果的大部分贫困儿童干预措施均为针对 3 ～ 5 岁儿童开展基于中心的方案（以及部分针对 0 ～ 3 岁儿童的方案）。两个知名的美国干预项目分别是在北卡罗来纳州开展的 Abecedarian 项目和在全国各地开展的婴儿健康与发展项目（IHDP），这两个项目采取准实验设计，针对婴幼儿自出生一刻起的早期发展。下文简要概述了这些干预努力的成果。

在其他国家开展的其他类型的儿童早期干预措施亦取得了积极成果。部分行之有效的干预措施（例如墨西哥、土耳其开展的干预行动）突出强调父母，尤其是母亲的教育与进步。正如 Perry 学前教育项目所示，此类投资可获得巨大回报，Perry 学前教育项目是美国第三个极其成功的低收入家庭儿童的干预项目，下文将作简要概述。

卡罗来纳 Abecedarian 项目

卡罗来纳 Abecedarian 项目是一个单一定点、随机控制的试验项目，该项目招收了 111 名生理健康的刚出生的婴儿，他们都来自极其贫困且受教育程度低的家庭。参加标准是，13 项高危指数得分表明，婴儿处于极其危险的状态（Ramey 和 Ramey，1998）。例如，母亲智商（IQ）平均值为 85；母亲受教育年限平均值为 10 年；近 3/4 的母亲未婚。

项目为对照组（n = 54）家庭提供了儿科跟进服务、无限量富铁配方奶粉、社会工作服务和家访。除与对照组相同的服务外，项目还为干预组（n = 57）提供了儿童早期教育方案 "Partners for Learning"，该方案针对本次干预行动由参与式儿童发展中心落实。"Partners for Learning" 教育方案关注的是 0 ~ 3 岁这一年龄段（Sparling、Lewis 和 Ramey，1995），由融入儿童日常活动的 "游戏" 组成，旨在促进儿童的社会、情感和认知发展，尤其是语言的发展。中心接收 6 周以上的儿童，保持较低的儿童/工作人员比例（1 岁及以下儿童，3:1；1 ~ 3 岁儿童，4:1）。父母接受家访并参加家长小组会。

这项研究的结果得到广泛报道（Campbell 和 Ramey，1994，1995；Ramey 和 Ramey，1998；Ramey 等，2000）。到 3 岁时，干预组和对照组的 IQ 平均值分别为 101 和 84。与母亲受教育程度较高的儿童相比，早期干预对母亲受教育程度较低儿童的积极影响相对更大。

到了儿童 5 岁时，干预项目结束，他们入读小学。到他们 12 岁和 15 岁时，项目再次对这些儿童进行了调查和测试；当他们 21 岁时进一步跟进，以确定早期干预的长期影响。20 年来，接受过早期干预的儿童比对照组表现更佳，见图 5.1（Campbell 和 Pungello，1999）。21 岁时，干预组的心理测试和阅读测试得分较高，仍然在校读书的人较多（40% 相对于20%），就读大学或大学毕业的人较多（35% 相对于 14%）。平均而言，他们生育第一胎的年龄比对照组要大两岁（19.1 岁相对于 17.1 岁），并且他们的就业率较高（65% 相对于 50%）。

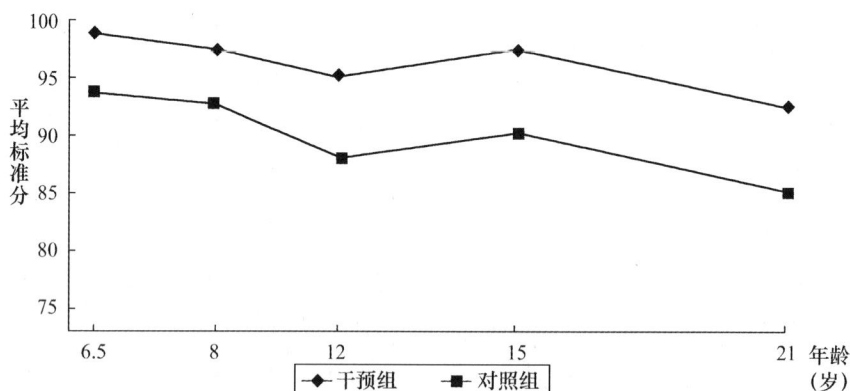

图 5.1　Abecedarian 项目，认知测试得分（6.5~21 岁）

婴儿健康与发展项目

婴儿健康与发展项目（IHDP）是一个长期在 8 个定点开展的随机试点项目，针对近 1000 名出生体重低、早产的儿童，在其 0~3 岁间实施干预，旨在测试儿童早期发展方案和家庭支持服务的效用（Berlin 等，1998）。该项目的独特之处在于组织了一个随机指定的对照组。参与此项目的儿童需具备以下资格：出生体重低（2500 克或以下）；早产（怀孕后 37 周或以下）；1985 年 1~10 月间在参与的 8 家医疗机构之中的一家出生。满足上述条件的婴儿被分为两个出生体重组：出生体重较轻组（<2001 克）和出生体重较重组（2001~2500 克），然后被随机分配至干预组或对照组。2/3 的样本被分在了出生体重较轻组，1/3 被分在了出生体重较重组。各体重组内，1/3 的婴儿被随机分至干预组，2/3 的婴儿

被分至对照组。

在满足条件的 1302 名婴儿中，985 名被随机抽取，作为主要样本。这一样本所属家庭在种族和社会经济背景方面具有多样性，其中包括非裔美国家庭（52%）、欧裔美国家庭（37%）和西班牙裔美国家庭（11%），家庭收入亦存在广泛差异。

婴儿出院后马上开始干预工作，并持续至儿童满 3 岁时（校正年龄）。项目为所有婴儿提供儿科跟进服务，包括医疗和发展评估，必要时提供其他服务。此外，干预组还可获得：（1）1 岁以内，每周 1 次家访，2～3 岁每 2 周 1 次家访；（2）从第 12 个月起在儿童发展中心开始接受家庭之外的教育，每周课时为 20 个小时；（3）每隔 1 个月在儿童发展中心召开家长小组会，直至项目结束，为家长提供育儿信息和社会支持。

IHDP 项目取得了积极成果，与 Abecedarian 项目一样，母亲最贫困、受教育程度最低的儿童从中受益最大（Berlin 等，1998；Duncan、Brooks-Gunn 和 Klebanov，1994；IHDP，1990；McCarton 等，1997）。与对照组相比，干预组的儿童在 2 岁和 3 岁时认知发展和语言能力得分较高（见图 5.2）。这一积极影响可持续至 5 岁和 8 岁（跟进调查）。儿童的社会情感发展亦显示出积极影响。他们在 2 岁和 3 岁时行为问题较少（基于 Richman-Graham 行为检查表）。据报告，母亲的抑郁症状较少，子女满 3 岁时母亲就业的可能性较高。在 3 年干预期内，母亲的就业时间平均长于对照组（Berlin，1998）。

Perry 学前教育项目

Perry 学前教育项目针对 3～5 岁低收入家庭的儿童。在初步测试时，选定儿童的智力成绩在 70～85 之间。123 个儿童样本被随机分至两个组：参与学前教育的项目组（n = 58），以及不参与学前教育的非项目组（n = 65）。学前教育项目开始前，儿童或父母的能力及性情不存在差异。项目组和非项目组在平均社会经济地位、平均智力表现、男童与女童占比方面不相上下。干预项目包括，每学年 30 周内（共两学年），周一至周五每天

2.5 小时的课堂课程，每周在工作日下午进行 1 次 90 分钟家访，共持续两年的时间。教师/学生比例为1:6。

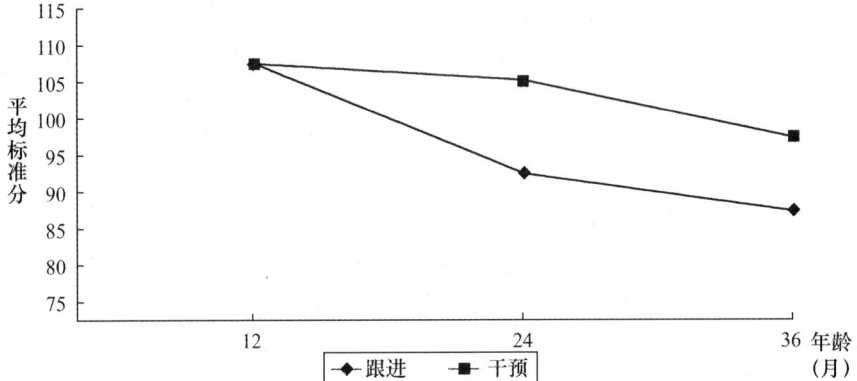

图5.2 婴儿健康与发展项目，逐步的认知发展（12~36 个月）

到了 27 岁时，项目组学生的就业率比非项目组学生高出 1 倍，学业完成率高出 1/3，犯罪率低 40%，青少年怀孕率低 40%（Schweinhart、Barnes 和 Weikart，1993）。重要的是，Perry 学前教育项目展示出了此类投资的巨大回报。该项目的收益对成本估计为 7 美元（回报）对 1 美元（成本）。这一回报令人印象深刻，而且它突出强调了早期干预可为弱势儿童带来怎样巨大的改观。

实际上，许多国际发展文献总结称，儿童早期服务的综合方案是战胜贫困的强大武器，是人力资本的建设者，是一国在总体发展中所能作出的最佳投资之一。巴西就是一个颇具说服力的范例。

巴西：案例分析

巴西是世界第九大经济体，其人均国民生产总值为 4720 美元。尽管位居中上收入国家，但巴西财富分配极不均衡，贫富差距很大。

贫困与较差的社会指标有关，对儿童而言尤为如此。在巴西，630 万 6

岁以下儿童生活在贫困家庭。出身贫困的儿童——这与母亲的受教育程度有关——患病率较高，免疫率较低，营养不良率较高。此外，他们获得儿童早期服务的概率较小。这些儿童通常在校表现较差，往往留级或最终辍学。

1998～1999 年，世界银行调查了巴西年幼儿童的教育状况，以及针对学前儿童的政策和服务。调查结果（World Bank，2001 年）——下文作了简要概述——对于所有国家均十分重要，且与各国的儿童早期发展努力存在关联。

巴西儿童早期服务

巴西为 7 岁以下儿童提供的公共服务包括，针对 3 岁以下儿童的日托中心（crèches），针对 4～6 岁儿童的幼儿园（prèescolas）。1999 年，官方规定的小学入学年龄为 7 岁；然而，6 岁被视为小学入学的最佳年龄。

自 1996 年以来，市政当局一直负责提供小学和儿童早期教育，巴西宪法规定至少将 25% 的预算用于维持和发展教育。公立幼儿园的工作人员一般为政府雇员，他们采用预先设定的课程表。

私立机构（包括营利性、非营利性和政府资助的机构）在提供学前教育和日托服务方面发挥了重要作用，在正式教育方案注册人数中约占 44%。为满足对幼儿园和日托服务的巨大需求，基于社区的公共和私营部门、非政府组织和宗教组织亦提供了大量的非正规儿童早期发展服务。据估计，正规公立幼儿园之外的这些非正规、低收费的备选方案通过家访、日托中心、培训与扫盲中心为 100 多万名儿童提供了服务。

参与学前教育方案

1997 年，在巴西 2200 万名 0～6 岁儿童中，约 27% 参加了日托和学前教育方案。其中，公立和私立机构分别约占一半。

巴西全国家庭调查（IBGE，1997a）的数据表明，参加日托和学前教育的儿童年龄偏大，大多来自富裕的城市家庭。6 岁前，巴西近 61% 的儿童参与了儿童早期发展方案（小学除外），4 岁和 5 岁儿童占比分别为约 36% 和 55%。巴西各地区 3 岁以下儿童的平均参与率为 6% ~ 8%，1 岁以下儿童只有 1% 参加日托。从地区来看，东北部和东南部的参与率最高，4 ~ 6 岁儿童的平均参与率约为 50%。中西部、南部、北部及农村地区的参与率相对偏低。

巴西的早期教育显然关乎贫富差距问题。1997 年的家庭调查数据表明，10% 最富裕人口中，0 ~ 6 岁儿童的平均参与率为 56%，是 40% 最贫困人口中 0 ~ 6 岁儿童平均参与率（24%）的 2 倍多。另外，巴西参加学前教育的儿童中，3/4 就读城市学校，参与早期教育的 0 ~ 6 岁儿童中，城市儿童多于农村（32% 对 21%）。这一差距在东南地区最大，其次分别为中西部、南部和东北部地区。

儿童早期教育支出

1995 年，巴西从公共基金中拨款近 10 亿美元，用于儿童早期教育直接支出（Barros 和 Mendonça，1999；世界银行，2001）。北部和东北部地区幼儿园儿童人均支出 37 ~ 55 美元，南部地区人均 173 美元，中西部地区人均 324 美元，东南部地区人均支出超过 660 美元。仅圣保罗一个州就占到了全国儿童早期服务总支出的 75%。巴西学前教育公共支出总值主要体现了个别富裕州的儿童早期发展预算。然而，1995 年，该国近 2/3 贫困人口所生活的地区（东北部地区）仅获得了支出总值的 5%。很显然，与圣保罗州的儿童相比，该地区以及其他贫困或农村地区的儿童对儿童早期服务的含义有着迥然不同的解读。

尽管相对较为富裕，圣保罗州获得的 0 ~ 6 岁儿童社会援助的份额亦不合比例。该州获得社会援助项目支持的贫困家庭儿童仅占获助总数的 6%，但在此类项目的全国总预算中占比却接近 14%。相比之下，在贫困州中，如巴伊亚州，获得社会援助项目支持的 7 岁以下儿童占到了 17%，但在这些项目的全国总预算中仅占 5%（Barros 和 Mendonça，1999）。

巴西是否对其教育资源作出了恰当、有效的投入？以下 3 项发现具有重要意义（Barros 和 Mendonça，1999）。

- 日托和幼儿园一级的儿童人均支出低于其他任何一级教育的支出。1995 年，0~6 岁儿童人均公共总支出是高等教育的 1/17。

- 市政当局承担幼儿园、日托机构以及初等教育所需直接支出的 90%，留给儿童早期发展服务的资源少之又少。这一做法的影响非常严重。例如，尽管营养不良在幼儿时期的危险性最大，然而，学校供膳预算中仅有 13% 针对 0~6 岁儿童。

- 富裕家庭的儿童获得的公共支出份额不合理。所有巴西儿童，无论贫富与否，均享有宪法赋予的接受学前教育的权利；然而，大部分公共支出被不成比例地集中用在了非贫困家庭儿童的教育上。

惠益与成本

作为巴西儿童早期教育评估的一部分，世界银行与巴西应用经济学研究院（Institute of Applied Economic Research，IPEA）共同进行了一项分析，评估学前教育对不同年龄同期组儿童的营养、学校教育年限和未来收入能力的影响。研究工作利用了 1996~1997 年针对巴西生活标准调查收集到的数据（IBGE，1997b），数据涵盖了巴西东北和东南区域城市与农村地区近 5000 个家庭中约 20000 名 25~64 岁公民。主要发现如下（Barros 和 Mendonça，1999）。

- 参与学前教育可对最终达到的平均受教育年限产生积极、重大的影响。多接受 1 年学前教育就有望使最终达到的受教育年限增加 0.5 年左右，而对于父母为文盲的儿童来说，这一惠益可能更大。

- 学前教育亦对在特定年龄前完成某一程度的教育的可能性产生积极且具有统计学意义的影响。多接受 1 年学前教育，留级率就可下降 3~5 个百分点。在巴西，降低留级率尤为重要，该国儿童读完一个年级平均要用 1.4 年。降低留级率可提升学校教育的效率，减少学校教育的成本。

- 参加学前教育对未来收入能力有着直接和间接的积极影响。对男性而言，参加 1 年学前教育可直接导致未来收入增加 2% ~ 6%。未来收入还间接受到增加学校教育总年限的影响。一般来说，据估计，接受 1 年小学教育可令未来收入增长近 11%（Barros 和 Mendonça，1999）。（教育方面的经济文献估测，多接受一年初等教育可令其未来的生产力提升 10% ~ 30%；Van der Gaag 和 Tan，1998。）多接受 1 年学前教育就有望令最终达到的受教育年限增加 0.5 年左右，因此，这可间接使未来收入增加 5% 左右。因此，多接受 1 年学前教育的直接和间接影响至少可使父母仅接受过 4 年教育的儿童一生的潜在收入提升 7%，见图 5.3。对于父母为文盲的儿童来说，收益似乎更高。这些儿童未来的收入能力可增加 12%，见图 5.4。

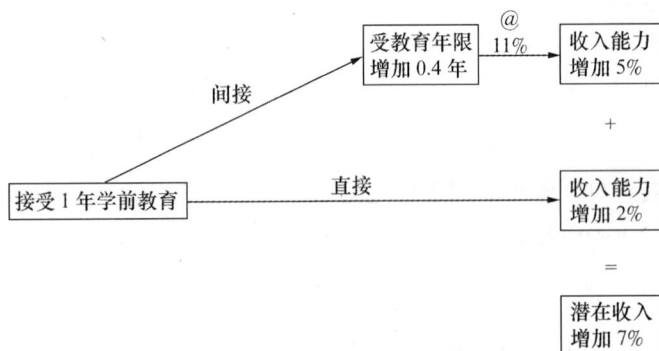

图 5.3　父母接受过 4 年教育的儿童未来收入能力提升情况

这一发现为其他国家的主张提供了支持，即儿童早期教育对低收入家庭儿童的惠益远大于中高收入家庭的儿童。在巴西研究项目中，学前教育似乎对妇女的收入未产生重大影响，这很可能是因为妇女未正式加入到劳动力大军中。

基于这些好处得出，投资学前教育的惠益/成本比例为 2:1，这表明，每接受一年学前教育就可产生高额的投资回报。惠益远大于成本，学前教育项目的惠益/成本比例优于工农业项目，后者不足 2:1（Van der Gaag 和 Tan，1998）。

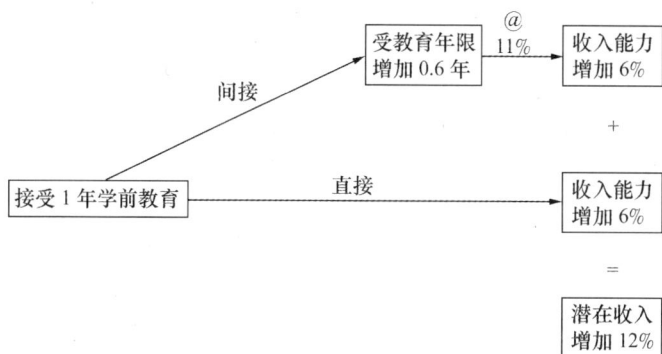

图 5.4　父母为文盲的儿童未来收入能力提升情况

投资回报

如果教育被视为一项人力资本投资，那么，这项投资的回报可以估算出来。巴西研究中的惠益—成本分析表明，学前教育的回报率为 7% ~ 12%。换言之，每接受 1 年学前教育，参与者未来收入就有望增加 7% ~ 12%。东南部地区的回报率要高出 1.5%，在白种人中往往较高。

支付学前教育费用的意愿

人们比较了接受 1 年学前教育后当前的收入值与不就读学前教育的潜在收入，结果表明：家庭，尤其是高收入阶层，愿意支付学前教育费用。通过向有经济能力的家庭收取学费，巴西及其他国家可将学前教育机会拓展至更多的高危家庭和儿童，借此进一步提升投资回报率。

政策影响

IPEA 和世界银行进行的惠益—成本分析表明，4 ~ 6 岁儿童学校教育早期干预可通过提高他们接受更高一级教育的机会、降低留级率、提升未来收入能力等方式来改变现状。学前教育的主要影响似乎是，为进一步接受学校教育做好更充分的准备。投资优质学前教育，有望提升未来接受更高层次学校教育的获得率和效率。在巴西，无论贫富，所有人均可就读公立幼儿园，因此，"是否愿意支付学费"这一点显得尤为重要。学前教育的惠益远大于成本，这表明，可向有支付能力的家庭收取学费，随后向无法获得这一教育机会、但可从中获得最大惠益的贫困家庭提供补贴，或免费为其提供学前教育。

巴西及其他国家开展的类似调查为这些发现提供了支持。这些发现暗示，应开展以下3项重大的政策行动。

1. 加强学前教育融资，提高入学率和效率。研究表明，家庭十分愿意支付学前教育费用。然而，实际收取的费用低估了真实需求。例如，在巴西东北部地区，不太贫困的家庭每年仅需支付很少的学费。建立一个更好的学费结构，将是不必依赖额外预算途径来改善学前教育融资的重要措施。

2. 增加最贫困儿童获得学前教育和保育的机会。增加这些儿童获得学前教育的机会，应成为巴西及其他国家的优先事项。巴西保证使每位儿童免费接受学前教育值得称颂，不过，如果能将这一承诺指向贫困儿童，则可极大地提高效果。政府可通过拓展非正规方案，例如，针对标准公共服务提供的低收费备选方案，探索儿童早期发展公私伙伴关系，进一步加强这项针对性策略。

3. 将学前教育与其他儿童早期发展服务相结合，为父母提供支持。建议将学前教育与其他儿童早期发展服务相相合。0～3岁儿童大多在家中看护，这些儿童需与初级保健方案建立联系。应为父母提供信息、支持和援助，以使其更好地为子女提供情感支持和刺激。

巴西正在大刀阔斧地改进本国的儿童早期发展服务。"国家教育规划（1998－2008）"［National Plan for Education（1998－2008）］针对日托（0～3岁儿童）和幼儿园（4～6岁儿童）列出了雄心勃勃的目标，见表5.1。

和世界上其他地方一样，如此远大的目标必须与资金承诺相匹配。在全面的"国家教育规划（1998－2008）"中，巴西将7～14岁儿童的初等

表 5.1　　　　　　　　**巴西国家教育规划，1998～2008 年：**
日托（0～3 岁）和幼儿园（4～6 岁）

	准入目标	质量目标	信息、监测、质量控制目标
日托 （0～3 岁）	未来 10 年内，扩大日托接收率，使至少 1/3 的 3 岁以下儿童参与日托： ·拓展日托服务提供，年递增率不低于 5% ·首先关注贫困儿童	确保日托方案为（0～3 岁）儿童提供健康、营养和教育的综合服务；模式灵活多样，足以满足家庭需要；工作人员素质较高 （分别针对 1 年、2 年、5 年、10 年设定了具体目标）	设定国家儿童早期发展标准，建立市政系统，以监测私立、公立和社区日托中心 （分别针对 1 年、3 年、5 年设定了具体目标）
幼儿园 （4～6 岁）	普及学前教育 **1 年内：** ·拓展公立幼儿园入学率，年递增率不低于 5%，重点关注贫困儿童 ·为 6 岁以下儿童提供学前教育，为 7 岁及以上儿童提供常规的小学教育，借此取代针对 7 岁弱势儿童开展的 classe de alfabetização 方案 **5 年内：** ·将 6 岁儿童普遍参与学前教育作为一项基本的教育要求 **10 年内：** ·将 4～6 岁儿童入学率由当前的 40% 增至 66%	引用 1 年、3 年、5 年和 10 年具体目标，以针对幼儿园基础设施、教育课程设置和服务以及专业培训设立并加强国家标准	针对幼儿园设立国家儿童早期发展标准 （针对 1 年、3 年和 5 年设定了具体目标）

教育列于第一优先位置，其次是童年时期被剥夺基本学习权利的成人教育，之后是儿童早期服务。巴西的儿童早期服务方案需要充足的公共支持。长期资金不足，以及未能将可得资源有针对性地用于帮助贫困家庭，

这些问题继续对巴西这些服务的效果构成不利影响。

任何一份全国儿童早期发展计划的第一优先事项都应当是：确保贫困儿童能够获得与较为富裕的儿童相当的儿童早期发展服务。政府可与私营部门建立伙伴关系，有效利用资源，从而实现目标。

推动巴西（Avança Brazil）方案就很好地说明了此类公私伙伴关系的前景。这是一份针对所有政府方案的多年期计划（Plano Plurianual，PPA）。Atenção à Criança 是推动巴西方案中专门针对 0～6 岁儿童的一个方案。

Atenção à Criança 方案

Atenção à Criança 方案（2000～2003 年）包括几个旨在克服贫困和社会排外的重要目标。儿童早期发展方案是该框架的一个组成部分。在巴西，克服贫困和排外是一个极具挑战性的任务，因为巴西存在诸多因收入分配不公和漫长的奴隶史导致的不平等问题。这些不平等问题因预算危机、无力应对日益增加的社会需求，以及因全球化所导致的失业和贫困程度增加，而变得更为集中和剧烈。

Atenção à Criança 方案锁定下一个 10 年，即"克服贫困的 10 年"。该方案十分关注家庭，其中包括父母的教育问题。一个针对 0～6 岁儿童的方案 4 年可获得 10 亿美元的预算。其目标是：合并所有努力，使贫困儿童，尤其是贫困中的赤贫者，实现健康成长与发展。基本策略是：针对贫困妇女普及产前护理、普及儿童（出生）登记，开展儿童早期教育（正规和非正规），并为家庭提供服务。

教育方案包括：半天和全天的机构化日托和幼儿园；非机构化家庭日托和"巡回托儿所"；提供保健、社会发展、教育、营养和家庭支持的替代方案，如非政府组织提供的方案。为家庭提供的服务包括：为父母及其子女提供营养、社会、健康、社会教育和创收支持。这些活动需要巨额财政资源，但此前提供的资源堪称杯水车薪。Atenção à Criança 方案将合并所有资源，并将其全部用在真正有需要的儿童身上。

该方案内的其他各项努力针对 7～14 岁儿童、15～24 岁青年、年逾

60 岁的老年人，以及残疾人。学校、家庭和社区是所有这些努力的联络点。执行上述努力的策略涉及中央权力下放、公共部门能力建设、监测与评估、结果驱动。

该社会议程基于协作与全纳政策。由此，巴西节约了大量资源。儿童的学前教育成本不超过 100 美元，但流浪儿童的成本为 200～300 美元，违法犯罪儿童每月的教育成本更是高达 1000 美元。社会排外的费用亦非常高。

重要的是，Atenção à Criança 方案包括财政部长以及公司经理人和总裁，他们对于儿童发展的投资关系重大。所有支出将予以测算，以实现充分评估，并了解通过全纳而非排斥可取得怎样的惠益。为儿童投资是一项非常积极的人类发展和经济策略，它对贫困儿童的影响最为显著。

注：对 "Atenção à Crianga" 方案的描述，基于巴西社会援助联邦秘书处秘书长兼社会援助国务秘书 Wanda Engel Aduan 在世界银行 2000 年 4 月 10～11 日于华盛顿召开的 "为儿童的未来投资" 大会上的讲话。

结 论

为使社会实现更高程度的平等，从儿童一出生开始就需要给予支持。儿童早期干预的重要性不言而喻，并且其积极影响在很多精心控制的预期研究和大规模回顾性研究中均有记录，本章中突出强调的巴西项目即是例证。在生长和长大成人的过程中，儿童早期干预极大地提高了贫困儿童的受教育程度和成功概率。对早期干预的需求显而易见，而如今已有恰当的、具有成本效益的干预措施可供使用。政府可就儿童早期发展作出承诺，并协调有针对性的各项努力，惠及最贫困的家庭和儿童。为儿童提供早期学习经历的机会很多，这些早期学习经历将增加他们日后取得成功的概率及其所在社会的整体生产力。

参考文献

［1］Barros, R. P. de, Mendonça, R. 1999. Costs and Benefits of Preschool Education in Brazil. Background study commissioned to IPEA by the World Bank. Rio de Janeiro, Institute of Applied Economic Research

［2］Berlin, L. J., Brooks-Gunn, J., McCarton, C., McCormick, M. C. 1998. The Effectiveness of Early Intervention: Examining Risk Factors and Pathways to Enhanced Development. Preventive Medicine, 27: 238~245

［3］Campbell, F. A., Pungello, E. P. 1999. The Carolina Abecedarian Project. Website presentation on Long-Term Benefits of Intensive Early Education for Impoverished Children. Chapel Hill, N. C.: Universityof North Carolina, Frank Porter Graham Child Development Center, [www. fpg. unc. edu/ ~ abc]

［4］Campbell, F. A., Ramey, C. T. 1994. Effects of Early Intervention on Intellectual and Academic Achievement: A Follow-up Study of Children from Low-Income Families. Child Development 65: 684~698

［5］Campbell, F. A., Ramey, C. T. 1995. Cognitive and School Outcomes for High-Risk African-American Students at Middle Adolescence: Positive Effects of Early Intervention. American Educational Research Journal, 32:743~772

［6］Duncan, G. J., Brooks-Gunn, J. Klebanov, P. K. 1994. Economic Deprivation and Early Childhood Development. Child Development 65:296~318

［7］Fujimoto-Gomez, G. 1999. Boosting Poor Children's Chances. Background report commissioned to the Organization of American States. Washington, D. C.: World Bank, Human and Social Development Sector

［8］IBGE(Instituto Brasileiro de Geografia e Estatistica) [Brazilian Statistical Institute]. 1997a. Pesquisa Nationalpor Amostra de Domicilios(PNAD) [National Household Survey]. Rio de Janeiro

［9］IBGE. 1997b. Pesquisa de Padroes de Vida(PPV) [Living Standard Measurement Survey]. Rio de Janeiro

［10］IHDP(Infant Health and Development Program). 1990. Enhancing the Outcomes of Low-Birthweight, Premature Infants. Journal of the American Medical Association, 263(22): 3035~3042

［11］Karoly, L., Greenwood, P. W., Everingham, S. S., Hoube, J., Kilburn, M. R., Rydell, C. P., Sanders, M., Chiesa, J., eds. 1998. Investing in Our Children: What We Know and Don'tKnow About the Costs and Benefits of Early Childhood Interventions. Santa Monica, Calif.: RAND

［12］McCarton, CM., Brooks-Gunn, J., Wallace, I. F., Bauer, C. R., Bennett, EC., Bernbaum, J. C.,

Broyles, R. S. , Casey, P. H. , McCormick, M. C. , Scott, D. T. , Tyson, J. , Tonascia, J. , Meinert, C. L. 1997. Results at Age 8 Years of Early Intervention for Low-Birth-Weight Premature Infants: The Infant Health and Development Program. Journal of the American Medical Association,277(2):126 ~ 132

[13] Ramey, C. T. , Campbell, F. A. , Burchinal, M. , Skinner, M. L. , Gardner, D. M. , Ramey, S. L. 2000. Persistent Effects of Early Childhood Education on High-Risk Children and Their Mothers. Applied Developmental Science,4(1):2 ~ 14

[14] Ramey, C. T. ,Ramey,S. L. 1998. Prevention of Intellectual Disabilities: Early Intervention to Improve Cognitive Development. Preventive Medicine 27:224 ~ 232

[15] Schweinhart, L. J. , Barnes, H. , Weikart, D. 1993. Significant Benefits: The High/Scope Perry Preschool Study Through Age 27. Monograph of the High/Scope Educational Research Foundation. No. 10. Ypsilanti,Mich. :High/Scope Educational Research Foundation

[16] Sparling, J. , Lewis, I. , Ramey, C. T. 1995. Partners for Learning: Birth to 36 Months. Lewisville, N. C. :Kaplan Press

[17] Van der Gaag, J. ,Tan. J. P. 1998. The Benefits of Early Child Development Programs: An Economic Analysis. Washington,D. C. :World Bank,Human Development Network

[18] World Bank. 2001. Brazil,Early Child Development: A Focus on the Impact of Preschools. Washington, D. C. :World Bank,Human Development Network

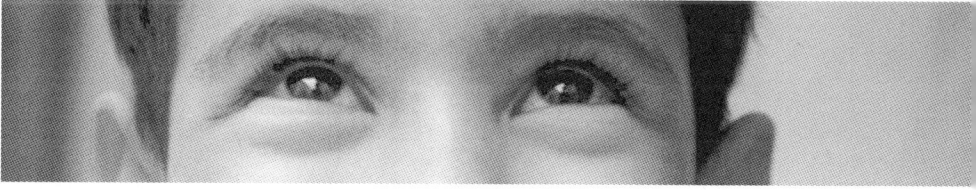

Evaluating
the Effectiveness
of Early Childhood Programs

第 3 部分

评估儿童早期发展方案的成效

第 6 章
有效的儿童保育与教育投资
——从研究中汲取的教训

Investing in Effective Childcare and Education：Lessons from Research

John M. Love，*Peter Z. Schochet* 和 *Alicia L. Meckstroth*

在全球各地，越来越多的父母参与就业，这就需要有人照看子女，因此，儿童保育的重要性日益上升。此外，为提升儿童在学校和人生中的成功概率，社会对于为所有儿童提供教育经历和刺激的兴趣日益浓厚。这些保育经历往往由全日制机构提供，如幼儿园或幼儿园学前班等，也有机构提供半日制保育方案。随着越来越多的儿童参与这些儿童保育和教育机构，了解儿童目前的生活状况变得极其重要。儿童的安全只是其中一个问题；在保证安全、没有危险的情况下，人们关心的其他问题涉及儿童的学习和发展。

本章着重探讨 4 个话题：优质儿童保育与教育的组成部分，实现高质量保育所需要的支持，儿童保育质量与儿童发展及福祉之间的关系，以及提高儿童发展的投资。下文分别围绕这些话题描述了相关研究与发现。所审查的大部分研究已在美国开展，不过，从中汲取的教训可能会与全球各地的儿童早期发展方案相关。人们需要开展额外的研究工作，以正确评价上述发现在其他国家背景下、在不同资源层面的可应用性。

优质儿童保育与教育的组成部分

研 究

早期的儿童保育研究与学前干预文献为了解优质儿童保育与教育最新研究提供了背景。"质量"这个概念通常用来描述项目环境的特点以及儿童在这些环境中的经历（基于研究和实践），这些环境假定对儿童的福祉有益。研究人员描述了儿童保育环境的特点与儿童的成长和发展之间的经验关联。全美幼儿教育协会（National Association for the Education of Young Children，NAEYC）在"适合儿童发展的做法"的描述中记录了聪明的做法（Bredeka-mp，1987；NAEYC，1996）。许多研究者曾试图定义和测算优质儿童保育（Ferrar，1996；Ferrar、Harms 和 Cryer，1996；Ferrar、McGinnis 和 Sprach-man，1992；Harms，1992；Howes，1992；Layzer、Goodson 和 Moss，1993；Love、Ryer 和 Faddis，1992；Phillips，1987；Phillips 和 Howes，1987）。

这些构想中反复出现的两个共同特征是：课堂存在动态（互动）与静态（结构性）特点之分；承认宽泛的项目背景（课堂之外）是儿童课堂经验质量的一个重要决定因素。研究人员审查了代表课堂环境和宽泛的项目背景的变量。对这项研究的审查表明，自 Lamb 和 Sternberg（1990）总结认为早期的儿童保育研究工作过分注重"日托本身的影响，而没有认识到日托的表现形式多种多样，且必须始终根据儿童生活中的其他事件和经历予以审查"以来，已取得了重大进展。

过去 10 年（1990~2000 年）来，研究人员通过定义、测算许多质量变量，认识到儿童保育"表现形式多种多样"，不过他们在理解背景环境变量方面尚未取得成功。表 6.1 和表 6.2 提供了研究概况，这些研究工作测算了儿童保育质量以及基于保育中心的儿童保育（表 6.1）和基于家庭的儿童保育（表 6.2）中儿童取得的成果（Love、Schochet 和 Meckstroth，1996）。

研究发现

研究人员采用多种方式定义了儿童早期保育和教育的质量，不过，所有定义均体现了"质量"的两个主要维度，或者说，与上述概念特点相应的两类组成部分：（1）项目或班级的结构（即每天或每一课时不会发生重大变化的基本格局）；（2）项目或课堂的动态情况（即成人和儿童不断变化且相互依赖的行为与互动）。

班级结构包括以下因素：小组规模、儿童/成人比例、小组构成以及安全因素等。由 20 名儿童和 2 名成人组成的班级，其小组规模为 20 人，儿童/成人比例为10∶1。这一结构有别于拥有 30 名儿童和 2 名成人的班级。不同人数、不同年龄的儿童亦可改变小组构成：一个由 20 名 4 岁儿童组成的班级呈现出来的环境，有别于一个由 10 名 4 岁儿童、5 名 3 岁儿童和 5 名 2 岁儿童组成的班级。班级结构亦包括实际环境，实际环境在布置上应确保儿童的安全，插座要用盖子盖上，清洁用品要锁起来，放在儿童够不到的地方，并为成人提供换完尿布或用厕后的盥洗设施。包括教育和培训在内的人员特征，以及项目主管或监督者及其提供的支持亦是班级结构的一部分。

课堂动态情况包括 4 个要素：教师的行为、儿童的行为、教师与儿童的互动、互动的稳定性和持续性。教师的行为可能很积极或者很消极。积极的行为包括关注、鼓励、参与、对儿童敏感、响应儿童不断变化的需要。消极的行为则包括苛刻和疏离。其他行为也可能存在，不过正如研究所示，这些特别积极和消极的行为对儿童尤为重要，它们可通过观察和记录予以测算。

关于儿童的行为，有人可能会问："质量指标有哪些？儿童难道不会对保育中心或家中的质量作出回应吗？"当然，儿童在家庭或保育中心环境下的所作所为，本身就是护理环境质量的一个很好的指标。例如，儿童

表6.1　基于保育中心的保育质量与儿童结果研究

研究（时间）	样本规模/年龄/人口统计学	设计与方法论	测算结果	保育质量与儿童结果之间的关系
		采用同期设计的研究		
成本、质量与儿童结果研究小组（1995）	• 826名儿童（4岁） • 181个保育中心 • 15%为非裔美国人，68%为白人，6%为西班牙裔，4%为亚裔；63%的母亲为学士以下教育程度	• 同期设计 • 观察测算班级质量 • 直接评估，教师评级，儿童结果自我报告	• 接受性语言 • 学前阅读技能 • 学前数学技能 • 对能力的自认知 • 社交游戏水平 • 对儿童保育的态度 • 社交技能	• 较高的班级质量指数与下列因素相关： —较高的接受性语言能力 —较高的学前数学技能 —较高的社交技能 —更加正面的自我认知 • 接受性语言的质量对少数群体儿童的影响相对较大
Dunn（1993）	• 60名儿童（3—5岁） • 24个保育中心的30个班级 • 90%为白人，10%为非裔美国人；处于中等社会经济地位；77%来自双亲家庭	• 同期设计 • 观测评估，工作人员访谈，发放调查问卷，以测算班级质量 • 直接评估，教师评级，以测算儿童结果	• 社交能力 • 社会适应能力 • 社会游戏 • 认知发展与智力 • 认知游戏	• 父母已婚以及所参加保育中心服务内容种类较少、指导语较多（或者说总的限制类较少）时，儿童的社会适应能力相对较强；当保育中心总体游戏限制较多时，儿童复杂社交游戏水平相对较高 • 当班级总体质量较高且保育人员大学时就读有保育相关专业并拥有保育中心工作经验时，儿童的智力测试得分相对较高 • 无法从儿童/工作人员比例和小组规模中推知儿童的社会与认知发展

续表

研究（时间）	样本规模/年龄/人口统计学	设计与方法论	测算结果	保育质量与儿童结果之间的关系
Field(1980)	• 80名儿童（3～4岁） • 4个保育中心学前班 • 全部为白人；处于中等社会经济地位	• 同期设计（用9个月时间观测同伴与儿童数据） • 针对两个维度观测评估质量 • 直接评估儿童结果	• 与同伴互动 • 游戏行为（幻想游戏，联合—合作游戏）	• 班级儿童/教师比例较低且设置隔离区时，特别游戏区域展现出比较理想的言语互动，游戏行为（包括与同伴互动、言语游戏、幻想游戏、联合—合作游戏）
File 和 Kontos (1993)	• 28名儿童（2.5～6岁） • 6～12个保育中心班级（未提供准确数字） • 未提供人口统计学特征；50%存在任意中度认知和（或）言语及语言能力发育迟缓	• 同期设计（用2周时间观测与收集儿童数据） • 观测评估质量 • 直接评估儿童结果	• 认知游戏水平（功能性、建设性和戏剧性游戏） • 社会游戏水平（独自、平行与互动游戏）	• 作为优质班级的特征之一，教师与儿童的积极互动与儿童较高水平的社会游戏有关。教师在日常活动中参与度较低，观察较少，对认知游戏的支持较小，老师总体参与度较低，这亦与儿童较高水平的社会游戏有关 • 儿童与教师相处的经历与其认知游戏水平无关
Goelman 和 Pence (1987, 1988)	• 105名儿童（约3～4岁，未提供准确年龄） • 53个保育中心，52个家庭日托服务提供机构（加拿大人）；绝大多数为白人；代表各种社会经济地位，50%来自双亲家庭	• 同期设计（用1年时间观测与收集儿童数据） • 对班级质量开展观察评分 • 估测与父母评分 • 直接估测儿童结果	• 语言发展 • 同伴互动 • 游戏活动（独自、合作）	• 对参加中心保育的儿童而言，无法根据保育质量预知语言发展得分 • 与家庭保育相比，参加保育中心的儿童参与更多的优质"信息活动"。然而，对于家庭保育儿童来说，参加信息活动的数量与质量无关

续表

研究（时间）	样本规模/年龄/人口统计学	设计与方法论	测算结果	保育质量与儿童结果之间的关系
Hestenes、Kontos 和 Bryan（1993）	· 60 名儿童（3～5 岁） · 26 个保育中心，30 个班级 · 代表各社会经济地位；未提供儿童的种族、民族信息	· 同期设计（在两个单独场所进行观测与收集儿童数据） · 观察评估班级质量 · 直接评估儿童结果	· 情感表达（正面与负面影响，影响强度，影响持续时间） · 性情（方法，适应能力，强度，心情，节奏）	· 不考虑性情和儿童人口统计学，当教师课堂参与度低时，从中可预知，将对儿童产生比较强烈的负面影响；教师参与度较高则可对儿童产生比较强烈的正面影响
Holloway 和 Reichhart-Erickson（1988）	· 55 名儿童（4 岁） · 15 个保育中心 · 4% 为非裔美国人，94% 为白人，2% 为亚裔；91% 来自双亲家庭；绝大多数为中等社会经济地位	· 同期设计（用 3 周时间观测与收集儿童数据） · 观察估测班级质量 · 直接评估儿童结果	· 自由游戏活动 · 社会推理与问题解决 · 同伴互动	· 与教师互动质量较高的儿童，以及保育中心儿童/工作人员比例较低的儿童在社会推理技能测试中得分较高 · 当保育中心能够更好地容纳不同规模的小班、拥有小班，并提供各种与年龄相符的材料时，儿童在社会推理技能测试中得分较高 · 当保育中心空间的布局相对较大时，儿童会将更多的时间用在独自专注玩游戏上，用于观察他人的时间很少 · 质量指标与同伴间负面正面社会交往之间不存在重大关联

续表

研究（时间）	样本规模/年龄/人口统计学	设计与方法论	测算结果	保育质量与儿童结果之间的关系
Howes 和 Olenick（1986 年）	· 89 名儿童（1.5～3 岁） · 8 个保育中心 · 10% 为非裔美国人，70% 为白人，13% 为西班牙裔，7% 为亚裔（基于父系种族/民族）；69% 来自双亲家庭	· 同期设计 · 对班级质量评估采取观察评估与保育人员报告 · 对儿童结果进行直接估测（在家或保育中心）与父母评分	· 遵从性 · 反抗性 · 自我监管	· 参加优质保育中心的儿童遵从性较强，反抗性的可能性较高（或者说，约束自己不去碰触食物或严禁使用的新玩具） · 从保育质量可推知男童，而非女童的自我监管和反抗行为
Howes, Phillips 和 Whitebook（1992）	· 414 名儿童（1～4.5 岁） 　—68 名婴儿 　—175 名幼童 　—171 名学前儿童 · 233 个保育中心班级 · 代表各社会经济地位；21% 为非裔美国人，73% 为白人	· 同期设计 · 观察评估质量 · 直接评估儿童	· 与教师之间的依恋程度 · 社会取向 · 与同伴互动	· 所在班级在"保育适宜性"一项评分较高时，儿童被归入"有安全感"（但并非逃避依恋或有矛盾情感）类别的可能性较大 · 当所在班级在"适合发展的活动"一项评分较高时，儿童同时以成人和同伴为中心的可能性较大
Howes 和 Rubenstein（1981）	· 40 名儿童（1.5～2 岁以下） · 8 个保育中心，16 个家庭日托所 · 33% 为非裔美国人、西班牙裔或亚裔，67% 为白人；绝大多数来自双亲家庭；中等社会经济地位	· 同期设计 · 观察评估班级质量 · 对儿童结果进行直接评估和观察评分	· 同伴社会行为 · 同伴社会交往 · 同伴游戏的结构	· 更大程度地利用保育中心里的非携带式客体（优质环境象征物）与互动游戏水平成正比 · 家庭日托与保育中心之间在社会导向型同伴行为方面发生频率上存在总体差异

续表

研究（时间）	样本规模/年龄/人口统计学	设计与方法论	测算结果	保育质量与儿童结果之间的关系
Kontos（1991）	· 100名儿童（3~5岁） · 10个保育中心 · 绝大多数为白人；各社会经济地位，城市/农村家庭均有代表；57%来自双亲（已婚）家庭	· 同期设计（用1天时间观测与收集儿童估测结果） · 观测和用于估测质量的州许可工具 · 利用保育人员评分和儿童标准测试成绩估测儿童结果	· 认知发展 · 语言发展 · 社会发展	· 家庭背景变量与儿童认知和语言发展测算值之间存在重大关联 · 如不考虑家庭背景和儿童保育经历，根据总体质量（最低质量水平测算值）可推知，儿童将在社会适应方面取得更高的分数，且行为问题较少 · 参加儿童保育的年龄和儿童保育经历的持续时间并非儿童发展重要结果的预测因素
Love, Ryer和Faddis（1992）	· 3~5岁儿童（94%为3~4岁儿童） · 112个保育中心班级，62个日托机构 · 37%为非裔美国人，19%为白人，32%为西班牙裔，13%为亚裔；23%英语熟练程度有限；有资格获得儿童保育补贴的家庭（平均每个儿童支付1.4名儿童支付全额学费）	· 前后期设计；同期设计 · 充分收集数据后，随机分配班级，以改变比率 · 同期估测班级质量和儿童结果 · 教师对行为问题评分 · 观察人员对压力行为评分	· 行为问题 · 压力行为 · 哭闹和打架 · 活动参与程度	· 当所在班级更适合儿童发展时，儿童的压力行为较少 · 当所在班级较不适合儿童发展时，儿童不参与班级活动的概率较高，且表现出较高程度的压力 · 当保育人员非常留心、善于鼓励时，儿童压力比较小；当保育人员比较严厉、苛刻、慢不经心时，儿童压力程度较高 · 当班级安排、安全和卫生方面评分较高时，儿童哭闹和打架的行为相对较少

续表

研究（时间）	样本规模 年龄/人口统计学	设计与方法论	测算结果	保育质量与儿童结果之间的关系
McCartney（1984）	· 166 名儿童（3~5 岁） · 9 个保育中心 · 80%为百慕大白人，20%为百慕大黑人；2 岁前，84%的儿童工作日大部分时间在日托机构	· 同期设计（用 4 个月时间观测与收集儿童数据） · 观察测算班级质量 · 直接评估儿童结果 · 保育人员采分评估儿童结果评分	· 言语智力 · 与保育人员之间的言语互动 · 与同伴之间的言语互动 · 语言发展	· 不考虑家庭背景、接受保育服务时的年龄，保育时间，当保育中心的综合质量评分较高时，儿童更可能获得较高的语言智力和语言发展 · 当保育中心在更大程度上允许儿童发起对话、拥有很多自由游戏时间时，儿童的语言发展测试得分相对较高
McCartney, Scarr, Phillips 和 Grajek（1985）	· 166 名儿童（对照组：72 名儿童）（3~6 岁） · 9 个保育中心 · 78%为百慕大白人，22%为百慕大黑人；对照组（100%为百慕大黑人）	· 同期对照组设计（用 4 个月时间观测与收集儿童数据） · 观察测算班级质量 · 直接评估儿童标准测试成绩；采用父母和保育人员评分估测儿童结果	· 认知技能 · 接受语言 · 沟通技能 · 社交能力 · 为他人着想 · 依赖性 · 智力 · 任务取向	· 与参加其他低质保育中心方案的儿童相比，参加优质日托干预方案的低收入儿童拥有更佳语言技能，更懂得为他人着想，社交能力更强。当就参与优质方案的儿童与一组家庭背景相似的儿童进行比较时，上述发现成立
Peterson 和 Peterson（1986）	· 66 名儿童（24 名接受家庭保育）（3~5 岁） · 4 个保育中心 · 绝大多数为白人；绝大多数为中等社会经济地位	· 同期设计 · 观察评估班级质量 · 直接评估儿童结果	· 父母与子女之间的互动 · 言语沟通 · 顺从性	· 与参加优质保育中心或在家中接受父母亲照顾的儿童相比，参加劣质保育中心的儿童在持续言语互动方面的表现相对较差；对于接受优质保育中心保育或母亲保育的儿童而言，上述结果或存在差异

续表

研究（时间）	样本规模/年龄/人口统计学	设计与方法论	测算结果	保育质量与儿童结果之间的关系
Phillips、McCartney 和 Scarr (1987)	• 166名儿童（3~5.5岁） • 9个保育中心 • 78%为百慕大黑人，为百慕大白人，68%来自双亲家庭；2岁前，85%的儿童工作日大部分时间在日托机构	• 同期设计（用4个月时间观测与收集儿童数据） • 对班级质量进行观察估测与工作人员报告 • 教师和父母对儿童结果评分	• 社交能力 • 为他人着想 • 依赖性 • 智力 • 任务取向 • 侵犯性 • 好动 • 焦虑	• 不考虑参加保育中心时的年龄、接受保育的持续时间及家庭背景，当保育中心综合质量较高时，儿童在为他人着想、社交能力、智力、任务取向和焦虑方面的社会发展水平较高 • 与保育人员语言互动水平较高的儿童更懂得为他人着想、更加和善，智力更高，任务取向更强 • 当保育中心负责人拥有更丰富的经验时，儿童的侵犯性和焦虑程度较低、不过，在为他人着想、和善等方面亦相对较差
Schliecker、White 和 Jacobs (1991)	• 100名儿童（4岁） • 10个保育中心 • 绝大多数为白人；代表各社会经济地位的综合；63%来自双亲家庭	• 同期设计（用2周时间观测与收集儿童数据） • 观察测算班级质量 • 直接估测儿童结果	• 语言发展与理解能力	• 日托质量（采用二分法测算）和社会经济地位（收入、职业、教育和家庭结构的综合测算值）均可有力预知儿童的词汇理解能力；日托质量对女性担任户主的单亲家庭尤为重要

续表

研究（时间）	样本规模/年龄/人口统计学	设计与方法论	测算结果	保育质量与儿童结果之间的关系
Studer（1992）	• 95名儿童，其家庭于1986年国家调查时青少年长期调查时将子女送至保育中心或托儿所（3~4岁） • 全部来自双亲家庭	• 同期设计 • 父母通过调查回答，报告班级质量 • 直接评估儿童结果	• 接受性语言	• 保育人员接受过特别培训、小组规模和比率与接受语言能力方面无关 • 质量综合指数仅与低收入子样本的接受语言能力成正比 • 质量综合指数与中低收入小组的接受语言能力成反比
Vandell 和 Powers（1983）	• 55名儿童（3~4岁） • 6个保育中心 • 白人；中等社会经济地位；来自双亲家庭；参加日托的平均年龄为2岁	• 同期设计 • 观察评估班级质量 • 直接评估儿童结果	• 与同伴互动 • 与成人互动 • 与同伴讲话 • 与成人讲话 • 独自玩耍 • 无所事事的行为	• 当保育中心质量评分较高时，儿童较为可能与成人进行积极互动和讲话 • 当保育中心质量评分较低时，儿童较有可能独自玩耍，无目标闲逛 • 在不同质量的保育中心，同伴引导行为与互动不存在差异
采用纵向设计的研究				
Field（1991）	• 56名儿童，跟进调查时平均年龄为11.5岁。（儿童不到2岁时开始接受日托服务，平均持续时间为2.7年）	• 纵向设计（将父母早期报告的儿童早期保育经历作为基准数据） • 保育人员报告班级质量测算值	• 学校等级 • 测试成绩 • 被分至天才项目 • 工作/学习习惯 • 领导力	• 接受优质日托时间较长的儿童在与同伴交往时，较有可能充满友爱，被分至天才组

续表

研究（时间）	样本规模/年龄/人口统计学	设计与方法论	测算结果	保育质量与儿童结果之间的关系
Field (1991)	· 6 个保育中心 · 研究 1：28 名儿童；对象 2：56 名儿童 · 按种族分列的多样化样本（其中包括非裔、白人、西班牙裔，未提供占比情况）；中等社会经济地位；家庭受教育程度较高	· 对儿童成绩进行直接评估，以及由父母和教师评分	· 情感健康 · 成人/儿童关系 · 同伴关系，吸引力，自信，攻击力，讨人喜欢	
Howes (1990)	· 80 名儿童（同 Howes 和 Olenick 于 1986 年研究中调研的儿童）（主要为 3～7 岁） · 1.5～3 岁时开始（Howes 和 Olenick, 1986） · 8 个保育中心（估测） · 9% 为非裔美国人，74% 为白人，13% 为西班牙裔，1% 为亚裔，76% 来自双亲家庭	· 纵向设计 · 对保级质量测算值进行观察估测与保育人员报告 · 对儿童结果进行直接评估测，以及由父母和教师评分	· 遵从性，反抗性 · 自我监管 · 社会适应/同伴互动（社会游戏，社会装扮游戏，正面影响）	· 当保育中心质量较高时，学前儿童参与更多的社会装扮活动，针对愤怒和沮丧的行为发现出较多的"正面影响"，并被教师评定为"与同伴之间建立了社交关系" · 与参加优质保育中心相比，低质保育中心的幼儿园儿童被教师评定为"较易分神，任务取向性较差，不太懂得别人着想" · 婴儿时参加保育中心的儿童中，儿童保育质量（通过教师做法测算得出）最能推知儿童结果；幼儿期或学前班参加保育中心的儿童中，家庭的社会化做法最能推知儿童结果

续表

研究（时间）	样本规模/年龄/人口统计学	设计与方法论	测算结果	保育质量与儿童结果之间的关系
Howes (1988)	• 实验小学75名儿童 • 4岁时参加儿童保育，一年级时开展跟进调查 • 12%为非裔美国人，69%为白人，12%为西班牙裔，6%为亚裔；母亲受教育年限中位值为14年；70%来自双亲家庭	• 纵向设计 • 观察测算班级质量 • 教师对儿童结果评分	• 学业进步 • 学校技能（独立性，小组技能，参与技能） • 行为问题	• 不考虑家庭特征，对女童而言，稳定的儿童保育安排可预知学业技能 • 不考虑家庭特征，对男童而言，稳定的安排和优质保育服务可预知学业技能 • 对男童和女童而言，优质保育可加强学校技能，减少行为问题
Howes 和 Hamilton (1993)	• 72名儿童（1~2岁），跟进调查时为48名（4~5岁） • 开始为5个保育中心和1个大型家庭日托所，调查过程中增至54个保育中心 • 14%为非裔美国人，61%为白人，25%为西班牙裔或亚裔，67%为中等社会经济地位	• 纵向设计 • 观察评估班级质量 • 直接评估儿童结果	• 与同伴之间的社交能力（复杂游戏，亲社会，合群，侵犯和退缩行为）	• 教师变动较大时，儿童被评定为"积极和合群行为较少，退缩和侵犯行为多" • 师生关系具有安全感时（或师生关系朝着积极的方向改变时），儿童与同伴之间的互动更加积极，合群、亲社会、退缩和侵犯行为较少 • 儿童所在保育中心或环境的变化不影响儿童与同伴之间的社交能力

续表

研究（时间）	样本规模/年龄/人口统计学	设计与方法论	测算结果	保育质量与儿童结果之间的关系
Lamb, Hwang, Broberg 和 Bookstein(1988)	• 140 名儿童（1~2 岁），跟进调查时为 2~4 岁 • 53 个保育中心，33 个家庭日托所，54 个产妇护理机构 • 全部为瑞典儿童；代表各社会经济地位；全部来自双亲家庭；母亲年龄偏大（平均年龄为 31 岁）	• 纵向设计 • 观察估测保育人员素质和家庭日托质量 • 父母为社会支持评分 • 直接评估儿童成果	• 个人成熟度（独立性，自我韧性和控制） • 社交能力 • 成人—儿童互动 • 同伴游戏 • 活动水平	• 正如跟进调查时所测，儿童的社交能力和个人成熟度与保育类型无关 • 保育质量（不管提供机构为何种类型）和家庭的社会支持可预知个人成熟度以及与熟悉的同伴和不熟悉的成人之间的社交技能
Melhuish, Lloyd, Martin 和 Mooney（1990a）; Melhuish, Mooney, Martin 和 Lloyd(1990b)	• 193 名儿童（1.5 岁），5~18 个月时评估 • 焦点小组： 　—家庭保育—57 　—亲属保育—30 　—家庭日托—74 　—中心保育—32 • 全部为英国人；各社会经济地位和受教育程度均有所代表	• 纵向设计 • 观察测算儿童保育质量 • 对儿童结果进行直接评估、观察人员评分和父母报告	• 语言发展 • 认知发展	• 当所在保育中心的言语沟通较少，并且对儿童应答性较低时，儿童在语言发展测试中得分较低

续表

研究（时间）	样本规模/年龄/人口统计学	设计与方法论	测算结果	保育质量与儿童结果之间的关系
Vandell, Henderson 和 Wilson (1988)	· 20名4岁儿童，跟进调查时为8岁 · 6个保育中心 · 白人；中等社会经济地位	· 纵向设计 · 观察估测班级质量 · 直接和通过视频估测儿童结果 · 观察人员、父母和同伴对行为评分	· 与同伴的互动 · 与成人的互动 · 独自玩耍 · 无所事事的行为	· 当保育中心质量较高时，儿童倾向于与同伴进行较为友善的互动，被估测为"比较快乐，社交能力较强"，被视为"害羞"的可能性较小，4岁和8岁时的结果与之较为一致 · 4岁时与成人积极互动，这与8岁时的同理心、社交能力和同伴接受度评分之间存在重大关联

采用前后期设计的研究

研究（时间）	样本规模/年龄/人口统计学	设计与方法论	测算结果	保育质量与儿童结果之间的关系
Howes, Smith 和 Galinsky (1995)	· 880名儿童（10个月~5岁）。基准数据和跟进数据收集时审查了不同的儿童；第二次跟进调查于1996年春完成。 · 150个保育中心 · 佛罗里达州各社会经济地位和城市/农村家庭均有代表（未报告其他人口统计学特征）	· 前后期设计 · 观察估测级质量和教师素质 · 对儿童结果进行直接估测与观察人员评分	· 同伴游戏 · 客体游戏 · 适应语言熟练程度 · 行为问题 · 对保育人员的依恋	· 改变儿童/教师比例规定，婴儿由6:1降至4:1，幼儿由8:1降至6:1，可令儿童与同伴及客体进行更加复杂的游戏，与保育人员建立更具安全感的依恋关系，适应语言熟练程度更高，行为问题更少（包括侵犯、焦虑和好动） · 当班级符合儿童/教师比例标准时，与比较高的班级相比，儿童更参与更加复杂的同伴游戏，适应语言得分较高

续表

研究（时间）	样本规模/年龄/人口统计学	设计与方法论	测算结果	保育质量与儿童结果之间的关系
Howes, Smith 和 Galinsky (1995)				• 当所在班级通过聘用拥有儿童发展协会资格（Child Development Associate, CDA）或同等资格的教师提升保育质量时，儿童在同伴游戏和保育人员依恋关系方面可出现最显著的提升。当所在班级的教师拥有大学文凭并接受过儿童早期发展培训时，儿童参与更加复杂的同伴游戏，与保育人员建立起更有安全感的依恋关系，并可取得较高的适应语言得分
Ruopp, Travers, Glantz 和 Coelen (1979)	• 1600 名儿童（3～5 岁）（婴儿、幼儿子研究项目：6周至3岁） • 准实验：3个城市49个保育中心；随机实验：1个公立学区的8个保育中心 • 婴幼儿子项目：74组儿童和54个保育中心	• 前后期设计（用1年时间观测与收集儿童结果数据） • 观察测算班级质量 • 直接估测儿童结果 • 随机实验和准实验	• 认知知识/入学准备 • 接受语言能力 • 成人—儿童互动 • 社会行为（合作，创新，冷漠，忧伤） • 精细或粗大运动技能	• 保育中心小组规模较小时，学前儿童参与更多的成人—儿童交往，更有合作性精神，应答性更强，充满创意，在接受语言能力方面进步较大；小组规模对接受语言能力的影响与儿童年龄、性别、种族、家庭收入及其他社会经济背景特征无关 • 保育中心推行反思、创新与参与行为时，学前儿童在接受语言能力和

续表

研究（时间）	样本规模/年龄/人口统计学	设计与方法论	测算结果	保育质量与儿童结果之间的关系
Ruopp, Travers, Glantz 和 Coelen (1979)	·65%为非裔美国人，30%为白人；代表各社会经济地位，其中，低收入群体占比较高；来自双亲家庭的儿童占比不足50%	·注：学前儿童发现来自对49个保育中心开展的准实验，总体而言，单独进行的随机实验得出的结论论证实了这些发现		认知知识方面展示出较大进步。当保育中心的保育人员与儿童开展的社会和管理互动时，儿童在接受语言能力方面可较快取得进步。这些保育中心及保育人员对接受语言能力与认知知识的影响与儿童年龄、性别、种族、家庭收入及其他社会经济背景特征无关 ·保育中心教师较好地受过儿童相关领域的教育，学前儿童与教师之间的社会互动较多，更具合作意识，更加顺从，并在认知知识方面取得较大进步；教师经验年限或正规教育与儿童结果之间不存在一致性 ·学前儿童和儿童行为之间不存在有力或一致性关联（5：1～10：1）与保育人员/保育儿童比例人员与儿童测试成绩无关 ·当保育中心工作人员比例较低时，幼儿的忧伤情绪较不明显；由有经验的保育人员照看幼儿展示不对儿童冷漠的忧伤行为；专业工作人员培训程度不对儿童冷漠或处于潜在危险环境产生影响 ·当保育中心儿童/工作人员比例较低时，婴儿的忧伤情绪较不明显，冷漠行为较少，处于潜在危危

续表

研究（时间）	样本规模/年龄/人口统计学	设计与方法论	测算结果	保育质量与儿童结果之间的关系
Ruopp, Travers, Glantz 和 Coelen (1979)				险环境的概率较小；当由受过较好教育经验但有欠缺的保育人员照看时，婴儿冷漠行为的概率较高，处于潜在危险环境的概率较小；当由受过专业培训的工作人员照看时，婴儿未表现出明显的行为差异

注：本表仅包含作者报告的具有显著统计学意义的发现。

表 6.2 基于家庭的保育质量与儿童结果研究

研究（时间）	样本规模/年龄/人口统计学	设计与方法论	测算结果	保育质量与儿童结果之间的关系
		采用同期设计的研究		
Goelman 和 Pence (1987, 1988)	· 105 名儿童（3~4岁），未提供具体年龄 · 53 个保育中心 · 52 个家庭日托提供机构 · 绝大多数为白人（加拿大人）；代表各社会经济地位；50% 来自双亲家庭	· 同期设计（用 1 年时间观测与收集儿童结果数据） · 对班级质量进行观察评估和父母评分 · 直接评估儿童结果	· 语言发展 · 同伴互动 · 游戏活动（独自玩耍，合作游戏）	· 与质量较低的家庭日托机构相比，当家庭日托机构质量较高时，儿童语言发展测试平均得分较高 · "信息活动"的数量与质量无关。信息活动是指保育中心的活动内容丰富，提供大量信息，如关于圣诞节、感恩节和复活节等节日的信息

续表

研究（时间）	样本规模/年龄/人口统计学	设计与方法论	测算结果	保育质量与儿童结果之间的关系
Goodman 和 Andrews (1981)	· 52名儿童（2.5~4岁） · 32个家庭日托机构（强化式） · 控制组接受非强化式家庭日托：8名儿童 · 对照组接受保育中心的照料：68名儿童，3个中心 · 43%为白人，57%为非裔美国人	· 同期设计 · 利用教育干预估测质量（三个小组的干预强度各不相同，不过，干预重点均为儿童的语言能力发展） · 对儿童结果进行直接估测与观察人员评分	· 认知表现 · 言语智力	· 与家庭日托机构中的对照组或专业运营的日托中心中的对比组相比，接受强化式家庭日托干预的儿童在三次标准测试中的认知表现取得了较大进步
Howes 和 Rubenstein (1981)	· 40名儿童（20名加家庭日托机构）（18~24个月） · 8个保育中心，16个家庭日托机构 · 33%为非裔美国人、西班牙裔或亚裔，67%为白人，绝大多数来自双亲家庭；中等社会经济地位	· 同期设计 · 观察估测班级质量 · 对儿童结果进行直接估测与观察人员评分	· 同伴社会行为 · 同伴社会交往 · 同伴游戏结构	· 在家庭日托机构，小组规模较小、小组中存在年龄稍大的同伴时，可对儿童与同伴的交谈产生正面影响 · 家庭日托与中心保育在社会引导型同伴行为发生频率方面不存在巨大差异

续表

研究（时间）	样本规模/年龄/人口统计学	设计与方法论	测算结果	保育质量与儿童结果之间的关系
Howes 和 Stewart (1987)	• 55名儿童（11~30个月） • 55个家庭日托机构 • 社会阶层和母亲受教育程度多种多样（其中18%社会经济地位较低）；82%来自双亲家庭	• 同期设计 • 观察评估家庭日托质量 • 对儿童结果进行直接评估与观察人员评分	• 与同伴玩游戏 • 与客体玩游戏 • 与成人保育人员玩游戏	• 家庭日托机构中的变化与较低的同伴、客体游戏水平存在较大关联， • 对男童而言，儿童保育准人员或保育机构较少的变化亦与较高水平的客体游戏有关 • 较高的综合保育质量与较高水平的成人和客体游戏有关，对女童而言，这一关系亦与较高水平的同伴游戏存在较大关联
Kontos (1994)	• 57名儿童（2.5~4岁） • 30个家庭日托提供机构 • 中等社会经济地位；82%来自双亲家庭	• 同期设计 • 观察测评家庭日托质量 • 对儿童结果进行直接评估与教师评分	• 认知游戏 • 智商 • 语言互动 • 接受词汇 • 社会游戏与社交能力	• 不考虑母亲受教育程度、保育条件，当保育人员的经验和保育质量相对较高时，儿童参与简单的认知和社会游戏的概率极低，并且在接受词汇测试中得分较高 • 当家庭日托机构质量较高，保育人员经验有欠缺时，儿童被评定为"社交能力极强" • 当家庭日托机构质量较高，母亲受过较高程度的教育时，儿童在接受词汇测试中的得分相对要高出很多

续表

研究（时间）	样本规模/年龄/人口统计学	设计与方法论	测算结果	保育质量与儿童结果之间的关系
Kontos、Howes、Shinn 和 Galinsky (1995)；Galinsky, Howes, Kontos 和 Shinn (1994)	· 226 名儿童（10 个月～5 岁） · 226 个家庭日托机构 · 42% 为白人，23% 为非裔美国人，31% 为西班牙裔；社会阶层多种多样和母亲受教育程度多种多样；81% 来自双亲家庭	· 同期设计 · 观察估测家庭日托质量 · 对儿童结果进行直接估测、观察人员评分及教师评分	· 同伴游戏 · 依恋关系的安全感 · 社会适应/行为问题 · 客体游戏 · 语言使用情况	· 当保育人员比较敏感、应答性强时，儿童与保育人员之间可能建立有安全感的依恋关系 · 当与保育人员相处时间较长、在家中被照看且儿童/成人比例较高，保育人员采取更具应答性的互动时，儿童参与更多的客体游戏；当母亲受教育程度较高，保育人员应答性较强时，儿童参加更高水平的客体游戏 · 小组规模大、儿童成人比例高，均与儿童参加更多的同伴游戏有关 · 较高的整体质量与更多、更高水平的客体游戏以及儿童在依恋关系中享有较高的安全感有关；不过，较高的整体质量与较少的高水平同伴游戏有关 · 家庭背景特征或儿童保育特征（结构或过程质量*）均无法预知儿童的语言发展或社会适应情况 · 母亲的工作和工作条件间与儿童发展的所有方面均无关联

续表

研究（时间）	样本规模/年龄/人口统计学	设计与方法论	测算结果	保育质量与儿童结果之间的关系
采用前后期设计的研究				
Galinsky, Howes 和 Kontos (1995)	• 130名儿童（约1~5岁，未提供准确年龄） • 130个家庭日托机构 • 地理位置具有多样性（未提供其他样本人口统计学特征）	• 前后期设计 • 观察估测家庭日托质量 • 对儿童结果进行直接估测与观察人员评分	• 同伴游戏 • 依恋关系的安全感 • 各体游戏	• 若保育人员参加过16个小时的培训课程，与未接受过专门的培训课程相比，儿童的行为表明，他们与保育人员之间建立了有安全感的依恋关系，他们的活动参与程度更高（例如，听故事），并且无目标闲逛的时间较少
采用纵向设计的研究				
Lamb, Hwang, Broberg 和 Bookstein (1988)	• 140名1~2岁儿童，跟进调查时为2~4岁 • 53个保育中心 • 33个家庭日托机构；54个产妇照护理机构 • 全部为瑞典儿童；代表各社会经济地位；全部来自双亲家庭，母亲年龄偏大（平均年龄为31岁）	• 纵向设计 • 观察评估保育人员素质和家庭日托质量 • 父母对社会支持评结果 • 直接评估儿童结果	• 个人成熟度（独立性，自我韧性和控制） • 社交能力 • 成人—儿童互动 • 同伴游戏 • 活动水平	• 保育质量（不管提供机构为何种类型）和家庭的社会支持可预知个人成熟度以及与熟悉的同伴和不熟悉的成人之间的社交技能 • 正如跟进调查时所测，儿童的社交能力和个人成熟度与保育类型不存在重大关联

注：本表仅包含作者报告的具有显著统计学意义的发现。

*儿童早期发展项目涉及两个质量范畴：流程质量指各种活动、教材、学习机会、师生互动、卫生和安全等方面的质量；结构质量是指小组规模、儿童/成人比和教师培训等方面的质量。

哭喊可能是肚子饿了或尿布湿了，或者是老师话语严厉，又或者是老师对其不理不睬。

教师—儿童互动是一个特别的考量维度。对这些互动的认可则确认了成人的行为会影响儿童，并且往往是对儿童行为的回应。在优质儿童保育环境中，当儿童讲话、做事时，教师会对儿童作出回应。当儿童询问"这是什么"时，教师不予回答，或者儿童摆完积木塔时教师不予鼓励，这都不是优质的保育环境。在儿童保育和教育中，仅给儿童有趣的玩具供其玩耍是远远不够的。

稳定性和持续性亦是课堂动态情况的关键因素。儿童需要固定不变的保育人员，教师需在回应儿童的方式上保持持续性。

总而言之，优质儿童保育和教育的重要构件包括如下方面。

- 班级（和项目）结构：
  - 适当、有效的小组规模，儿童/工作人员比例，小组构成，安全性；
  - 行政管理与服务支持；
  - 工作人员特征。
- 课堂动态情况：
  - 积极的教师行为（例如关注、鼓励、参与、敏感、回应）；
  - 积极的儿童行为（例如与材料互动、合作、快乐）；
  - 有效的教师—儿童互动（例如教师回应、言语互动）；
  - 稳定性和一致性。

实现质量结果所需要的支持

研　究

研究强调了儿童保育工作人员作为实现高质量保育的重要性。这些研究记录了各种与儿童结果相关的工作人员特征。相关变量包括：工作人员接受正规教育的程度（Howes、Smith 和 Galinsky，1995；Ruopp 等，1979）；儿童保育方面的经验多少（Kontos，1994；Ruopp 等，1979）；儿童早期教育专业培训及其他证书或资质（Howes、Smith 和 Galinsky，1995；Galinsky、Howes 和 Kontos，1995）；教师人员流动与变化（Howes 和 Hamilton，1993）；以及保育中心主任的经验（Phillips、McCartney 和 Scarr，1987）。

与质量因素研究相比，这项研究工作未能透彻、系统地承认儿童一生的其他事件或经历中也会存在儿童保育。如 Belsky（1990）所提到的，部分研究在分析中纳入了此类变量，不过，就总体而言，在不考虑其他因素的情况下，研究未就儿童保育质量的影响得出明确结论。

部分研究审查了描述儿童和家庭特征的变量，如家庭收入（Studer，1992）、母亲受教育程度（Kontos，1991，1994）、母亲的就业情况（Kontos 等，1995）、家庭结构（Kontos，1991；Schliecker、White 和 Jacobs，1991）、家庭的社会经济状况（Schliecker、White 和 Jacobs，1991）、儿童在种族或族裔群体中的成员身份（Helburn 等，1995）、儿童刚参加家庭外保育时的年龄（Howes，1990；Kontos，1991）、儿童的性别（Howes，1988；Howes 和 Olenik，1986；Howes 和 Stewart，1987）、儿童日托经历持续的时间（Field，1991；Kontos，1991）、儿童的性情（Hestenes、Kontos 和 Bryan，1993）、家庭的社会支持（Howes 和 Stewart，1987；Lamb 等，1988）以及家庭压力（Howes 和 Stewart，1987）。这些变量体现了 20 世纪 80～90 年代在儿童保育研究丰富性方面取得的巨大进展，不过，需额外开展系统性研究，将这些变量与儿童的保育经历建立关联。

研究发现

与工作人员特征相关的研究发现指出了支持优质儿童保育项目的 8 个要素。这些构成要素如下所示：

- 教师受教育程度，尤其是在儿童早期发展领域的专业培训；
- 接受正规教育之外的在职培训；
- 教师与儿童相处的经验；
- 教学人员的连续性——教学人员的低更换率；
- 教师薪酬充足——工资水平可令教师安心工作，不必担心其他地方存在更高收入的工作机会；
- 保育中心主任经验丰富并接受过专业培训，可监测和支持工作人员；
- 社区伙伴关系——与可提供保健服务及其他支持的机构建立联系；
- 安全、适宜的活动空间。

儿童保育质量与儿童发展及福祉之间的关系

在保育中心和家庭保育环境中开展的研究，评估了儿童保育质量与儿童发展及福祉之间的关系。研究结果指出了诸多质量维度，这些维度涉及积极的儿童保育结果、更高质量的保育结果、改变儿童保育质量与结果之间关系的因素等。学前干预研究工作证实了这些发现。

基于保育中心的儿童保育：研究

表 6.1 中列明的 28 项研究展示了有关保育中心质量的各种测算标准与一项或多项儿童结果测算标准之间的联系。然而，将这些研究发现综合起来则十分复杂，因为这些研究在以下几个方面存在差异：（1）设计（同期、纵向和前后期设计）；（2）处于评估期与跟进期的儿童的年龄（婴幼儿、学前班）；（3）儿童保育质量测算标准；（4）样本的人口统计学特征；（5）所测算的结果。在表中，研究按设计类型分组，作者按字母顺序列出。前 19 项研究采用一次性、非实验式和同期设计。接下来的 7 项研究采用纵向设计，大部分为一次性后续评估。最后两项研究采用前后期设计，

分别于指定时期的开始和结束时评估项目质量和儿童结果。

基于保育中心的儿童保育：研究发现

与正面结果相关的质量维度

正如此前所述，优质儿童保育的构件通常分为结构特征、课堂动态情况和工作人员特征。为阐述这些质量构成，人们已研究了数百个变量。

最常测算的结构变量是儿童/工作人员比例。大量证据表明，较低的儿童/工作人员比例（即每位成人负责的儿童人数较少）与一系列正面的发展指标有关。研究亦表明，这些结构特点与儿童的福祉相关，因为它们使更加积极的课堂动态情况成为可能。全国日托调研（National Day Care Study）（Ruopp 等，1979）表明，当班级的儿童/工作人员比例较低、小组规模较小时，儿童的社会和认知发展增强。佛罗里达州儿童保育质量改进调研（Howes、Smith 和 Galinsky，1995）表明，佛罗里达州针对婴幼儿保育中心的儿童/工作人员比例制定了更加严格的规定后，儿童智力和情感发展出现了大幅提升。当这一比例较低时，儿童可参加认知程度较为复杂的游戏，语言叙述和谈话技能提高，和老师在一起时更有安全感，敌对情绪、焦虑和多动的情况较少。降低这一比例可使项目环境出现巨大改观：教师更加和蔼、敏感和关爱；应答性更高，更懂得鼓励儿童；在维持纪律技巧方面消极程度较低。

许多采用同期设计的研究表明，结构测算值（例如儿童/工作人员比例）与项目动态之间存在显著关联。当班级的儿童/工作人员比例较低时，教师与儿童的互动增加（Layzer、Goodson 和 Moss，1993），并且，教师会以更加有益的方式与儿童互动（Whitebook、Howes 和 Phillips，1989）。当班级在安全和健康等结构维度方面得分较高时，它更适合儿童发展（Love、Ryer 和 Faddis，1992）。

佛罗里达州的研究在区分不同质量维度的影响方面尤为有用。通过采用前后期设计，Howes、Smith 和 Galinsky（1995）证明，改变一个（可控性较高的）结构变量可产生诸多影响：幼儿保育的总体（全球）质量提升，教师—儿童互动改善，儿童福祉基于一系列维度进一步得到加强。Howes 和同事还指出，当班级增加拥有较高资质的教师并且改善儿童/工作人员比例时，幼儿保育部分结果可出现最大限度的增长。

其他研究印证了这一结论，即儿童/工作人员比例自身并不是儿童福祉最重要的决定因素。Dunn（1993）发现，儿童/工作人员比例或小组规模与儿童的社会和认知发展之间不存在重大关联。利用实验式前后期设计，Love、Ryer 和 Faddis（1992）发现，在加利福尼亚州儿童保育中心，降低儿童/工作人员比例并未对课堂动态质量测算值或儿童行为的特定方面产生重大影响。

许多研究调查了教师（更宽泛地说即保育人员）在项目质量和保育结果等其他指标方面的资质。关注工作人员特征的国家儿童保育工作人员调研（Whitebook、Howes 和 Phillips，1989）是迄今为止规模最大的一次调研，最终得出了 3 条相关的结论：（1）教师的正规教育程度越高，在大学里接受的儿童早期培训越多，工资、福利越优越时，他们越倾向于为儿童提供更优质的保育和服务（以"适宜而细腻的护理"为衡量标准）；（2）进入工作人员流动率较低的保育中心时，儿童在社会和语言发展方面能力会更强；（3）质量越高的保育中心，工作人员薪酬越高，工作环境越好，流动率越低，受教育和培训水平越高。

总之，研究表明，描述儿童保育中心质量的多个动态变量与儿童发展或福祉测算值之间存在重要关系。适当的照顾、适合儿童发展的做法、保育人员应答性等变量描述了保育人员与儿童之间的互动，以及直接影响儿童日常经历的社会环境。一系列调研未能证实项目或班级结构特点之间存在有力关联。然而，那些证实其存在有力关联的调研（如佛罗里达州的调研）则表明，结构特征/可调控特征并非孤立地产生作用，而是隐含着（并且也许会导致）课堂变量的积极变化。结构特点似乎为实现积极的动态变化做好准备或提供必要条件。就其本身而言，儿童/工作人员比例较低、小组规模较小、设备和活动空间较为安全等，这些变量并不会改进语言发展，亦不会加强儿童游戏的认知复杂性。不过，它们是极其重要的条件，可令保育人员应答性更强，并为儿童创造适合其发展的做法。

与高质量保育相关的结果

尽管大部分研究侧重于质量测算与儿童社会经济行为及发展之间的联系，不过，部分研究亦测算了儿童的认知发展，尤其是语言发展。几项纵向研究估测了儿童在受到保育后的学业表现。这几项研究表明，如果参加了较高质量的儿童保育中心，那么，儿童可在社会、情感和认知方面取得更佳结果。

儿童保育的质量越高，同伴互动的效果（包括游戏时的合作程度）就越"理想"（Field，1980）；社会发展（包括体谅他人和社交能力等）越正面（McCartney 等，1985；Phillips、McCartney 和 Scarr，1987）；效果越积极（Howes，1990）；社会技能（创造力、独立性、外向、乐于与其他儿童互动）水平越高（成本、质量与儿童结果研究小组，1995）。另外，与同伴间玩耍行为的复杂性与质量指标之间呈正比的关系（Dunn，1993；File 和 Kontos，1993；Howes、Smith 和 Galinsky，1995），在质量较高的保育中心可明显发现，儿童解决问题的社会技能水平较高（Holloway 和 Reichart-Erickson，1988）。

如果所在班级质量较高，那么儿童的问题就会较少，或者较小（Howes、Smith 和 Galinsky，1995；Kontos，1991；Love、Ryer 和 Faddis，1992），社会适应性较强，其中包括反常的社会行为较少（Dunn，1993；Kontos，1991）。儿童对成人的要求遵从程度较高，或者反抗程度较低（Howes 和 Olenick，1986；Peterson 和 Peterson，1986）；合作性、应答性和创新意识较强（Ruopp 等，1979）；和老师在一起时更有安全感（Howes、Phillips 和 Whitebook，1992）；并且能够以成人和同伴为中心（Howes、Phillips 和 Whitebook，1992）。

研究亦展示了与低质量相关的负面社会表现。例如，儿童较高程度的独自玩耍、无目标的闲逛（Vandell 和 Powers，1983），不参与课堂活动的概率较高（Love、Ryer 和 Faddis，1992），以及更加强烈的"负面影响"——例如，伴随着声音和肢体语言的皱眉、哭泣（Hestenes、Kontos 和 Bryan，1993），言语互动持续时间较短（Peterson 和 Peterson，1986）。

行为自控或自律被视为实现学校成绩和表现优秀的重要前兆。测算这项结果的少数几项研究表明，它与项目质量之间存在正关联。例如，Howes 和 Olenick（1986）发现，与劣质保育中心相比，优质保育中心的儿童自律程度较高。另外，优质保育中心儿童的任务取向（小学测算的另外一个行为特征）亦相对较高（McCarthy 等，1985；Phillips、McCartney 和 Scarr，1987）。

此外，几项研究表明，接受性语言与保育中心质量之间存在正相关（成本、质量与儿童结果研究小组，1995；McCartney 等，1985；Schliecker、White 和 Jacobs，1991；Studer，1992）。其他研究则表明，接受优质保育的儿童在计算、比较等学前数学技能测试（成本、质量与儿童结果研究小组，1995）及言语智力（McCartney，1984）方面成绩相对较高。幼年时，若所处环境言语交流较少，成人应答性较差，那么，儿童的语言发展水平就会相对较低（Melhuish 等，1990a）。

儿童入读幼儿园、一年级及高年级之后的纵向研究表明，曾参与过优质保育中心的儿童不易分神，任务取向较强，更懂得为他人着想（Howes，1988，针对幼儿园）；行为问题较少（Howes，1988，针对一年级）；并且更加快乐，不太会害羞，社交能力较强，与同伴交往时比较友好（Vandell、Henderson 和 Wilson，1988，针对 8 岁儿童）。对于婴儿时期参与过保育中心的儿童，通过他们在幼儿园期间的跟踪研究表明，结果与质量指标存在持久关联，例如，儿童与同伴之间的行为更加积极、合群，不合群和攻击性行为较少（Howes 和 Hamilton，1993），个人更加成熟，与同伴和成人的社交能力较强（Lamb 等，1988）。参与优质儿童保育方案的儿童，一年级时可取得较大的学业进步，在学校相关技能方面得分较高，如课堂出勤率等（Howes，1988）；并且到六年级时，以较高的分数被安排参加天才项目（Field，1991），获得较高的数学分数（Field，1991）。

改变儿童保育质量与成果之间关系的因素

研究人员日益认识到，在分析质量指标与儿童结果测算值这两者的关系时，不考虑儿童与家庭背景变量的重要性（成本、质量与儿童结果研究小组，1995；Phillips、McCartney 和 Scarr，1987），这一领域研究工作的系统性不足，无法就这些相互关系进行宽泛地归纳，相关发现可能因背景不同而存在差异，因为研究工作侧重于不同因素、测算值和背景。所采用的发散性分析的策略进一步增加了概括归纳的复杂性。

几项研究审查了儿童参与保育中心时由于年龄不同而产生的影响。例如，Howes（1990）发现，如果儿童刚出生不久即参与护理中心，则可从教师的社交做法中更好地预知儿童结果；如果儿童于学步时参与护理中心，则可从家人的社交做法中更好地预知儿童结果。然而，Kontos（1991）针对 3～5 岁儿童的研究并未发现上述差异化影响。

其他研究则试图确定，质量指标对女童和男童产生的效果是否存在差异。Howes 和 Olenick（1986）发现儿童保育、家庭儿童行为和父母行为之间存在着不同类型的关系。其中，儿童保育质量可预知尚在学步的男童的自律性及其执行任务的毅力，但无法预知女童的表现，作者由此得出结论：相比之下，男童对保育质量较为敏感。Howes（1988）分别针对一年级女童和男童分析了高质量与稳定性的共同作用，结果发现，仅通过稳定性即可预知女童的学业技能，而男童的学业技能则需通过稳定性和高质量方可预知。

家庭儿童保育：研究

与基于保育中心的研究相比，针对家庭儿童保育的研究相对较少。家庭儿童保育研究在质量定义与测算、地理环境、家庭的社会经济地位、种族、民族构成等方面存在极其广泛的差异。家庭儿童保育更多是为婴幼儿服务，因此，与基于保育中心的研究相比，年龄上的差异相对较小。表 6.2 概述了来自 1981～1995 年间的 8 项研究的数据。多站点研究项目——

家庭儿童保育与亲属护理的质量（Quality in Family Child Care and Relative Care）（Galinsky 等，1994；Kontos 等，1995）为了解家庭儿童保育质量与儿童发展之间的关系作出了巨大贡献。

家庭儿童保育：研究发现

与正面结果相关的质量维度

与家庭儿童保育正面结果相关的重要的质量因素包括：总体质量（Goelman 和 Pence，1988；Howes 和 Stewart，1987；Kontos，1994；Kontos 等，1995）；护理的稳定性（Howes 和 Stewart，1987）；保育者的培训（Galinsky、Howes 和 Kontos，1995）；提供机构的意向性或专业性，以及对儿童的专注性（Kontos 等，1995）；保育者的行为和特征，例如敏感性、应答性（Kontos 等，1995）；结构特点，例如小组规模（Howes 和 Rubenstein，1981；Kontos 等，1995）。Kontos 等（1995）发现的"意向性"此前一直未有阐述，但有可能是家庭儿童保育（可能亦是保育中心儿童保育）的一个关键指标。Kontos 及同事认为，服务提供机构如果在专业性方面作好准备，寻找机会了解儿童保育与儿童发展，积极规划儿童经历，并积极参与其他家庭儿童保育提供机构网络，他们将可提供更加优质的护理。

家庭儿童保育与亲属护理的质量研究发现，护理服务的提供机构与父母之间存在潜在的、至关重要的关系。往往假定亲属是提供所需儿童保育的最佳人选。然而，Kontos 等（1995）开展的研究工作表明，亲属提供的护理（通常是祖父母）被评定为"不充分"的概率较大，并且，亲属在与目标儿童互动时，其敏感性和应对性相对较差。作者指出："当成人在不太理想（贫困、社交孤立、非首选职业）的环境下照顾儿童时，儿童获得温暖和关注的概率相对较低，而这被父母评定为优质儿童保育的重要构件。"（Kontos 等，1995，第 204～205 页）

与高质量保育相关的结果

就基于保育中心的研究而言，家庭日托测算结果包括认知与社会情感发展，尤其侧重于儿童对保育人员的情感依恋。Goodman 和 Andrews（1981）发现，在家庭日托环境下增加一个每周 2 ~ 4 小时的家庭教学教育方案，可大大改善儿童的可接受语言、入学准备技能和基本概念。Howes 和 Stewart（1987）展示了儿童保育质量对儿童的同伴和客体游戏水平的重要性，Kontos 等（1995）测算了儿童的客体游戏水平，借此反映他们的认知发展水平。与亲属提供护理的儿童相比，接受正规护理的儿童更加频繁地参与高水平的客体游戏。其他研究则表明，较高质量的护理可改善社交技能发展，提高个人成熟度（Lamb 等，1988），减少无目标的闲逛，使儿童更加积极地参与活动（Galinsky、Howes 和 Kontos，1995），与同伴间和睦，更加合群（Howes 和 Rubenstein，1981），社交能力提高（Kontos，1994）。Kontos 与同事（1995）还发现，由家庭和亲属提供保育的儿童很少存在行为问题。

儿童对保育人员强烈的情感依恋，一直是婴幼儿研究的一个重要的测算结果。有安全感的情感依恋衍生出的安全感和信任感，可令儿童更好地利用现有资源和材料。研究表明，当保育人员比较敏感，能够及时应答（Kontos，1995）并接受过专业培训时（Galinsky、Howes 和 Kontos，1995），这一依恋关系可为儿童带来更大的安全感。家庭儿童保育与亲属护理的质量研究表明，不同类型的提供机构在安全感得分上不存在差异（Kontos 等，1995）。另一项多站点儿童保育研究（NICHD Early Child Care Research Network，1996）的初步发现表明，有安全感的母婴依恋关系（15 个月大时）产生于儿童保育质量与家庭母婴互动质量之间的复杂互动。该项研究的初步报告表明，低质量的儿童保育（例如保育人员疏忽大意）可对依恋关系产生负面影响。

语言发展研究表明，改善接受性词汇使儿童获益匪浅。Goelman 和 Pence（1987，1988）以及 Goodman 和 Andrews（1981）发现，参加过高质

量家庭儿童保育的儿童，其语言发展水平相对较高。不过，Kontos 与同事
（1995）发现，结构和过程变量无法预知沟通能力（适应性语言）；然而，
针对儿童语言评估而言，服务提供机构评分可能算不上是一个可靠的做
法。Kontos 与同事亦报告称，基于儿童的年龄，参与高水平同伴游戏和客
体游戏的儿童占比低于预期。他们总结称："接受家庭保育的儿童并未体
验到有望促进自身理想发展的保育环境。"（Kontos 等，1995，第163页）

改变儿童保育质量与结果间关系的因素

几项研究表明，质量对结果的影响因家庭社会经济地位（Kontos，
1994；Kontos 等，1995）、母亲就业情况（Kontos 等，1995）、儿童性别
（Howes 和 Stewart，1987）等因素而存在差异。不过，这些发现数量较少，
无法就调节家庭儿童保育与结果间关系的最重要因素得出确凿结论。研究
没有为未来的进一步工作奠定基础。

总而言之，表6.1 和表6.2 所概述的研究工作表明，与正面结果相关
的最为常见的质量维度包括：

- 较低的儿童/工作人员比例和较小的小组规模；
- 适当的护理措施；
- 适合儿童发育的做法；
- 保育人员的及时回应。

与高质量儿童保育相关的儿童惠益包括：

- 语言能力提升；
- 社交技能加强；
- 行为问题减少；
- 合作增加。

"较低的儿童/工作人员比例和较小的小组规模"非常重要，原因是它
们促进积极的动态变化。当教师与较少儿童互动时，他们可更好地作出应

答，留意每一位儿童，提供恰当的护理，并打造出适合儿童发展的课堂环境。

然而，尽管儿童/工作人员比例较低、小组规模较小等结构特点可令积极互动成为可能，它们却无法保证教师—儿童的互动质量。工作人员必须知道如何最充分地利用有利条件。为工作人员提供支持，例如，为其提供适当培训和有效监督等，至关重要。

针对有效结构和支持作出投资可产生积极的效果。儿童拥有更多词汇量和更好的沟通技能，能更积极地与同伴和成人交往，并且侵犯他人的概率相对较低。

学前干预：质量研究

针对学前方案与学前干预开展的大部分研究与评估工作都支持了这些发现，并强化了儿童早期优质保育和教育的重要性。虽然一般来说，儿童保育与学前环境可按照所提供服务的性质和范围加以区分，但这两种环境下的课堂动态情况较为相似，并且在许多国家，儿童保育与教育共同被纳入了一体化的服务方案。不过，由于研究人员直至最近才开始在研究中强调质量维度的描述，因此关于学前干预的文献资料不多，无法就质量的关联因素或影响进行比较分析。他们对比两至三个试验组或者一个干预组与一个对照组的可能性较大，而很难将质量视为一个测算儿童结果的持续变量。Perry 学前研究（Schweinhart、Barnes 和 Weikart，1993）、Abecedarian 项目（Campbell 和 Ramey，1994）以及雪城家庭发展研究方案（Syracuse Family Development Research Program；Lally、Mangione 和 Honig，1987）即此类研究的范例。不过，鉴于这些方案的设计定位是优质干预措施，有正当理由表明可将这些研究解读为合理证据，以证实提高方案质量可取得巨大惠益。每个案例均就优质干预项目参与儿童的结果与参加较低质量 ECD 方案或从未参加 ECD 方案儿童的结果进行了对比。

在有关学前教育的文献中，质量最常与"适合儿童发展的做法"这一概念相关。在文献综述时，Bryant 与同事（1994）发现，有几项研究工作阐述了质量（被定义为"适合儿童发展的做法"）与儿童结果之间的关系。例如，20 世纪 60 年代开展的 High/Scope 学前教育研究表明，参加过适合儿童发展、以儿童为中心的学前方案的儿童，与参与过由教师提供指导、执行直接教学课程方案的儿童相比，前者的社会适应性更强（Schweinhart、Weikart 和 Larner，1986）。在对参加北卡罗来纳州立学前教育方案儿童进行的研究中，Bryant、Peisner-Feinberg 和 Clifford（1993）发现，学前教育结束时，儿童的沟通能力与适当保育之间成正比，幼儿园词汇发展与学前教育质量之间成正比。Burts 与同事（Burts 等，1992；Hart 等，1995）发现，儿童就读适合自身发展的幼儿园与较少的压力行为之间成正比。另外，Bryant 与同事（1994）指出，参加优质开端计划班级的儿童于开端计划学年结束时，可取得更加理想的认知结果（社交结果未有体现）（见本书中 Tarullo 所著章节）。

促进儿童发展的投入

现有研究表明，下列 5 种投资类型对促进儿童早期发展最为重要。

1. 工作人员接受过良好培训，有积极性，致力于儿童保育工作；
2. 儿童保育场所安全、卫生，父母可进出；
3. 儿童/工作人员比例和小组规模合理，工作人员可与儿童进行良好互动；
4. 开展监督，保持护理服务的稳定性；
5. 提高保育工作人员的素质，确保持续提升保育质量。

不过，如果资源缺乏该怎么办？如果某一个州或社区无力找到或建设优质场所，或者无法找到足够的工作人员，那又该怎么办？现有研究工作尚不够精确，无法确认哪些质量因素最为重要。必须加大投入，持续开展补充研究。

持续进行的研究与评估

为制订、改善有效的儿童保育方案，必须持续收集、评估现有方案的相关信息。研究人员已利用各种统计方法估测了儿童保育质量对儿童福祉的影响，其中包括非实验式设计（同期、纵向和前后期设计）以及实验式设计研究。非实验式设计旨在比较参加不同质量班级或保育中心的儿童所取得的成果；实验式设计旨在比较参加儿童保育方案但被随机分配至不同保育质量小组的儿童所取得的成果。所有方法均起到了作用，加强了我们对儿童早期发展方案质量重要构件的理解。

非实验式设计

大部分研究依赖非实验式设计，观测在特定场所中参加一组有代表性的班级或保育中心的儿童样本。这些研究测算了所提供保育服务的质量以及保育结果，并比较了参加优质和劣质保育中心的儿童所取得的成果。针对同期、纵向和前后期设计，采用了不同的统计方法。

采用同期设计的研究，几乎同时测算了儿童保育质量与结果。研究人员通过计算结果与质量测算值之间的相关系数，确定相关系数的统计学意义，借此估测儿童保育质量对结果的同期影响（可参考 Howes、Phillips 和 Whitebook，1992）。

采用纵向设计的研究，估测不同质量的儿童保育经历对儿童结果的长期影响。这些研究包含参与优质和劣质保育方案儿童的跟进数据。后续评估于儿童保育经历结束后的不同时期开展。采用纵向设计的研究中所估测的统计模型，与采用同期设计的研究中估测的统计模型相仿。分析时，研究人员通常首先计算保育中心质量与结果测算值之间的相关系数，然后估测回归模型，将儿童与家庭背景变量排除在外。

采用前后期设计的研究，估测保育中心质量变化对儿童福祉的影响。这些研究比较保育中心质量变化前后独立的儿童横向结果（前后期横向设计），或者比较经历或未经历保育中心质量变化的儿童纵向样本的结果

（前后期纵向设计）。利用前后期横向设计开展的最重要的一项研究工作，当属 Howes、Smith 和 Galinsky（1995）的研究，他们评估了佛罗里达州儿童保育机构儿童/工作人员比例的变化对儿童发展质量的影响。Howes 和 Hamilton（1993）开展的研究是前后期纵向设计的范例。

实验式设计

实验式设计，或者说随机设计，是估测保育中心质量对儿童福祉内在有效影响的一个最稳健的方法。凭借这一设计，儿童保育中心样本中的班级可被随机分配至保育质量各不相同的组别，需要保育服务的儿童则被随机分配至上述班级。随机分配可确保，除了各自所接受的护理服务的质量外，被分配至不同班级的儿童之间不存在可观测或不可观测的系统性差异，并且，被分配至不同护理质量组别的教师，其素质亦不存在系统性差异。

然而，由于父母或儿童保育工作人员可能想为特定儿童选择特定教师，向各班随机分配儿童的可行性不高。因此，一个较切实可行的设计就是，向特定班级中分配儿童（由父母或工作人员选择，或者随机选择），之后，将班级随机分配至不同质量的护理组别。然而，这一设计就样本组别儿童保育质量的影响得出的估测值，可能没有将所有儿童随机分配至各个班级得出的结果更精确，这是因为各班级儿童的平均特征极有可能存在差异。因此，儿童保育质量估测影响的标准误差必须虑及：将班级分配至各保育质量组别时，不同的分配方式可产生不同的结果。尽管关注点并未放在儿童结果上，但 Love、Ryer 和 Faddis（1992）开展的一项研究，阐述了采用实验式设计估测结构变量对班级动态和儿童行为影响存在的部分优势和问题。

从理论上说，在获取政策干预相关影响的可靠信息时，随机化设计称得上是最有效的一种设计。然而，这些设计往往很难执行，它们通常存在实践局限性，项目工作人员往往不愿参与随机化研究工作。由此，很多采用随机化设计的研究仅在同意参加的方案站点开展工作。因此，对基于实验式设计得出的影响估测值必须谨慎解读。

研究需要

Love、Schochet 和 Meckstroth（1996）详细探讨了这些非实验式和实验式方法的优势和缺陷。由于非实验式设计更为实用（与实验式设计相比成本和难度较低），它们有望在未来的研究工作中获得普遍应用。针对未来采用非实验式方法估测保育中心质量影响的研究，以下提出两条具体建议。

1. 对于采用同期或纵向设计的研究而言，估测模型应采用确定的统计方法，纠正和测试参加不同质量保育中心或者不参加保育中心的儿童之间无法观测的系统性差异。
2. 利用前后期设计，开展补充研究，以比较保育中心质量变化前后参与保育的儿童各自的横向结果。

结 论

过去 20 年（1980～2000 年）来开展的广泛研究发现，各项质量测算值与儿童发展及福祉不同维度之间存在着强有力的正比关系。本章中审查的大部分研究全部针对在美国境内实施的方案，发展中国家的现状可能会改变特定关系的某些细节。不过，研究表明，投资以下 5 个领域受益最大：（1）工作人员接受过良好培训，积极性强，致力于儿童保育工作；（2）儿童保育场所安全、卫生，父母可进出；（3）儿童/工作人员比例和小组规模合理，工作人员可与儿童进行良好互动；（4）开展监督，保持护理服务的连贯性；（5）对工作人员进行人力开发，确保持续提升保育质量。对儿童早期发展的结构与支持进行持续投资，可通过改善儿童及其家庭、社区的福祉而获得巨大回报。研究与评估投资可令儿童发展方案继续找到方法，改善、提高成效。

致谢

本章内容基于由洛克菲勒基金会提供支持并以 J. M. Love、P. Z. Schochet 和 A. L. Meckstroth 名义发表的一份评论（见参考文献［42］）。

参考文献

［1］Belsky, J. 1990. Parental and Nonparental Child Care and Children's Socioemotional Development: A Decade in Review. Journal of Marriage and the Family,52:885 ~ 903

［2］Bredekamp, S. 1987. Developmentally Appropriate Practice in Early Childhood Programs Serving Children from Birth Through Age 8. Washington, D. C. : National Association for the Education of Young Children

［3］Bryant, D. M. , Burchinal, M. , Lau, L. B. , Sparling, J. J. 1994. Family and Classroom Correlates of Head Start Children's Developmental Outcomes. Early Childhood Research Quarterly,9:289 ~ 309

［4］Bryant, D. M. , Peisner-Feinberg, E. S. , Clifford, R. M. 1993. Evaluation of Public Preschool Programs in North Carolina. Chapel Hill, N. C. : Frank Porter Graham Child Development Center

［5］Burts, D. C. , Hart, C. H. , Charlesworth, R. , Fleege, P. O. , Mosely, J. , Thomasson, R. H. 1992. Observed Activities and Stress Behaviors of Children in Developmentally Appropriate and Inappropriate Kindergarten Classrooms. Early Childhood Research Quarterly,7:297 ~ 318

［6］Campbell, F. A. , Ramey, C. T. 1994. Effects of Early Intervention on Intellectual and Academic Achievement: A Follow-Up Study of Children from Low-Income Families. Child Development,65:684 ~ 698

［7］Cost Quality, and Child Outcomes Study Team. 1995. Cost, Quality, and Child Outcomes in Child Care Centers: Public Report. Denver: University of Colorado at Denver, April

［8］Dunn, L. 1993. Proximal and Distal Features of Day Care Quality and Children's Development. Early Childhood Research Quarterly,8:167 ~ 192

［9］Ferrar, H. M. 1996. Places for Growing: How to Improve Your Child Care Center. Princeton, N. J. : Mathematica Policy Research, Inc

［10］Ferrar, H. M. , Harms, T. , Cryer, D. 1996. Places for Growing: How to Improve Your Family Child Care Home. Princeton, N. J. : Mathematica Policy Research, Inc

［11］Ferrar, H. M. , McGinnis, E. , Sprachman, S. 1992. The Expanded Child Care Options (ECCO) Approach to the Development of Enhanced-Quality Center-Based Child Care. Princeton, N. J. : Mathematica Policy Research, Inc. , December

[12] Field, T. 1980. Preschool Play:Effects of Teacher:Child Ratios and Organization of Classroom Space. Child Study Journal,10(3):191~205

[13] Field, T. 1991. Quality Infant Day-Care and Grade School Behavior and Performance. Child Development 62:863~870

[14] File, N. ,Kontos,S. 1993. The Relationship of Program Quality to Children'sPlay in Integrated Early Intervention Settings. Topics in Early Childhood Special Education,13(1):1~18

[15] Galinsky, E. ,Howes,C. ,Kontos,S. 1995. The Family Child Care Training Study:Highlights of Findings. New York,N. Y. :Families and Work Institute

[16] Galinsky, E. ,Howes,C. ,Kontos,S. ,Shinn,M. 1994. The Study of Children in Family Child Care and Relative Care:Highlights of Findings. New York,N. Y. :Families and Work Institute

[17] Goelman, H. , Pence, A. 1987. Effects of Child Care, Family, and Individual Characteristics on Children'sLanguage Development:The Victoria Day Care Research Project. In:Phillips,D. ,ed. Quality in Child Care:What Does Research Tell Us? Washington,D. C. :National Association for the Education of Young Children

[18] Goelman, H. ,Rence,A. 1988. Children in Three Types of Day Care:Daily Experiences,Quality of Care and Developmental Outcomes. Early Child Development and Care,33:67~76

[19] Goodman, N. , Andrews, J. 1981. Cognitive Development of Children in Family and Group Day Care. American Journal of Orthopsychiatry,51:271~384

[20] Harms, T. 1992. Preschool and Child Care Setting Characteristics. Paper prepared for the National Center for Education Statistics. Chapel Hill,N. C. :University of North Carolina,November

[21] Hart, C. H. ,Burts,D. C. ,Durland,M. A. ,Charlesworth,R. ,DeWolf,M. ,Fleege,P. O. 1998. Stress Behaviors and Activity Type Participation of Preschoolers in More and Less Developmentally Appropriate Classrooms:SES and Sex Differences. Journal of Research in childhood Education,IZ:176~196

[22] Helburn, S. , ed. 1995. Cost Quality and Child Outcomes in Child Care Centers:Executive Summary. Denver:University of Colorado at Denver,January

[23] Hestenes, L. ,Kontos,S. ,Bryan,Y. 1993. Children'sEmotional Expression in Child Care Centers Varying in Quality. Early Childhood Research Quarterly,8:295~307

[24] Holloway, S. D. ,Reichhart-Erickson,M. 1988. The Relationship of Day Care Quality to Children'sFree Play Behavior and Social Problem Solving Skills. Early Childhood Research Quarterly,3(1):39~53

[25] Howes, C. 1988. Relations Between Early Child Care and Schooling. Developmental Psychology, 24 (1):53~57

[26] Howes, C. 1990. Can the Age of Entry into Child Care and the Quality of Child Care Predict Adjust-

ment in Kindergarten? Developmental Psychology,26(2):292～303

[27]Howes, C. 1992. Preschool Experiences. Paper prepared for the National Center for Education Statistics. Los Angeles:University of California at Los Angeles,September

[28]Howes, C,Hamilton,C. 1993. The Changing Experience of Child Care:Changes in Teachers and in Teacher-Child Relationships and Children'sSocial Competence with Peers. Early Childhood Research Quarterly,8:15～32

[29]Howes, C,Olenick,M. 1986. Family and Child Care Influences on Toddler'sCompliance. Child Development,57:202～216

[30]Howes, C. ,Phillips,D. Whitebook,M. 1992. Thresholds of Quality:Implications for the Social Development of Children in Center-based Child Care. Child Development,63:449～460

[31]Howes, C. ,Rubenstein,J. 1981. Toddler Peer Behavior in Two Types of Day Care. Infant Behavior and Development,4:387～393

[32]Howes, C. ,Smith,E. Galinsky,E. 1995. The Florida Child Care Quality Improvement Study:Interim Report. New York,N. Y. :Families and Work Institute

[33]Howes, C. ,Stewart,P. 1987. Child'sPlay with Adults,Toys,and Peers:An Examination of Family and Child-Care Influences. Developmental Psychology,23(3):423～430

[34]Kontos, S. 1991. Child Care Quality,Family Background,and Children'sDevelopment. Early Childhood Research Quarterly,6:249～262

[35]Kontos, S. 1994. The Ecology of Family Day Care. Early Childhood Research Quarterly,9:87～110

[36]Kontos, S. , Howes,C. , Shinn,M. , Galinsky, E. 1995. Quality in Family Child Care and Relative Care. New York,N. Y. :Teachers College Press

[37]Lally, J. R. ,Mangione,P. L. Honig,A. S. 1987. Long-Range Impact of an Early Intervention with Low-Income Children and Their Families. San Francisco:Center for Child and Family Studies,Far West Laboratory for Educational Research and Development,September

[38]Lamb, M. E. , Hwang,C. P. , Broberg,A. , Bookstein,F. L. 1988. The Effects of Out-of-Home Care on the Development of Social Competence in Swedish Preschoolers:A Longitudinal Study. Early Childhood Research Quarterly,3:379～402

[39]Lamb, M. E. ,Sternberg,K. J. 1990. Do We Really Know How Day Care Affects Children? Journal of Applied Developmental Psychology,11:351～379

[40]Layzer, J. I. ,Goodson,B. D. Moss,M. 1993. Observational Study of Early Childhood Programs,Final Report Volume 1:Life in Preschool. Washington,D. C. :U. S. Department of Education

[41]Love, J. M. , Ryer,P. Faddis,B. 1992. Caring Environments:Program Quality in California'sPublicly

Funded Child Development Programs: Report on the Legislatively Mandated 1990/91 Staff/Child Ratio Study. Portsmouth, N. H. : RMC Research Corporation

[42] Love, J. M. , Schochet, P. Z. , Meckstroth, A. L. 1996. Are They in Any Real Danger? What Research Does—and Doesn't—Tell Us About Child Care Quality and Children's Weil-Being. Child Care Research and Policy Papers: Lessons from Child Care Research Funded by the Rockefeller Foundation. Princeton, N. J. : Mathematica Policy Research, Inc. , May

[43] McCartney, K. 1984. Effect of Day Care Environment on Children's Language Development. Developmental Psychology, 20(2) :244 ~ 260

[44] McCartney, K. , Scarr, S. , Phillips, D. , Grajek, S. 1985. Day Care as Intervention: Comparisons of Varying Quality Programs. Journal of Applied Developmental Psychology, 6:247 ~ 260

[45] Melhuish, E. C. , Lloyd, E. , Martin, S. , Mooney, A. 1990a. Type of Child Care at 18 Months— II. Relations with Cognitive and Language Development. Journal of Child Psychology and Psychiatry, 31 (6):861 ~ 870

[46] Melhuish, E. C. , Mooney, A. , Martin, S. , Lloyd, E. 1990b. Type of Child Care at 18 Months— I. Differences in Interactional Experience. Journal of Child Psychology and Psychiatry, 31 (6) : 849 ~ 859

[47] NAEYC(National Association for the Education of Young Children). 1996. Developmentally Appropriate Practice in Early Childhood Programs Serving Children From Birth Through Age 8 : A Position Statement of the National Association for the Education of Young Children. Washington, D. C. : Author, July

[48] NICHD(National Institute of Child Health and Human Development) Early Child Care Research Network. 1996. Infant Child Care and Attachment Security: Results of the NICHD Study of Early Child Care. Symposium presented at the meeting of the International Conference on Infant Studies, Providence, Rhode Island, April

[49] Peterson, C. , Peterson, R. 1986. Parent-Child Interaction and Day Care: Does Quality of Day Care Matter? Journal of Applied Developmental Psychology, 7:1 ~ 15

[50] Phillips, D. A. 1987. Epilogue. In: Phillips, D. A. , ed. Quality in Child Care: What Does Research Tell Us? Washington, D. C. : National Association for the Education of Young Children

[51] Phillips, D. A. , Howes, C. 1987. Indicators of Quality in Child Care: Review of Research. In: Phillips, D. A. , ed. Quality in Child Care: What Does Research Tell Us? Washington, D. C. : National Association for the Education of Young Children

[52] Phillips, D. , McCartney, K. Scarr, S. 1987. Child-Care Quality and Children's Social Development. Developmental Psychology, 23(4) :537 ~ 543

［53］Ruopp, R. R. , Travers, J. , Glantz, F. , Coelen, C. 1979. Children at the Center: Final Results of the National Day Care Study. Cambridge, Mass. : Abt Books

［54］Schliecker, E. , White, D. R. , Jacobs, E. 1991. The Role of Day Care Quality in the Prediction of Children's Vocabulary. Canadian Journal of Behavioral Science, 23(1) : 12 ~ 24

［55］Schweinhart, L. J. , Barnes, H. V. , Weikart, D. R. 1993. Significant Benefits: The High/Scope Perry Preschool Study Through Age 27. Monographs of the High/Scope Educational Research Foundation, no. 10. Ypsilanti, Mich. : High/Scope Educational Research Foundation

［56］Schweinhart, L. J. , Weikart, D. R. Larner, M. B. 1986. A Report on the High/Scope Preschool Comparison Study: Consequences of Three Preschool Curriculum Models Through Age 15. Early Childhood Research Quarterly, 1 : 15 ~ 45

［57］Studer, M. 1992. Quality of Center Care and Preschool Cognitive Outcomes: Differences by Family Income. In: Adler, P. A. Adler, P. , eds. Sociological Studies of Child Development, vol 5. Greenwich, Conn. : JAI Press

［58］Vandell, D. L. , Henderson, V. K. , Wilson, K. S. 1988. A Longitudinal Study of Children with Day-Care Experiences of Varying Quality. Child Development, 59 : 1286 ~ 1292

［59］Vandell, D. , Powers, C. 1983. Daycare Quality and Children's Free Play Activities. American Journal of Orthopsychiatry, 53 : 293 ~ 300

［60］Whitebook, M. , Howes, C. , Phillips, D. 1989. Who Cares? Child Care Teachers and the Quality of Care in America: Final Report: National Child Care Staffing Study. Berkeley, Calif. : Child Care Employee Project

第7章
绘制与记录有效方案
Mapping and Documenting Effective Programming

Judith L. Evans

    观察或参加儿童早期活动和方案的参与者及专业人士，倾向于根据直觉和总体印象——有时亦根据对"关键特点"的直觉认识——判断某一活动或方案是否有效。考量儿童早期方案有效性的标志，包括专业人士基于个人经验和目标界定的一系列因素，而这些因素之间可能存在实质性差异。表7.1列出了儿童早期发展方面的专业人士评估儿童早期发展方案有效性时提出的问题范例。

    为更加深入地审查儿童早期发展方案的有效性，伯纳德·范里尔基金会和儿童早期保育和发展协商小组于1999年1月联合启动了"有效性倡议"（EI）。该倡议探究的问题是：哪些因素可令儿童早期发展方案在各种环境下，对各类参与者及利益攸关方——从儿童到父母到社区成员再到决策

表 7.1 儿童早期发展方案：可能的有效性指标

就儿童早期发展的方案而言	・儿童是当前工作的核心吗？例如在讨论方案时，重点是放在了儿童身上，还是放在了设施上？ ・儿童—成人互动的本质是什么？ ・当陌生人走进来时，儿童还会专注于手头上的事吗？ ・是否存在可预知的每日安排（时间表），其中包含松散的时间与场地安排？ ・儿童和成人是否健康、干净？鉴于具体背景，"健康和干净"意味着什么？ ・参与方案的本质是什么？ ・是否承认个体差异与贡献的价值？ ・人们能否适应新的环境？ ・儿童早期活动是否基于文化特征？例如是否允许儿童直视成人，是否允许儿童问大人的问题？ ・存在何种证据证实，保育人员、教师、父母和监督者接受过某种培训？ ・方案组织者为教师、父母和其他参与者提供了何种支持（例如跟进、提建议等）？ ・方案涵盖内容是否全面？它是否针对儿童的生理发展（健康与营养）、心理发展以及儿童与家庭的权利？ ・儿童和成人是否有机会以话语及充满创意的方式表达自身看法？ ・课程设置是否包括音乐、戏剧及其他表达机会？ ・讲故事这一做法得到了多大程度的利用？ ・儿童和保育人员是否充满了乐趣、笑声与欢乐？
就儿童早期发展的环境而言	・环境是否有利于学习？例如是否展示儿童的作品，是否有探索和解决问题的材料与机会？ ・活动和建筑施工的噪音是否很大？ ・儿童/成人比例是多少？鉴于具体情况，这一比例是否适合？不同年龄儿童这一比例是否存在差异？ ・方案提供哪些种类的"涵盖内容"？它是否接收残疾儿童？ ・是否建立了监测与评估系统？ ・是否就儿童向小学的过渡期提供了入学准备？ ・人们（所有年龄段）是否会提出一些有趣的问题，并且不见得就想知道"正确"答案？ ・人们（所有年龄段）是否承认他们并不知道所有答案，并且愿意与其他人一同寻找解决方案？

资料来源：头脑风暴会议，1999 年儿童早期保育和发展协商小组会议（1999 meeting of the Consultative Group on Early Childhood Care and Development）。

者——都是卓有成效的倡议强调的重点是，儿童早期发展规划流程的有效性，而非儿童早期发展方案的具体结果。本章描述了倡议的重要特点，其中包括：参与方案；组织工作与基本假设；用于收集、分析方案数据的定性研究工具和策略。

EI 是一个为期 5 年的深度探索倡议，旨在更好地了解儿童早期发展方案以何种方法能为多样化的参与者、社会和文化带来成效。倡议包括，针对至少已开展了 10 年的方案进行定性研究，制订方法和"地图"，供未来审查其他方案之用。倡议目标有二：

- 更深入地认知有效的儿童早期发展方案的构成要件；
- 激励机构间和国际社会围绕有效性——而非仅仅是当前少得可怜的措施与衡量方案成功的指标——来开展对话。

EI 的设计意图还包括检测定性研究方法的使用情况，此类方法在国际儿童早期发展其他学科中的发展情况相对较好。该倡议无意于开发成功或理想方案模板，而将"绘制"具体方案的有效性维度，确立不同环境下的有效性模式。

儿童早期保育与发展协商小组、世界银行、美洲开发银行及其他组织在过去 5 年（1995～2000 年）内发布的可用数据，记录了投资儿童早期发展的经济惠益。这些数据强调了个人和工业化社会可从中获取的长期经济成果——该成果以经济生产力测算。尽管儿童早期发展领域已从生成这些数据的研究中受益匪浅，但现有的发现并不能阻碍我们探寻更为行之有效的儿童早期发展方案。仅强调经济惠益，会让我们的目光变得狭隘，无法看到有效的儿童早期发展方案可对儿童个人、家庭和社区产生的全面影响。此外，当前研究发现侧重于学前方案，而基于家庭的父母支持与社区方案的潜在惠益却始终未得到深入探究。

EI 的挑战之一就是，创建一组方法和数据，这组方法和数据应比当前围绕儿童早期发展方案惠益进行的经济分析更加广泛，并具有同等的说服力。其目的是，了解各种儿童早期发展策略的影响，并以定性研究工具和方法为业已开展的定量研究提供补充。

EI 要回答的重要问题包括：令儿童早期发展方案行之有效的因素有哪些？方案中的哪些方面行之有效？我们能从有些方面感觉"对"而其他方面感觉"不对"的方案中学到什么？方案如何逐步发生改变？有效的方案是否始终有效？方案是否仅对一组利益攸关方有效，或者说，它们能否满足不同利益攸关方的需要？它们是否对不同利益攸关方均同等有效？未能在某一维度实现改观的方案，能否在另一维度收到成效？

有效性倡议

下文描述了 EI 的参与者、组织工作、假设和现状。之后讨论了所采用的工具与策略。

参与者

EI 重点关注从多个组织——基金会、捐赠机构和政府资助的 40 多个方案中遴选出来的 10 个方案。这 10 个方案在地理分布上具有多样性，并展示了不同的儿童早期发展做法。各方案似乎满足有效 ECD 方案的定义，即方案应采用使年幼儿童及其家庭实现蓬勃发展的方式，满足他们的发展与文化需要。表 7.2 简要描述了这些方案。

组织工作

EI 的组织工作包括研究团队的遴选与筹备，列出有意义的问题，开发流程以加强个人倾听、理解、解读人们的经历与情境的技能。

研究团队

每个方案均组建了 4 位或 4 位以上成员的团队（一般来说，2 位是本地人，2 位是外地人），其中包括：方案工作人员和本地顾问，EI 其他方案

表 7.2　　　　　　　　　　被纳入有效性倡议的 10 个方案

方　案	方案描述
1. 宗教学校资源中心 （MRC） 肯尼亚	MRC 的创立目的是为年幼儿童（3~6 岁）提供学前教育经历，帮助他们做好入学准备，并提供基本的宗教教学。该方案已被拓展至桑给巴尔岛和乌干达。MRC 总部位于蒙巴萨，负责提供培训与支持。该方案的独特之处在于： ·由穆斯林社区针对自身需要制订而成 ·采取传统《古兰经》教学与世俗教育相结合的做法 ·为儿童就读小学并取得更佳表现做好准备 ·正在试行一套独特的融资体系（社区捐赠） ·为其他伊斯兰国家提供模板
2. 儿童、家庭与 发展协会 （CFD） 莫桑比克	自 1995 年以来，CFD（Associação de Criança Familia e Desenvolvimento）一直致力于开展多项社区活动，其中包括帮助近 500 个社区网络团体实现自发性 ECD 活动的系统化。该方案的独特之处在于： ·为活跃的发展媒介——社区网络团体提供支持，这对于正在兴起的莫桑比克民间社会而言至关重要 ·根据符合本地文化的文化，激励儿童开展日常娱乐活动 ·恢复传统治疗仪式，帮助莫桑比克内战后存在心理问题的儿童和家庭 ·在更加广泛的使命框架内、从更加长期的视角出发将工作重点从救助儿童会的"儿童与战争"项目转移至有效支持社区倡议
3. 自雇妇女协会 （SEWA） 印度	自 1972 年以来，SEWA（Self-Employed Women's Association）一直致力于妇女赋权，以及为非正规部门就业的妇女创建自主联盟。自 1989 年以来，SEWA 一直在为凯达（Kheda）农村地区——以及近期城市地区——从事烟草行业的妇女组织、运营托儿所（针对刚出生至 3 岁儿童）。该方案的独特之处在于： ·是印度首个开展儿童保育服务的工会 ·是首个解决烟草行业工作者需要的组织，此前，全国总工会一直未组织烟草行业工作者成立工会 ·是首个系统化建立托儿所并为其创建融资机制的组织 ·在基层和政策等层面同时开展工作

续表

方　案	方案描述
4. 提升埃塞俄比亚 家庭和儿童地位协会 （ALMAYA） 以色列	ALMAYA（Association for the Advancement of the Ethiopian Family and Child）于 1985 年成立，始于贝塔以色列人社区与教育项目，贝塔以色列人是埃塞俄比亚的一个古老的犹太社区，后迁至以色列。该项目于 1990 年成为一个独立的非营利协会。ALMAYA 全国资源、传播与培训中心负责监督以色列近 25 个城镇中开展的方案，培训准专业人士和专业人士，制定教材，加强社区的埃塞俄比亚传统，就贝塔以色列人的埃塞俄比亚血统以及在以色列的生活情况教育他人。该方案的独特之处在于： ·举例说明如何与以色列境内移民儿童和家庭相处 ·有效应对大规模移民潮 ·阐述埃塞俄比亚准专业人士如何充当社区变革的媒介和行为表率，令社区与更加广泛的以色列社区之间建立关联 ·为准专业人士的培训工作提供模板，其中包括文化敏感性、在职培训与定期培训
5. 基于社区的家庭教育 （Community-based Family Education，Mount Pinatubo） 菲律宾	该方案针对受 Pinatubo 火山爆发影响的社区。基于对当地文化所作的评估，与社区共同制定了方案，其中包括儿童早期发展活动、父母教育、小企业项目。后者产生的收入由家庭、合作者和本方案平等共享。该方案的独特之处在于： ·在社区内有效开展工作，以明确社区需求 ·举例说明如何应对突发情况 ·阐述多管齐下的综合方法可能产生的协同效应 ·阐述非政府组织如何与政府及社区合作，令方案实现可持续发展 ·为儿童早期发展项目提供社区融资范例
6. 一体化社区儿童 早期教育方案 （PROMESA） 哥伦比亚	PROMESA（Proyecto de Mejoramiento Educativo, de Salud y del Ambiente）最初的设计意图是，它作为儿童早期发展的备选参与式做法，它可充当全面社会发展的模板，也可充当研究与发展项目。1978 年，该方案启动时主要针对哥伦比亚海边从事农耕、渔业的 4 个小村庄中的 100 个家庭，现在，该方案正为哥伦比亚海边及内陆地区近 7000 个家庭提供服务，而且哥伦比亚其他地方及其他国家推行了以它为基础进行调整的方案。该方案的独特之处在于： ·依赖父母和社区领袖，将他们作为主要的教育媒介

方 案	方案描述
6. 一体化社区儿童 早期教育方案 （PROMESA） 哥伦比亚	·将项目工作人员作为发展促进者以及与其他机构之间的联络员 ·突出强调当地和区域机构间协作 ·将儿童方案作为全面可持续社会发展的基石予以强调 ·将评估、监测与研究融为一体
7. 社区运营学前班 （PRONOEI） 秘鲁	PRONOEI（Programa No-formal de Educación Inicial）该方案源自20世纪70年代中期的一个营养方案，后演变为社区运营的学前班。后来，它成了非正规教育的模板，并获教育部采用。该方案的独特之处在于： ·应社区请求，与社区共同制订完成 ·调整已获实践证明的课程设置模型（High/Scope课程设置） ·利用社区资源执行方案 ·由社区成员担任教师 ·已开展几次评估 ·已被正式采用为国家示范方案，并被拉丁美洲其他地区及其他国家套用
8. "一同玩游戏/联合 行动" （Samenspel） 荷兰	Samenspel于1989年创建，其前身是一个小型项目，旨在检测移民家庭支持策略（主要是摩洛哥和土耳其的移民），探索鼓励育有幼儿的母亲下午参加游戏的方法。它逐步制订完成针对多民族游戏团队领导人的培训方案。Samenspel小组经常出现在游戏班、社区中心以及自助和移民组织。该方案的独特之处在于： ·提供非正规、低调、易于获得的机制，引导移民妇女和儿童学习荷兰语和文化 ·突出强调能力建设，主要通过人们的现有知识和经验学习新知识 ·采用灵活多样、适应性强的做法，与来自不同背景、存在相似需要的人们打交道
9. Agueda Movement 葡萄牙	Agueda Movement源于贝拉维斯特学前班，它专门针对社会边缘化儿童。它提高社区对此的认识，从而基于社区开展包容性更强的活动，减少葡萄牙各种社会服务相互重叠的程度，使更多未享受服务的儿童和家庭参加该方案。该方案的独特之处在于： ·在基础设施范围内开展工作，令服务更加适合

续表

方　案	方案描述
9. Agueda Movement 葡萄牙	·在社区和国家等层面提高对儿童早期发展的认识 ·在必要时开发额外服务，满足人们的需求 ·建立非等级式组织结构和决策流程
10. 母亲指导者 （Madres Guias） 洪都拉斯	这项基于家庭和儿童保育中心的学前教育方案旨在帮助儿童轻松完成从家庭到学前班再到小学之间的过渡。服务提供者母亲指导者是接受过培训的当地妇女，她们在家中与家庭成员打交道，当儿童进入学前班后，与儿童打交道。此外，该方案还利用电台节目提供儿童发展信息。它的独特之处在于： ·拥有精心设计的课程设置和培训流程 ·计划建立一个培训机构，利用模型培训本国及其他地方的其他人员 ·拥有精心设计的社会支持网络，可迅速应对突发事件（如飓风"米奇"的毁灭性打击）

及伯纳德·范里尔基金会的工作人员，相关学科专家（如统计学、数据分析、成本—惠益研究），为 ECD 方案提供资助的国际组织的工作人员。这些团队针对现场情况制定初步问题和流程，吸引多元化利益攸关方参与"绘制"方案的细节和演变历程。团队由国际上的儿童早期发展专业人士与基金会工作人员组成的顾问小组提供支持。他们定期会面，分享工具、方法、经验、问题、关注点和见解。

有意义的问题

列出有意义的问题是获得理解的关键所在。发展工作者和资助者提出的问题往往要么会令人们的回答受限，要么不够突出，要么无法体现出人们经历的真实意义。关于如何提问，如何倾听，我们极难突破已知范畴。事实上，Pearce（1971，第 70 页）声称："我们只肯听有可能找到答案的问题。"EI 面临的挑战就是：能否提出一些新问题？

EI 致力于探索特殊工具，帮助证实直觉——也就是说，更好地阐述或说明我们对事物起作用或不起作用的直觉感受的合理性。毕竟，直觉的合理性无法通过检查清单或标准化工具予以证实。通过创建额外方法，观察并使方案背景合乎情理，EI 可加强发展工作者的"工具箱"，帮助其识别充足证据，证实"打破常规"思维的合理性。

新流程

除了能够提出新的问题，更好地倾听以更深刻地理解对这些问题的答复，也是 EI 的一个组织特点。"倾听"并不意味着，为了根据所得到的信息推导出结论，而故意屈尊、敷衍、三心二意地听对方讲话；而意味着，在分析、解读或拆解对方讲话的意义之前，想方设法全面地接受人们的答复；它意味着，在聆听、观察和理解时保持开放的心态。

EI 亦强调，利用适当的"透镜"获取和审查数据。这一"透镜"包括客观（观察者或局外人的）看法（即"客位研究法"）和主观（行为者或局内人的）看法（即"主位研究法"）（Levi-Strauss，1966）。与其他方法相比，综合使用这两种方法倾听，可令我们更加全面地了解有效规划。

假 设

EI 工作人员基于自身的实践和经验，向倡议中引入了明确和隐含的假设。他们制定行动议程，努力提供某种服务，帮助他人改变（改善）生活，并且他们对有效性的本质有着自己的一些看法。这些看法已被纳入 EI。

- 我们无法以一种所谓的普遍真理界定有效性。单靠任何一个维度都无法使每一个儿童早期发展方案"有效"。真理有许多；在理解的过程中，就有效方案的要素这个问题，必然会存在分歧。
- 有效性并非一个静态概念，一项行动的有效性会随时间的流逝以及不断变化的环境而发生变化。
- 有效性无法通过线性标度评定，无法按"最有效—最无效"对方案进行有效性排序。

- 有效性基于整个机构评定，它在机构内部各环节之间存在差异。机构中往往某些部分强于其他部分，因此有效性的评定最好是能针对整个机构。
- 确定、了解有效性需要花上一定的时间，有效的儿童早期发展方案的精髓不可能唾手可得。了解有效性需要在多种动态情境下生活、体验，需要花时间审查过程和结果，这样才能确定方案的有效性。
- 有效性是经验的产物，是许多经验的合成物。

现　状

EI 进展良好，EI 参与者的精力、热情和投入直接或间接地催生出一系列活动。EI 已经体验到了不同方案、团队成员与方法共同作用的惠益。各个站点均已举行了几场会议，所有团队成员已在一系列讲习班上会过面，此外还召开了区域性及国际性会议。这些会议为以下方面提供了难得的机遇：打造共同愿景，共同、公开探究重大问题，更精心地提出问题，以团队的工作语言（如西班牙语）与不了解 EI 的听众分享策略和问题，就如何在其他背景下应用流程和结果提出建议。

定性研究工具：语义

定性研究提供了已获证实和测试的工具，人们可调整这些工具，以审查儿童早期发展方案的所有维度和复杂性（Coffey 和 Atkinson，1996；Moustakas，1994）。定性研究可利用数据资料，如个人故事和轶闻、访谈、野外调研笔记、自然互动记录、文件、照片以及其他图示，捕捉到定量方法无法触及的人类经验（Geertz，1983）。

EI 的目标是：开发多种分析工具，揭示对意义的分层理解与不同方面。定性研究可避免简化式数据汇总，尽可能认识、探究意义的复杂性，并将人们视为语义分析家，因为他们就是语义的创造者。人们生活在语言的世界里，所以，研究人员何必要通过数字来定义真理？语言是意义的核心所在。Barritt 与同事（1979）曾指出，定性研究寻找的是语言和文化理解支配下的数据——而非数字。数字固然重要，不过，不应将它们作为唯一的参考点。通过关注语言，EI 可突出强调经历中其他方法无法注意到的方面。Barritt 与同事（1979，第 83 页）指出："分析语言需要有修辞技巧，要关注语义，并要努力正确描述它们；我们无法逃避传统；我们必须利用传统。"

EI 为证实这一做法提供了一个机会，即允许人们以自己的语言讲故事，他人不要马上进行归类、审查或解读。研究团队共同解读故事，拓宽分析基础，并一心希望能够真正听懂所讲内容。这为社区的价值观、信念和做法，以及如何在文化范畴内工作以加强平等提供了深刻理解，若采用其他参与式技巧，如参与式学习与行动（Participatorg Learning for Action，PLA），则获取这些深刻理解的难度相对较大。Robert Chambers（1997）——他已成功推广了 PLA 方法——对 PLA 方法发展情况的反思表明，他已经意识到了此类开放式方法论在"理解"语义方面的局限性。利用开放式方法论收集数据远远不够，并且其意义仅可以一种方式理解，更加熟练地处理通过不同方法生成的数据。当数据减少时，认知和理解就会"打折"。

EI 工具箱中的大部分工具之前已被 EI 参与者使用过，并且已经以不同的方式被予以改进和利用。EI 团队在扩展提问、讲故事及其他叙述方法的使用，并且学习、运用新的分析和解读方法，以更好地理解儿童早期发展方案的有效性。正在使用的工具包括从不同视角提出和组织问题，利用类比"绘制"方案背景，从参与者群体中收集与有效方案相关的故事，采访不同的利益攸关方。

初始问题

EI 的儿童早期发展规划人员、决策者和实际工作者在初步会面中就有效组织的本质提出一组问题。这些问题按照方案历史的不同"路径"或

"地图"进行组织，并在初次现场视察中与 EI 参与者分享，以鼓励他们反思组织的历史以及方案的未来发展。所有方案均采用这组初始问题，其中包括一组相互重叠的"地图"，用于描述项目启动以来的进展情况。各个方案的时间线和问题，与方案演变的关键事件、变革点、重要时刻有关。这些"路径"的具体维度如下。

- 影响。这一路径包括，对影响方案的所有因素进行描述（例如经济、政治和文化影响与变化，参与者对变化的认知）。它的两个目标是：了解意外发现和个人选择对方案的影响，了解可用财政资源和实物资源对方案的影响。

- 态度与价值观。这一路径旨在发现和探索方案参与者明示与隐含的基本假设（例如关于儿童发展和儿童学习方式的价值观和信念，干预措施的价值，适合儿童发展的干预类型）。人们的态度和价值观影响着方案所开展活动的类型。

- 组织结构。这一路径涉及创建组织图，描述组织变化（例如在方案领导方面）。

- 组织文化。这一路径的目的是，在组织内部确立流程，以解决问题，克服困难，作出决策，招募、聘用、培训工作人员，以及解决其他令人担忧的问题。这一路径也会就"谁在不同时间以不同方式参与方案"提供信息。

- 关联。这一路径描绘了与其他组织、个人、捐赠者、政府、组织网络所建立联系的类型，以及组织在这些网络中扮演的角色。

- 结果。这一路径从不同利益攸关方的视角，突出强调了组织的影响（例如对儿童和家庭、工作人员、社区、其他组织的影响），并将组织置于更加广泛的背景下审视（例如政府政策相关背景）。

- 绘制未来蓝图。人们通过推测绘图来确认重要利益攸关方如何围绕基本理念畅想本方案的未来与发展前景，识别假设、目标和活动，确认组织工作，决策流程，关联性和结果。

河流之类比

我们可把儿童早期发展方案的进程比喻为一条河流的生命历程——它起源于山间清澈的泉水或潺潺的小溪，沿着特定路线或方向流淌着，在汇入湖泊或海洋之前，沿途将受很多事物影响。河流（方案）的深度和宽度取决于多个背景因素。有些河流沿着可预知的路线流淌，但大多数河流则会偏离天然轨道；有时，它们在支流的补充下，河面变宽，覆盖更大面积的地表，而其他时候，它们则因干旱而变窄；有时，大坝会妨碍它们的进程，或者导致它们泛滥成灾，毁坏肥沃的土地；有些河流汇入湖泊，自身特性不变，而其他河流则汇入大海，丧失了自身的独特个性。本方案亦是如此，它以独特的方式不断发展，其进程和轮廓可被追踪和绘制。

此类类比可用于且已被用于激发创意火花，帮助方案团队与他人分享他们的故事。对 EI 来说，河流之类比已在以下方面发挥了作用：帮助参与者设想项目；鼓励工作人员以不同方式分享经验；激励大家热烈讨论关键事件、影响和结果；帮助参与者更深入地了解方案动态。若运用更加标准化的工具，如访谈、调查问卷等，此类讨论将无发生之可能。

讲故事

讲故事不见得是一件容易或者自然的事，可能会被他人挑剔或"删节"。此外，讲述方案故事还受两个因素影响：第一，方案执行者或受益者不一定知道局外人想听他们讲些什么；第二，听众因为没有亲身经历，可能无法领会讲者所表达的意思。局外人对方案故事的复述可能无法得到方案参与者的认同，并且，局外人可能无法发现令方案取得成效或被参与者认为行之有效的方面。充分表达出故事的内涵是 EI 及其他倡议面临的一大挑战。

讲故事这一做法用于获取不同来源的数据和数据处理方法。通过收集、归析故事，研究人员可以更好地了解有效的儿童早期发展环境。研究人员要求参与者回忆，在 ECD 环境下，他们说出"这个做法真的管用"

具体是在什么时候；随后，研究人员要求参与者以书面形式，尽可能详细地描述这一时刻；之后，参与者在小组中分享故事，小组通过识别所有有意义的词语，将这些词语组合起来确认故事主题，从而对意义进行"编码"。通过以这种方式分析、解读故事，参与者可更好地了解他们的共享理念、态度和做法，注意到大家对成功方案相关特点的不同看法。这种讲故事的方法对研究人员的帮助如下。

- 聚焦于某一特定 ECD 环境下的有效性的含义（例如了解参与者对有效 ECD 方案的理解）；
- 无需请求参与者为"长篇大论"绞尽脑汁即可生成数据组；
- 向参与者提供工具，以便其分享自己的故事；
- 利用故事发现共同与共享的主题；
- 以主题为基础，与亲身经历者开展更加知情的对话。

访 谈

EI 的方案团队与各利益攸关方开展了个人访谈（即现场人员），其中包括方案的现有参与者（父母、社区成员、保育人员、直接受益方）、过去的参与者、当地和国家政府官员、非政府组织代表及资助者。表 7.3 中汇总了针对 PROMESA 收集的数据，指出了可能会从这些访谈中得出的关于方案有效性的部分重要主题和问题（Myers，1999）。之后，可进一步与参与者讨论业已发现的成功和失败。

个人访谈可提高人们对"组织如何演变及其长期影响"的理解。个体有很多故事可讲，他们对方案的演变有着独特而不同的看法，因为他们在不同的时间点参与方案，并且分别来自不同的背景。将他们的故事与局外人的看法和经验结合起来，是围绕方案有效性构思一个真实、全面的故事所面临的又一挑战。

定性研究策略：嵌入式沟通

上文中描述的工具均在数据收集与分析工作中发挥各自特定的作用。上述工具共同提供了一组起步式一体化活动，帮助确定有效的 ECD 方案。这些工具并非互不关联的活动，相反，它们相互联系，共同形成 EI 工具箱。创建工具和手段是吸引 EI 参与者参加定性研究策略的一部分。团队正在开发和测试工具，与此同时，他们亦在制订数据分析策略。设计沟通策略，协助传达 EI 流程与结果，这亦是一项与之相关的基本工作。EI 正在加强所有参与者的能力，使其公开参加审查流程，分享所获成果。

表 7.3	哥伦比亚围绕 PROMESA 产生的主题和议题
1	组织的持续性和稳定性（这可引发令人满意的表现和/或人员稳定），与变动和流失（这可影响行动或带来活力）
2	"容忍不明确状态"的重要性 VS. 宏大结构
3	既作为手段又作为目的，方案中不同级别的参与者的个人成长与发展
4	认可个人能力的流程（在社区和机构层面）
5	与社区和资助者之间建立信任的必要性，以及信任流程
6	在远程运营时，建立并维持本地对项目的信心
7	加强方案参与者内部和内在的激励形式
8	寓教于乐的重要性
9	与项目"局外人"的隔离时机以及隔离影响
10	志愿工作与有薪工作
11	一体化的形式及其对运行、建设"跨学科"观点的影响
12	实现可持续发展；解决当下问题 VS. 拥有长远的眼光
13	尊重当地的价值观和文化，加强当地风俗习惯，与此同时，引入新的风俗和价值观；界定知识传播者
14	"关联性"在方案成功中扮演的角色
15	方案传播形式和影响

16	建设一个可行且负担不会过重的系统，用于注册、使用方案信息
17	将谨慎、机智、圆滑作为组织内部以及与外部其他组织的交往风格
18	视组织为家，在组织中实行家治（rule of families），尤其是在不伤感情的前提下处理分歧
19	不同沟通形式的重要性
20	将逆境与危机转为机遇与优势
21	在强调赋权的方案中，福利援助（asistencialismo）的地点或需求
22	组织中以人为中心与以组织为中心
23	职责授权
24	允许社区和工作人员挪用（效仿）某一方案理念的策略
25	将不同的利益纳入联合行动，令各方共同受益；逐步实现专业化，不屈服于与专业组织、培训形式和组织态度有关的困难

　　传统的社会科学研究采用线性沟通模型。研究人员（有时与资助人一同）选择研究重点、确定研究问题、设计研究活动，其中通常包括数据收集、分类、分析和解读，以及编写结果报告。这一过程每个步骤均按次序单独完成。这一传统方法的目标是，保持研究工作的客观性，不受研究人员主观意识的影响。研究工作由一项活动移至下一项时，研究人员就会收集信息，并且，某一阶段的参与者（被调查者）在下一个阶段通常会被排除在外。信息很少会被收集、分类并回馈至被调查者，让他们有机会提出其他问题，重新补充调查内容，并就自身经历和知识的本质与研究人员开展对话。研究人员亦不要求他们帮忙解读自身经历，往往也不会向他们提供研究结果。数据技术人员提供数据之后亦不参与其中。研究人员分析、编写并向受众报告研究结果，受众往往不包括研究工作的被调查者或受益者。

　　EI 采用的定性研究方法需运用不同的沟通模型，可将之称为"嵌入式"沟通（Ilfeld，2000）。从理想状态来看，通过与各利益攸关方对话并通过集体设计和执行方案，此类研究工作可收集到四面八方的信息。该模型存在 3 项独特而又相互关联的沟通活动：（1）收集原始数据和信息；

（2）处理、分析信息和数据；（3）向不同受众传达新的理解和认知。

　　每项活动均体现了传统研究设计的所有步骤：列出问题；收集、分类、分析及解读数据；编写或呈示这些数据。活动等级代表不断提升的优化和精炼水平：1 级侧重于处理原始数据，广泛收集数据；2 级侧重于在磋商过程中与参与者进行探讨，之后形成"初稿"和初步结论；3 级侧重于针对参与者内部和外部的受众来塑造更加正规的沟通活动。这 3 个等级呈螺旋式上升，且各等级之间相互影响。例如，创建网站的决定（3 级）可能会引出收集新数据、重新审查特定问题的决定（1 级）；对一系列访谈中得出的信息（1 级）进行分类（2 级），可能会发现一个新的提问方向（1 级），新的理解经历的方法（2 级），或潜在视频轮廓（3 级）。图 7.1 和表 7.4 描绘和描述了定性研究工作所采用的这种嵌入式沟通模型中的活动。

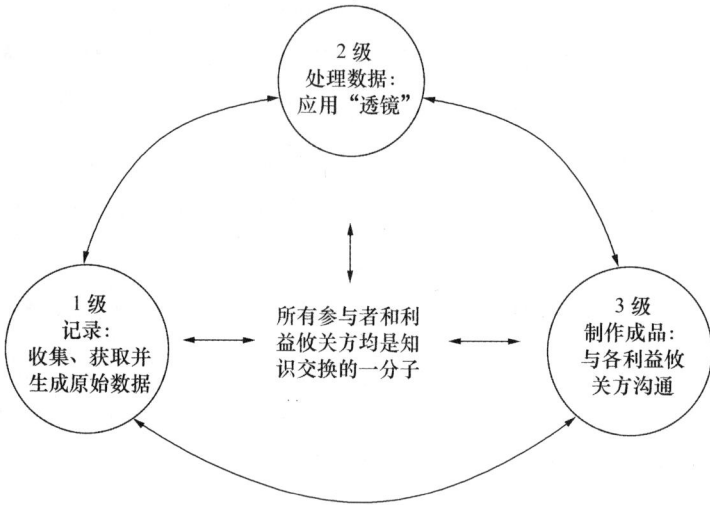

图 7.1　定性研究工作采用的嵌入式沟通模型

表 7.4	嵌入式沟通模型：活动描述	
1 级	2 级	3 级
记录：收集、获取并生成原始数据	处理数据：应用透镜，对信息进行归类、分析并形成框架	制作成品：编辑信息，与各利益攸关方沟通

续表

1级	2级	3级
活动： ·记录个人剪贴簿和日志——定期记笔记，匆匆记下想法和经历 ·参与者举行会议、讨论和电子邮件交流 ·捕捉、写下具体的想法历程（针对性记录） ·通过讲习班、观察站、现场参观等，取得了解或深刻认知 ·收集方案数据，其中包括轶闻、故事、引言、统计、访谈等 ·头脑风暴与集体解决问题，回忆，探索，提问 ·审查现有文件和记录，遴选与工作相关的部分 ·记录（照片，录像带，录音带）	活动： ·材料归类，通常采用具体焦点或"透镜"（例如，所有材料必须与转折点有关，或者所有话题必须与父母和父母教育者有关） ·分析主题和重要因素、概念、信息 ·创建框架，组织研究发现（通常按产生的主题和洞察来组织） ·整理文件和材料，将其进行逻辑性及直觉性排序 ·以原始数据中得出的细节、范例和图示装饰框架	活动： ·编写专业、科学、通俗、非科幻、有创意、戏剧性的描述 ·制作音视频材料（例如视频、纪实摄影、图示、幻灯片演示、幻灯片放映、表演、电视和电台节目） ·发展会议和讲习班活动 ·利用支持材料（例如，小册子、网站、CD、资讯焦点），开展公众和专业人士认知与教育活动 ·针对进一步的工作制订提案和研究设计 ·针对未来的方案行动，设计方案活动和计划

从理想状态来看，应将定性分析活动的所有参与者视为沟通者。需要建立机制，以捕捉每位参与者及小组的共同理念、想法、经验和担忧。参与者应懂得如何记录自己的思考过程。为记录小组成员的私人想法和观点，可要求个人在"影之书"或笔记本上匆匆记下笔记、画下素描、粘贴引语，或者捕捉想法之"影"以及在某个地方的经历。小组收集信息的设备可包括"墙"（墙或公告板，供人们记录他们正在收集的不同种类的信息），亦可采用其他小组设备，如电子公告板、共用存档系统、小组内部网或摆放材料的书架、桌子等。

表 7.5 展示了 EI 为整理自站点内及站点间收集到的信息所采用的汇总表。这些类型的汇总表可有效发现有待解决的问题，分享信息与经验。

在任何一个小组中，作为想法的阐述者、记录者、受访者、材料组织者、系统思考者、分析者或细节追踪者，每一个人的沟通技能、兴趣和倾

表7.5 方案站点学习汇总表：问题及议题

站点	秘鲁	菲律宾
学习内容	在不同行为者之间搭建桥梁；不分年龄，学习并让儿童参与其中；倾听各方呼声；加强拉丁美洲的自我认识；重视我们的经历	学会在恰当的时间问出恰当的问题，为方案合作伙伴简化和修改方案，有必要更加深入地审查方案
学习方式	利用新的方法论分享与建设，开发参与式工具和手段，为讨论和反思创造空间，利用方案的灵活性	日常记录、观察、定期会议、重点小组讨论、家访、访谈
产生的问题/寓意	如何确保我们所做的一切亦与方案及其行为者相关；如何在方案内部推行变革，如何保护流程中产生的需要；更好地了解育儿模式，想方设法将其纳入决策者的考虑范围	组织、分析信息；运用我们从其他团队和合作伙伴身上汲取到的经验；终极目标——社区自力更生，可自行处理现状
我们对自己已提出的问题	我们如何确立数据收集限制；我们如何能更多地了解其他团队的工作，并向他们学习；如何作出贡献，使方案取得成效，即结束后亦是如此；我们将不同利益攸关方产生怎样的影响	工具、能力建设、技术、策略之间的相互关联性
我们对其他方案提出的好问题	社区提供图表，提升知名度，善于沟通的好办法	从领导层逐级转移至当地一级，他们从中学到了什么么；生计项目；倡导活动；培训与能力建设；移民与流离失所家庭；儿童之间的交流；沟通；讲习班
我们愿意分享的经验	重点回到信息和能力上，通过经验建设认知；认识到经验带来的改观	分享正在进行的工作（具体而言即培训即政府日托工作者），以及这些工作如何最大化实现惠益；获取更多的社区信息；鼓励开展倡导活动，影响决策者
议题	数据收集、对其他方案优势的洞察、EI的探索方法、对不同利益攸关方的影响方方面面存在局限性	通过学习加强方案，将方案内容和做法与工具、方法相结合；记录形式

向均不尽相同。有些人偏爱写作，有些人更喜欢讲话、倾听、摄影、录音或设计行动计划。小组应接受所有个人的贡献，并使他们可全面参与记录和沟通工作。

知识编纂既可丰富又可精炼知识交流。编纂委员会可对知识进行彻底分类，跟踪从个人和小组处收集到的信息。编纂工作有望使知识获得更加有效的交流。由此，沟通与记录是每项活动不可或缺的组成部分，应被纳入整个定性研究项目之中。

结　论

EI 致力于开发、利用多种工具收集和处理数据，以更好地了解所作观测，并从流程中汲取经验教训。定量研究工作采用一套固定的预制方法与程序，这些方法和程序在所有站点中统一使用；定性研究则有意识地避开了规范性工具箱，寻求识别案例研究中的模式与个体差异，而这些模式与差异在基于固定假设的研究中并不明显。EI 采用的定性研究方法可使研究人员获得与流程相关的信息与看法。研究结果可验证直觉理解，证实基于这些理解作出的方案决策。然而，除结果外，鉴于所开展的流程，EI 工作的价值亦丝毫不逊于此。

来自全球各地的 50 余人共同踏上了这一旅程，积极参与对话，生成问题与方法论以解决这些问题，而这些问题的解决对未来发展的贡献将远远超出 EI 本身。跨站点交流、所有团队成员定期开会、频繁分享信息和活动，可加强对定性研究工具和策略的共有权，定性研究工具与策略可在广泛的儿童早期发展背景下评估 ECD 方案。这一持续开展的评估类型对于支持 ECD 方案的持续学习与改善必不可少。应将定性审查和评估作为重要的衡量标准纳入所有方案，以确保儿童早期发展的有限资源可被明智地投资于有效方案。总而言之，EI 承诺，它将使儿童早期发展领域更好地理解：如何在多样化背景下，利用多样化规划的做法创建有效的儿童早期发展方案。

注

本章节选自《儿童早期发展何时有效：绘制有效规划轮廓》（*When ECD Works：Mapping the Contours of Effective Programming*），G. Salole 和 J. L. Evans，*Early Childhood Matters #93*（伯纳德·范里尔基金会出版物），*Coordinators' Notebook #23*（儿童早期保育和发展协商小组出版物）。

参考文献

［1］Barritt，L. S.，Beekman，A. J.，Bleeker，H.，Mulderij，K. 1979. Science Not Method. University of Michigan，Ann Arbor

［2］Chambers，R. 1997. Whose Reality Counts? Putting the First Last. London：Intermediate Technology Publications

［3］Coffey，A.，Atkinson，P. 1996. Making Sense of Qualitative Data：Complementary Research Strategies. London：Sage Publications

［4］Geertz，C. 1983. Local Knowledge：Further Essays in Interpretive Anthropology. New York：Basic Books

［5］Ilfeld，E. M. 2000. Embedded Research. Bernard van Leer Foundation，The Hague，Netherlands

［6］Levi-Strauss，C. 1966. The Savage Mind. London：Weidenfeld and Nicolson

［7］Moustakas，C. 1994. Phenomenological Research Methods. London：Sage Publications

［8］Myers，R. 1999. Effectiveness Initiative：An Evaluation of PROMESA：Report on a Visit to Colombia，August 27 to September 1，1999. The Consultative Group on Early Childhood Care and Development. Tlalcoligia，Mexico

［9］Pearce，J. C. 1971. The Crack in the Cosmic Egg. New York：Washington Square Press

第8章

有效的儿童早期发展方案
——美国开端计划的经验分享

Effective Early Childhood Programs: The U. S. Head Start Experience

Louisa B. Tarullo

　　美国"开端计划"（HS）方案在发展和执行其绩效测算的道路上已走过了16年的历程。作为美国顶尖的儿童早期教育方案，开端计划每年为80多万名儿童及其家庭提供服务，并在发展和报告服务问责系统方面一路领先。从1995年初步规划这一问责系统至发表第3份进展报告（儿童、青年与家庭管理部门，2001）以来，开端计划在建立成果主导型问责系统方面取得了巨大进展。该系统将卓越科研工作的特性与社会项目的报告和监测手段结合在一起，其职责基于共同认可的标准。

　　本章描述了开端计划的绩效测算倡议及其关键环节——家庭与儿童经历调查（FACES）。它调查收集的数据被用于评估开端计划取得的成果，以进一步改进方案。

方案绩效测算倡议

《开端计划法》(The Head Start Act) (42 U. S. C. 9831 et seq. 1994) 对绩效测算的定义是："每年或更长时间内，测算开端计划机构所运作方案的质量及有效性的方法和程序"，随后利用测算结果确认开端计划方案在国家和区域层面的优势与劣势，精确地发现需额外提供培训和技术援助的地区。具体来说，制订绩效测算标准时依据了开端计划质量与拓展咨询委员会 (Advisory Committee on Head Start Quality and Expansion) 的建议、《开端计划法》第641条A节 (b) 款之授权 (于1994年重新批准) 以及《政府绩效与结果法案》(Government Performance and Results Act) (Public Law 103-62 of 1993) 制订而成。

1995年，开端计划启动"共识建立"流程，制定绩效测算标准。这一流程包括，与下列人员讨论：开端计划方案工作人员，父母，儿童早期发展组织的代表，研究人员，教育、儿童发展和早期干预专家，美国卫生与人类服务部开端计划局的官员。

概念框架

1996~1997年，开端计划制定了绩效测算的概念框架，修订、精简了初步测算标准。该概念框架统一并组织了测算系统，展示了参加开端计划的儿童和家庭流程与成果测算之间的关联 (见图8.1)。

概念框架基于开端计划的终极目标——促进儿童的社会能力。"社会能力"的定义为：儿童应对当前环境与日后学业、生活的日常效率。对于一个结束学前教育、进入小学的5岁儿童来说，一个重要的人生挑战和关键的社会能力考验就是入学准备 (也就是说，儿童是否已获得了有助于确保其在新环境中取得成功的技能、理解和行为能力)。

开端计划采用了美国国家教育目标委员会目标—技术规划小组 (1991，1993) 建议的"全面儿童"入学准备观点。根据这一观点，入学

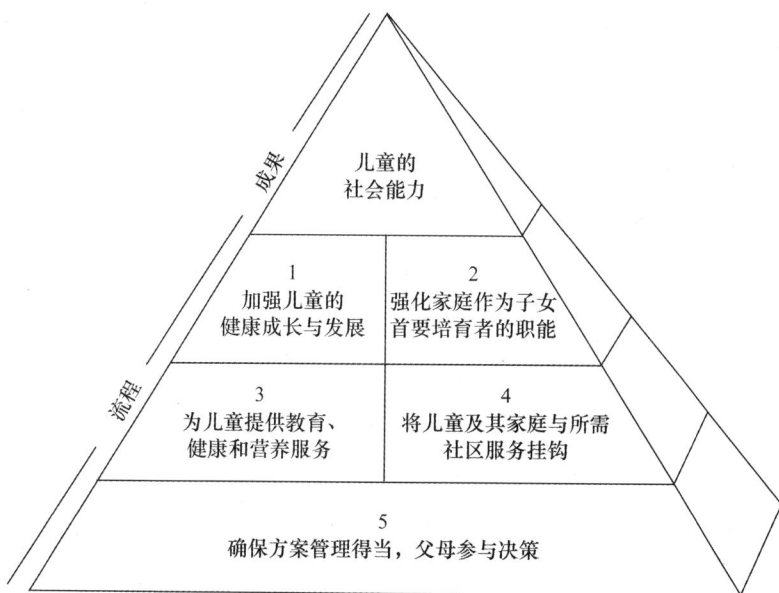

图8.1　开端计划方案绩效测算：概念框架

准备是一个多方面现象，包括5个对儿童入学准备非常重要的发展领域：生理健康与行为发展、社会与情感发展、学习方法、语言使用与早期读写，以及认知与常识。每一领域在用于评估开端计划方案绩效的测算标准中均有体现。绩效测算可证明认知、情感与社会发展、生理与心理健康、营养需要之间的相互关联。

　　儿童的社会能力位于金字塔形概念框架的顶端。有5项目标支持这一成果的实现：

- 目标1——加强儿童的健康成长与发展；
- 目标2——强化家庭作为子女首要培育者的职责；
- 目标3——为儿童提供教育、健康和营养服务；
- 目标4——将儿童及其家庭与所需社区服务挂钩；
- 目标5——确保方案管理得当，父母参与决策。

　　每项目标对于帮助低收入家庭儿童充分发挥潜能而言均至关重要。上述目标代表了开端计划的重要基石。目标1和2代表方案有望产生的结果。实现这两项目标对开端计划的最终成功至关重要。父母参与和家庭支持是开端计划的重要原因，因此，儿童和家庭取向型结果测算亦被纳入其中。目标3、4、5位于金字塔下面几层，内含实现目标1和2及终极目标（加强儿童社会能力）的重要流程测算。金字塔体现的一个重要方面是，提供优质服务（流程测算）与儿童发展改善（结果测算）之间强有力的经验关联。

绩效测算

开端计划列出了24项绩效测算标准，根据方案的5项目标分组（见表8.1）。

对每一项方案绩效测算标准而言，绩效指标详细阐述了测算标准的评估方法。表8.2展示了一组开端计划方案的绩效测量汇总表，其中包括目标、绩效测算、绩效指标、数据来源和1997~1998年的数据。目标1中的第一条绩效测算标准——"参加开端计划的儿童早期识字、计算和语言技能水平提升"——绩效指标是，通过儿童评估方式测算得出的儿童早期识字变化。

表8.1　　开端计划（HS）方案绩效测算标准，按目标分列

目标 1：加强儿童的健康成长与发展	1. HS 儿童的早期识字、计算和语言技能水平提升
	2. HS 儿童总体认知技能水平提升
	3. HS 儿童粗略、精细运动技能水平提升
	4. HS 儿童对学习的积极态度有所改善
	5. HS 儿童社会行为和情感健康水平提升
	6. HS 儿童生理健康有所改善
目标 2：加强家庭作为子女首要培育者的职责	7. HS 父母培育技能水平提升
	8. HS 父母自我概念和情感健康水平提升
	9. HS 父母在教育、识字和就业目标方面取得进展
目标 3：为儿童提供教育、健康和营养服务	10. HS 方案提供适合儿童发展的教育环境
	11. HS 工作人员以熟练、敏感的方式与儿童互动
	12. HS 方案支持、尊重儿童的文化
	13. HS 确保儿童获得所需医疗、牙科和心理健康服务
	14. HS 儿童获得可满足其日常营养需要的膳食和点心
	15. HS 方案为残疾儿童提供个性化服务

续表

目标 4：将儿童和家庭与所需社区服务挂钩	16. HS 父母与社会服务机构挂钩，以获取所需服务 17. HS 父母与教育机构挂钩，以获取所需服务 18. HS 父母与保健护理服务挂钩，以获取所需保育 19. HS 父母获得儿童保育服务，从而放心工作、上学或接受就业培训
目标 5：确保方案管理得当，父母可参与决策	20. HS 方案管理得当 21. HS 父母积极参与方案运作决策 22. HS 方案聘用合格员工 23. HS 方案支持员工发展和培训 24. HS 方案遵守 HS 相关规定

注：HS 儿童即参与开端计划的儿童；HS 父母即参与开端计划的父母；HS 工作人员即开端计划的工作人员。

目标 3 中的一项测算标准过程取向性更强，即"开端计划确保儿童获得所需医疗、牙科和心理健康服务"。这项测算标准的绩效指标是获得所需医疗服务的 HS 儿童人数及占比。

定期报告记录支持各项目标的指标所取得的进展。数据来源于机构资源，如开端计划方案信息报告（PIR）、区域办事处报告以及 HS 家庭与儿童经历调查中报告的班级、教师、家庭、儿童成果。

表 8.2　　　　　开端计划（HS）方案绩效测算汇总表

目标 1：加强儿童的健康成长与发展			
绩效测算标准	绩效指标	数据来源	1997～1998 年数据
HS 儿童的早期识字、计算和语言技能水平提升	HS 儿童的早期识字水平	儿童评估（Woodcock-Johnson 字母识别）	4 岁 HS 儿童完成方案课程时，平均分数为 89.8 分，全国标准（总）分数为 100 分。从秋季至春季，HS 儿童分数提高了 1.6 分（与标准相比，没有改善）
		Woodcock-John-son 字母听写	4 岁 HS 儿童完成方案课程时，平均分数为 88.1 分，全国标准（总）分数为 100 分。在 HS，儿童提高了 1.5 分；在幼儿园，儿童提高了 4.6 分

参加开端计划的家庭与儿童经历调查

　　参加开端计划的家庭与儿童经历调查（FACES）是方案绩效测算倡议的中心环节。通过 FACES，研究人员围绕以下方面收集全面数据：儿童的认知、社会、情感和生理发展；家庭特征、福祉与成就；班级的质量；教师及其他工作人员的特征、需要与观点。

　　调查就全国具有代表性的开端计划保育中心、班级、儿童和父母样本提供了数据。样本按 3 个变量分层：区域（东北、中西、南部或西部）；城市化程度（城市、农村）；少数人群家庭在方案中的占比（50% 及以上、50% 以下）。

　　FACES 包括 6 个数据收集阶段。第 1 阶段（1997 年春），对全国 40 个开端计划方案进行分层随机抽样，然后对抽中的近 2400 名儿童及其父母进行现场测试。现场测试利用选定工具，确立了大规模父母访谈与儿童评估的可行性。测试亦就开端计划方案、儿童和家庭现状提供了宝贵信息。

　　第 2 阶段（1997 年秋）和第 3 阶段（1998 年春），对上述 40 个开端计划方案中的 3200 名儿童及家庭样本进行数据收集。1998 年春的这一阶段包括对完成开端计划方案的儿童以及完成幼儿园课程的开端计划毕业生（幼儿园现场测试）进行估测。数据收集方式亦包括与父母访谈，由幼儿园教师评分。幼儿园同期组继而入读一年级。

　　第 4 阶段（1999 年春），对 40 个开端计划方案进行数据收集，并跟进此前参与开端计划的儿童就读幼儿园后的情况。第 5 阶段（2000 年春），完成了对 1999 年春结束开端计划的儿童以及 1998 年完成开端计划的一年级儿童进行的幼儿园跟进工作。第 6 阶段（2001 年春），完成了对 1999 年春结束开端计划的儿童进行的一年级跟进工作。接着，FACES 继续履行开端计划利用绩效测算标准持续开展估测的承诺——方案选定了一组新的具有全国代表性的同期组，于 2000 年秋开始数据收集。FACES 从全国 43 个开端计划新方案中抽取了 2800 个儿童及其家庭样本，继续审查儿童结果、方案质量、家庭福祉与成就。

图 8.2 展示了 FACES 的研究设计。通过这 6 个阶段，研究人员对比了儿童及其父母在参与开端计划方案之前和之后的情况，并估测了开端计划的成效。接受调查的开端计划方案充分开展了合作，并由研究团队兢兢业业地开展实地工作，因此，FACES 的完成率较高，所有调查测算标准的平均完成率超出了 80%。

FACES 的发现

FACES 于 1997 年秋和 1998 年春收集到的数据就 1997~1998 年间儿童成长与发展的变化、班级质量的连贯性、参与开端计划计划的家庭的特征与成就提供了重要发现。对幼儿园阶段的跟进调查，以及开端计划毕业生的在校表现也揭示了重要信息。1997~1998 年的重要发现可见下文。

开端计划能否促进儿童的健康成长与发展？

参与开端计划方案可促进儿童的成长与发展。数据表明以下信息。

- 完成开端计划方案的儿童通常获得了早期识字、计算知识与技能，以及社会技能，表明儿童已为入读幼儿园和一年级做好了学习准备。
- 在开端计划学年内，参与开端计划的儿童在词汇和写作技能以及社会技能方面显示出巨大进步。然而，儿童在字母识别和书本知识方面进步甚微。
- 开端计划学年内，儿童的游戏更加复杂，他们更多地参与和同伴之间的互动游戏——这是儿童社会发展的象征。
- 正如幼儿园毕业时的学习程度所示，完成开端计划方案的儿童"做好了入学准备"。结束幼儿园学业时，开端计划毕业生在文字知识、字母识别、数学技能、现象认知方面取得了长足进步。

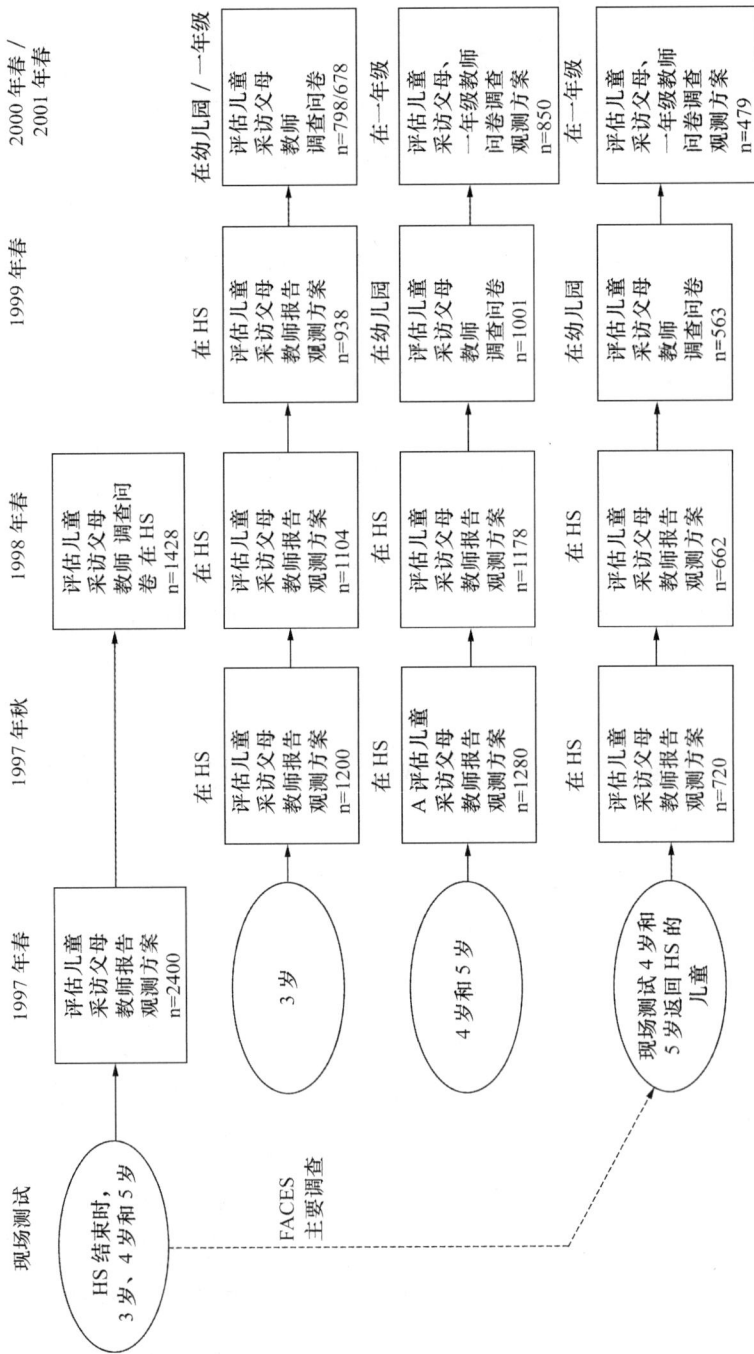

图 8.2 FACES 调查设计：样本与数据收集

开端计划能否强化家庭作为子女首要培育者的职责？

参与开端计划方案可强化家庭作为子女首要培育者的职责。数据表明以下信息。

- 首要保育者（通常是父母）中已婚或单身的比例是各占一半。典型的保育者比较年轻（20～30岁），至少拥有高中文凭或同等学力（graduate-equivalent degree，GED），有工作。虽然很多保育者均为从业人员，不过，在参与开端计划的家庭中，85%可获得补充收入。

- 在参与开端计划的父母中，2/3以上的父母报告称，他们每周至少读2～3次书给子女听。重要的是，父母读书的频率与儿童的词汇得分有关。父母如果读书次数较多，学年结束时，子女往往表现出较高的语言认知水平。

- 参与开端计划的父母在学年期间取得了显著成就。更多的首要保育者找到了工作（秋季至春季期间增长了2%）；9%的人获得了某种许可证、证书或学位；少数人获得了福利援助（秋季至春季期间下降了3.5%）。

- 参与开端计划的父母认为，在养育子女方面，开端计划方案是一个重要的支持来源。他们还报告称，与刚开始时相比，开端计划结束时，他们对自身生活的掌控感更强了。

- 父亲似乎在子女的生活中扮演着一个重要的正面角色。家中如果缺少父亲，那么家庭可获得的资源——无论是社会资源，还是经济资源——都会减少。缺少父亲的家庭被暴力侵犯（暴力犯罪或家庭暴力）的概率相对较高。

- 大多数父母都积极参与开端计划方案，约80%的家长会在家中接待开端计划工作人员家访、出席家长会、观测班级质量等。

- 超过85%的父母对子女接受的服务非常满意，这些服务旨在帮助儿童成长和发展，为其做好入读幼儿园准备，确认并为儿童提供其他服务。

开端计划能否为儿童提供良好的教育、健康和营养服务？

开端计划的服务质量较好。重要指标如下所示。

* 受过培训的观测人员针对 3 个测算要点进行了观测，评定开端计划班级的质量为"良好"。1997 年秋，开端计划 518 个班级在儿童早期发展环境评量表（Early Childhood Environment Rating Scale，EC-ERS）中平均得分较好。近 1/5 的班级被评定为"非常好"或"优秀"，无班级被评定为"不合格"。与其他学前教育和儿童保育方案相比，这些评定结果较为理想。
* 班级规模和儿童/成人比例的平均值远远好于开端计划方案规定的绩效标准以及全美幼儿教育协会的认可标准。
* 开端计划大部分教师拥有良好的教学资质。近 1/3 的教师拥有学士或本科学位，教师平均拥有近 12 年的教学经验。教师的受教育程度与班级质量有关；教师受教育程度越高，班级质量就越好。

班级质量与儿童结果之间存在怎样的关联？

开端计划班级的观测质量与儿童结果有关。数据表明如下信息。

* 开端计划班级中的教师—儿童互动丰富、语言学习机会较多时，儿童的词汇得分相对较高。另外，当所在班级儿童/成人比例相对较低时，儿童在学年内词汇得分相对较高。
* 开端计划班级的学习环境材料评分较高时，儿童在简单的互动游戏或装扮游戏中花的时间较多，在非互动游戏中花的时间较少。

结　论

开端计划的绩效测算倡议于 1995 年启动，到 1999 年，已就方案绩效收集到了大量信息。开端计划通过 FACES 积累了以下方面的数据：儿童参与开端计划一年或一年以上时间内在表现方面的变化，开端计划毕业生在幼儿园中的进展，开端计划方案的质量和特征，参与开端计划的家庭获得的福祉与成就。数据表明，开端计划可加强儿童的成长与发展，加强家庭作为子女首要培育者的职责，为儿童提供教育、健康和营养服务，改善儿童成果。

实践证明，绩效数据在记录开端计划问责、改善教育质量方面十分有用。开端计划于 1998 年重获授权[①]后，官员可就开端计划方案的质量以及完成这些方案的儿童的认知和技能情况向美国国会报告。此外，FACES 统计数据被呈交至开端计划质量与拓展咨询委员会，该委员会由美国国会授权，负责就研究方案的设计提供建议，以测算开端计划在全国的影响力。FACES 统计数据亦在开端计划内部广泛发布。这些数据用于持续开展努力改善开端计划方案，提高培训与技术援助。研究人员在项目相关会议上向全国研究人员与实践工作者阐述了 FACES 的调查发现，其中包括开端计划全国研究大会以及儿童发展研究协会和全国开端计划协会召开的会议。所报告的数据和发现是证实儿童早期发展投资价值的重要证据。

注

本章源于开端计划方案绩效测算倡议的第 3 份进展报告。报告全文见

[①]　开端计划方案为联邦政府对地方政府的资助方案。该方案调整任何内容，如行政、资金、衡量手段、质量标准发生变化时，均须经参众两院通过，它每 4～5 年就需要重新授权。最近的一次为 2010 年。——编者注

下列网站：http：//www. acf. dhhs. gov/programs/core。FACES 调查工作由 Westat 公司、Abt Associates 公司、Ellsworth Associates 公司和 CDM Group 公司负责开展。调查工作由研究与评估专员办公室，儿童、青年与家庭管理部门，美国卫生与人类服务部提供指导。作者代表筹备该报告的研究人员团队，包括：Nicholas Zill、Gary Resnick、Ruth Hubbell McKey、David Connell、Robert O'Brien、Mary Ann D'Elio和 Cheryl Clark。

参考文献

[1]Administrationon Children, Youth, and Families. 2001. Head Start FACES：Longitudinal Findings on Program Performance. Third Progress Report. Washington, D. C. ：U. S. Department of Health and Human Services

[2]Goal 1 Technical Planning Group. 1991. The Goal 1 Technical Planning Subgroup Report on School Readiness. In：National Education Goals Panel, ed. , Potential Strategies for Long-term Indicator Development：Reports of the Technical Planning Subgroups. Report No. 91 - 0, pp. 1 - 18. Washington, D. C. ：National Education Goals Panel

[3]Goal 1 Technical Planning Group. 1993. Reconsidering Children'sEarly Development and Learning：Toward Shared Beliefs and Vocabulary. Draft Report to the National Education Goals Panel. Washington, D. C. ：National Education Goals Panel

[4]Government Performance and Results Act(Public Law 103 - 62). 1993

[5]Head Start Act, Section 641A(b) ,42 U. S. C. 9831 et seq. 1994

第9章
家访方案的质量元素——3个牙买加模型

Elements of Quality in Home Visiting Programs: Three Jamaican Models

Kerida Scott-McDonald

由于父母缺乏知识、时间和资源，再加上情感压力较大，牙买加贫困社区中的儿童面临巨大劣势，处于被忽视、虐待与保育不当的困境中。大家庭的传统支持力度减弱，缺乏为父母和儿童提供补偿惠益的实惠方案，所以儿童面临的风险更大，即使有此类方案，其质量也很差。在这两个因素周而复始的相互作用下，家庭机能失调，新一代儿童又成了在经济和发展方面一无所获的父母。

在牙买加，4岁以下儿童中近1/3（约为7万名儿童）出生于贫困家庭。基于家庭的儿童早期发展方案或许是打破该国贫困循环的最大希望。国际研究证实，优质儿童早期发展服务可令儿童的生活发生巨大改观；而且，这些服务对贫困儿童的影响最为显著。牙买加4~5岁儿童的学前教育覆盖率已达到了85%，这一成就固然值得称赞，不过为0～3岁婴幼儿提供的机会极为有限。这一年龄段的日托服务覆盖面较低（近14%），并且大部分方案由私立运营机构提供，收费水平远远超出了贫困家庭的承受能力。

牙买加政府面临着异常沉重的债务负担，并且社会各部门都在争先抢夺资源，因此，不能指望政府支持来大规模拓展基于保育中心的儿童保育工作。另外，农村地区的贫困程度最高，所以母亲往往没有工作，或者在家中或附近维持生计，人们认为正规的日托服务不适合自己或与己无关。

家访方案为促进牙买加贫困家庭参与儿童早期发展干预，以最终建设社会资本，提供了一个重要的替代做法。本章调研了相关的质量元素，这些元素是提供此类方案的有益基准。本章还综述了牙买加目前正在运行的3个家访模型，旨在发现为干预措施取得成功作出重大贡献的做法。这3个模型为儿童提供了基本心理社会刺激元素，同时包括咨询、教育、父母支持等。家访方案的对象均为贫困家庭儿童，不过每个方案所服务的人群各不相同。这3个方案分别是：

- 流动保育方案，针对少女妈妈与青少年家庭中的儿童需求；
- 社区康复方案，旨在协助残疾儿童；
- 营养不良儿童方案，解决因营养不良入院儿童的营养和心理社会需求。

总之，这3个方案契合了《儿童权利公约》（Convention on the Rights of the Child，CRC）的三大主要原则——生存、保护与发展。任何一项在全国范围推行的家访方案，都必须充分强调这些儿童权利和目标。下文简要介绍了这3个方案。

方案概述

流动保育方案

流动保育方案（Roving Caregivers Program，RCP）是"基础教育与儿童早期发展方案"中"社区与家庭学习"部分的一项核心倡导。该方案由牙买加政府与联合国儿童基金会共同制定。这项倡议的目标是，确保发展和扩大有效的低成本儿童早期服务，以满足0~3岁儿童的发展需要。RCP是一个非正式、多维度、一体化的儿童发展与亲子教育方案，其基本内容包括儿童保育、环境教育、信息查询、个人发展、技能培训、帮助家庭创收等。

农村家庭支持组织（Rural Family Support Organization，RuFamSo）在牙买加中部两个农村教区推行了。这两个教区被确立为执行政府儿童早期教育一体化新政策的试点地区。RuFamSo与几个发展机构及国际机构建立了牢固的关系，它负责为家庭提供一体化服务。除流动保育方案外，这些服务还包括少女妈妈项目（Teenage Mothers Project）、男性青少年方案（Male Adolescent Program）、推动青少年发展方案（Uplifting Adolescents Program）和家庭保育方案（Home-Based Nursery Program）。所有这些方案，包括流动保育方案在内，均是早期的少女妈妈项目的衍生品。

流动保育方案于1992年与伯纳德·范里尔基金会联合启动，其初衷是帮助高危家庭。社区儿童保健站帮助锁定受益人。流动保育方案从"儿童发展促进者"系统里抽调人员，派遣他们到受助人家里示范刺激活动，提供亲子教育信息。徒步执行任务的保育人员（流动保育人员）是一群年轻的中学毕业生，其招募地点为各自所居住的社区。流动保育人员遴选工作则以此前所在学校的校长或辅导员的建议为衡量基准。干预措施按个人或小组进行组织，具体视离家远近而定。

　　流动保育方案中的培训部分非常有效。流动保育人员须接受一周的职前培训，每两周接受一次常规在职培训（为期一天的讲习班），每三个月参加为期一周的课程。讲习班主要探讨与家访相关的问题审查每周计划，并针对刺激活动制订游戏材料。项目官员每两周开展现场监督视察，密切监督家访工作。

　　在约6年的时间内，流动保育方案由15个区扩大至25个区，目前，3500名0～3岁儿童和近60个社区中的700个家庭从中获益。1998年，根据政府消除贫困的倡议，流动保育的模式在城市里大获成功，11个不景气的城市社区中开展了本方案，1300名儿童从中受益。

社区康复方案

　　社区康复方案是1985年成立的"专注残疾人士发展组织"（Dedicated to the Development of the Disabled，3D组织）工作的一部分。3D组织致力于帮助残疾人康复并再度融入社区，教导和协助护理人员帮助残疾人实现最大潜能。这项社区方案提供广泛服务，其中包括为存在发育迟缓风险的儿童提供早期刺激、早期识别残疾、能力评估、制订个人家庭方案以提升儿童的能力、提供小组或单独亲子咨询、学龄儿童心理教育评估、转介至其他机构。这项基于家庭的方案首先在牙买加14个教区中的一个教区中启动，现在，该方案在4个教区运作，为近1000个家庭提供服务。该方案的服务对象是0～6岁儿童，他们在自助、语言、动作或认知行为等一个或多个方面显示有发展迟缓或推迟现象。

　　这些儿童由父母、医生、护士、日托中心、社会工作者和学校教师送至3D组织的社区方案。送后，方案利用丹佛发育筛查测验对儿童进行全面评估。儿童接受全面的医疗检查，诊断后被纳入一个由儿童发展助理负责管理的干预方案。该助理根据评估结果、与父母及社区成员的访谈以及家庭环境下的观察，制订儿童和家庭计划。这项基本工作完成后，助理开始指导父母学习刺激策略。对每一位儿童，助理通常每月至少家访两次，开始时须每周家访，随着方案逐步推进，家访频率随之减缓。如果有些问题需要专家评估或进行特殊干预，那么其他相关机构将介入。每位助理每周须家访12~20位儿童，并与项目监督员共同参加每周例会，讨论儿童方案和教学方法。助理将持续参加在职培训以加强他早期接受的培训。

营养不良儿童方案

营养不良儿童方案于1994年由西印度大学医院热带新陈代谢研究组（1999年成为热带医药研究所，Tropical Medicine Research Institute，TMRI）的儿童发展研究小组（Child Development Research Group）创立，旨在解决因营养不良住院的儿童的早期营养不足问题。在启动这项外展方案之前，医院工作人员发现，很多已经康复并从TMRI出院回家的儿童很快又因同一病情再次入院。为解决这个问题，TMRI率先试行干预策略，通过开展跟进家访，监测儿童从TMRI出院后的情况，力求降低较高的再入院率。

每次家访期间，工作人员都会关注可能会危害儿童健康的刺激和环境因素、儿童的营养状况以及对补充食物的潜在需求。入住TMRI的儿童的父母须参加每周持续开展的亲子教育和社会福利项目方案。TMRI帮助父母发展创收技能，开展自助项目，找到工作或住所。TMRI亦为有困难的失业父母提供食物、床铺和衣物。父母至少须参加12场讲习班，完成后可颁发参与证书。

除个人家访外，TMRI亦在金斯敦市区内3个营养不良流行率较高的贫困社区开展社区拓展方案。该方案包括，利用出借玩具的移动图书馆，对3岁及以下儿童定期开展心理刺激。TMRI还通过在营养站开展每周方案，将亲子与儿童刺激服务扩展至牙买加唯一的一所儿童医院。

家访方案：质量元素

上述3个示范方案的具体做法中有12个质量元素对方案成功作出巨大贡献，包括：

1. 儿童保育支持与家庭支持之间的关联；

2. 认识到女性作为母亲、主妇和创收者的多重角色；

3. 向当事人和家庭传授技能；

4. 服务提供的灵活性；

5. 确认家庭配置，建设现有儿童网络；

6. 游戏材料的可持续性；

7. 强大的信息查询系统与准入支持；

8. 工作人员保留率较高；

9. 记录；

10. 强大的反馈与监测机制；

11. 以行为为导向的研究；

12. 采取积极措施，确保可持续性和制度化。

下文依据与方案负责人、工作人员、服务接受者的访谈，以及对会议、培训课程及其他干预的观察，介绍了各个元素的发现和感想。为便于分析，作者假设方案的投入标准与方案的预期结果之间存在着紧密关联，不过，作者未尝试就投入与结果之间建立直接关联。

儿童保育支持与家庭支持之间的关联

上述 3 个方案均基于这项主要原则——不能孤立地开展儿童援助工作。这些方案从整体视角入手采取干预措施，从而为儿童谋取利益。其具体做法是在为家庭提供支持的同时，为儿童提供直接支持。

正如此前所示，流动保育方案是少女妈妈项目的衍生品，而设立少女妈妈项目的初衷是为了解决少女怀孕问题（牙买加青少年的怀孕比例为108/1000 人，为加勒比地区之最）。随后，该项目认识到，少女妈妈的问题无法单独予以解决，因而扩大了服务范围，纳入了其他服务项目。示范育儿室为儿童提供日托服务，与此同时，少女妈妈可参加学业和技能培训课程，以及咨询服务和建立自尊等课程。此外还为婴儿的父亲及外祖母

（少女妈妈的母亲）开设课程。这项多层面策略牵扯到了整个家庭网络，该方案在预防青少年二次怀孕方面达到了近100%的成功率。

在3D方案中，父母必须参与残疾子女的干预过程。家庭计划明确阐明每个家庭成员的角色，以鼓励大家支持残疾儿童。另外，鉴于大社区在影响儿童发展方面发挥重要作用，所以该项目的助理人员努力建设家庭之间的相互支持关系。

在营养不良儿童方案中，工作人员努力发现就业机会为父亲介绍工作，借此努力提升家庭的经济稳定性。家访针对每一个病例，为持续识别儿童及其家庭相互关联的具体社会、环境和经济需求提供便利。

认识到女性作为母亲、主妇和创收者的多重角色

大多数牙买加家庭（45%）由女性担任户主。另外，女性参与劳动力大军的比例较低，从业女性仅占10%，而男性从业比例则为20%。鉴于这一双重劣势，各方案将儿童保育策略与产妇护理和支持密切挂钩。家长会上探讨的相关话题如下：产前转诊，推广母乳喂养、营养教育、生殖健康、环境卫生与安全，针对创收活动提供培训和支持。

在3D方案中，生殖健康课程涵盖产前与遗传咨询，亲子课程包括强调及时管理，以帮助母亲解决残疾儿童的额外需要。营养不良儿童方案针对生存和成长面临特别风险的儿童，它尤为关注母亲的创收机会。工作人员试图将每位母亲的兴趣和能力与市场技能进行匹配。方案倡导母亲充分利用儿童保育、老年护理、女装裁缝、美发等领域的技能培训机会。识字水平较低的母亲接受了比较实用的家政培训，例如摆放餐桌、铺床等，以联系雇主，为他们完成家务活。方案还为希望从事商品买卖的母亲提供了有形支持——工作人员大批量购入此类产品，然后以较低价格提供给她们。

向当事人和家庭传授技能

这3个家访方案均强调父母赋权，并通过接受培训和监督的拓展工作

者向其家庭传授技能。流动保育方案遴选父母担任创收方案家长小组的负责人，由此提高领导技能、自信和自尊。流动保育人员模仿儿童刺激活动，并期待父母能够在家访间隔期内继续开展此类活动。起初，直接让父母参与进来是一个不小的挑战，因为流动保育人员的家访常常被父母或保育者视为代为照看子女的机会，这样一来他们就有时间做家务了。然而，方案在策略中突出强调，要引导父母在日常家务中纳入刺激活动。

在营养不良儿童方案中，父母被选为集体刺激活动的游戏负责人，拓展工作者观察并指导这些活动。方案还要求父母利用家中的常用煮饭设备演示煮饭过程，旨在帮助家长了解如何为儿童做饭，哪些食物适合儿童，从而提高家长的营养知识。3D方案挑选出应对技巧出众的人，培训他们担任社区康复工作者。这项突出强化技能传授的策略，有助于保持和加强整体方案的惠益。

服务提供的灵活性

执行的灵活性是上述方案共有的一个积极特征。例如，流动保育方案起初在个人家中执行刺激活动，但之后调整了做法，将目标对象改为住在一起的家庭（例如由几户人家组成的公共居住单元），在院子里的公共场地开展此类活动。这项调整产生了一个额外惠益，因为除正式参与方案的人以外，儿童发展相关信息亦可传至其他很多成人的耳中。参加方案的儿童按年龄分组，他们可从刺激活动的社会交往中获益。如果家庭相距较远，流动保育方案则继续采用单独家访做法。

在3D方案中，家庭相距较远时，当事人在保健中心聚会。在营养不良儿童方案中，对高密度地区的家访在能找得到的合适场地上开展（例如社区中心、基础学校、树下）。它的基础学校是由社区运营、政府提供补贴的学前班，接收4~5岁儿童，同一年龄组的教育覆盖率较高（近95%）。

保持方案组织工作的灵活性，有助于确保方案适应当地实际情况，并可满足工作人员的需要，符合父母和社区的现状。这些方案在为家庭所提供援助的类型上（即服务提供内容）也表现出灵活性。所有方案均承认不同的家庭和儿童在需求及发展阶段方面存在差异，并且，服务提供与支持类型必须针对客户"量身定做"，做到具体问题具体对待。

例如，营养不良儿童方案基于成人的特定能力或情况支持了多种创收活动，而不是支持所有人从事某种预定的集体活动。3D 方案设计每份家庭计划来指导干预措施时，均基于对该家庭实际情况的评估结果。

确认家庭配置，建设现有儿童网络

在牙买加，儿童转移与轮流保育十分常见。农村人口向城市迁移为常见现象，此外，每年约有 20000 人自牙买加移民国外，致使家庭配置情况多种多样，儿童支持网络亦十分复杂。

上述 3 个方案均在努力发现首要和次要保育人，并与之轮流合作。流动保育方案定期动员他人参与刺激活动及父母教育活动。3D 方案的策略包括"儿童照顾儿童"做法，尤其是当母亲外出工作时，干预措施取决于兄弟姐妹的参与。营养不良儿童方案要求父母将邻居带至 TMRI 接受培训，这样一来，当父母外出时，这些人可代为开展儿童活动。

方案游戏材料的可持续性

将儿童发展的知识运用于实践，是决定儿童早期发展干预质量的一个重要决定因素。例如，儿童通过体验式游戏学习的效果最好，这一事实现在已得到公认。为掌握基本概念，开发感官和动作系统，儿童需要多种具体、实用的材料。

然而，提供持续、充足的学习材料是牙买加等发展中国家儿童早期发展方案面临的一个重大挑战。尽管很多儿童早期发展活动可以从自然环境中取材，但是部分学习材料必须专门制作。当地没有这些材料来源时，基于保育中心的方案必须以高昂成本进口这些材料，之后，存货减少或逐渐破损时，还需频繁补充新品。

上述 3 个家访方案的一个积极特点是，它们强调持续利用刺激及其他方案材料的策略。在流动保育方案中，拓展工作者鼓励使用家庭物品，制作刺激活动所用材料。在每两周一次的课程上，他们将部分时间用来为接下来的家访制作玩具，并在家长课上教父母制作玩具。即使如此，为家访家庭保持充足的材料供给仍然存在困难。此外，部分制作出来的材料并不耐用，替换的成本又很高。另外，制作支持儿童发展操作技能的特定材料对保育人员来说难度较大。为解决这一问题，流动保育方案正在建立小型工厂生产材料，令玩具生产与离校青少年的就业技能培训挂钩。

营养不良儿童方案聘用专人为出借玩具的移动图书馆制作玩具。来自全国职业技术方案的学生和家长也帮助制作玩具。它们要求社区工厂和企业家捐赠"废品"（例如硬纸板、易拉罐、碎布料、废木料）。3D 方案则教导父母制作玩具以及适配辅助用具，否则，贫困家庭根本无力购买这些玩具。

强大的转介系统与准入支持

上述方案的另外一个共同优势是，它们利用社区现有及其他资源和基础设施促进儿童实现最优发展。它们认识到自身拥有优势，同时能力有限，因此大力利用其他服务（例如儿童卫生站、公共保健部门、贫困人口供膳组织、妇女危机中心、牙买加成人扫盲方案），以满足家庭的多样需要。这些方案加强了参与者对这些服务的认知，并提供切实支持，为其参加方案提供便利。

例如，必要时，营养不良儿童方案将为多产妇女支付费用，在计划生育部门进行输卵管结扎。3D 组织将为服务对象提供交通工具，便于他们享受各种服务，服务对象首次前往这些服务机构时，家长中的带头人将陪同前往。该组织亦充当介绍人，令服务对象能够获得信用社或保险计划提供的惠益。

上述 3 个方案的一项重要策略是基于现有社会系统实现发展。它们的经验表明，信息本身不充分，需要其他机构积极介入。子女身处危险境地的贫困家庭，需要有人帮助他们求援。

较高的工作人员保留率

工作人员稳定性是从 3 个家访方案观察到的又一个质量元素。这些方案的管理人员认识到，工作满意度有助于确保工作人员的稳定性，这反过来又是工作人员成长与发展的前提条件。流动保育方案中，允许拓展工作者直接从中学进入方案，一般来说供职约3年时间，之后离职，寻找新的职业机会。在这3年的平均任期里他们不断积累知识和经验，持续提供家访服务并且为新工作人员推行方案提供模拟，所有方案从中受益匪浅。

在3D方案中，拓展工作者最开始时往往是受益人，之后在方案中平均要工作10年。工作人员子女可从方案中获益，这是他们留下来的主要动力。其他动力还包括职业与自我发展机会，以及有保障的就业福利，如健康保险等。

记　录

每个家访方案都大力强调了记录流程和记录方案中所使用材料的重要性。记录工作是确保方案持续进行的一项有效策略。流动保育方案提前准备每周活动的指南，指导保育人员在家访期间开展刺激儿童的活动和亲子教育。这些指引被置入活动"银行"，之后可随时调取并在此基础上进一步拓展。此外，事实证明，描述方案的视频纪录片有助于培训新的保育人员、向潜在捐赠人介绍流动保育方案的范围与性质。

3D方案已建立了完整的记录单位，其中包括摄像机和视频编辑设备。这一记录单位以12个视频记录了3D培训方案，并附有书面材料。方案制作了描述方案的宣传单，并开发了评估工具，以确定、记录儿童发展水平。营养不良儿童方案已发布了小册子，以强化讲习班的主题，并就制作玩具编制了手册。

为了发展和加强上述方案的记录工作，联合国儿童基金会支持了编制家访手册的工作，基金会希望，这本手册可被用作儿童早期家访方案的国家指南。

强大的反馈与监测机制

与维持方案标准密切相关的一点就是，建立组织得当、意义重大的反馈与监测机制。上述 3 个方案中均已稳固地建立起此类机制，值得将它们作为一个重要的质量元素予以突出。

流动保育方案每两周召开一次全日式反馈会议，审查家访进展，讨论克服新问题的策略，突出和加强正面经验。此外，每隔一段时间，项目官员就会与保育人员一同前往，以提供现场监督和指导。

营养不良儿童方案的监测构件与之相仿，唯一不同之处在于，方案每周召开一次反馈与规划会议，并以书面日志的形式记录进展情况。

3D 方案则针对每位儿童建立病例档案，并每周审查这些档案，讨论每位儿童的进展情况。另外，方案要求所有工作人员对每季度召开的评估会议有所贡献。该方案的监测工作基于"人力模型"，其中，社区康复协调员负责监管监督员的工作，监督员则负责监管社区康复工作者的工作。

以行为为导向的研究

上述 3 个家访方案均为实验性方案，或者说，是创新方案的延伸与改进，旨在测试新方法和材料，以更加有效地完成方案使命。重要的一点是，作为议程的一部分，上述方案均大力强调研究工作的重要性。研究工作有助于证实方案的有效性，有助于证明进一步提供资助的正当性，并为指导实践提供了有用信息。其中两个方案正在利用研究工作提供合理依据，以令政府扩大方案规模。

流动保育方案已利用国际公认工具对儿童的发展进行了评估，并对流动保育方案干预 12 年后的小学儿童进行了追踪调查。此外，方案还评估了培训工作对流动保育人员的认识影响。

3D 方案为证实识别与评估工具（十问筛查工具）所开展的研究，已令几个发展中国家的准专业人士开始利用这一工具。围绕社区态度开展的研究表明，如果家庭对残疾子女展示出强有力的接受态度，那么，邻居作出支持性响应的概率相对较高，这一结果令方案修改了策略。

营养不良儿童方案围绕补充食物和刺激的影响而开展的一项国际公认研究（Grantham-McGregor 等，1991），支持这样一个概念——心理干预可弥补与早期营养不良有关的不足。该方案研究人员针对曾参与过方案的 20 岁人群开展了一项纵向研究。围绕营养不良儿童再住院问题开展的研究帮助方案再次修订策略，使得参与该方案的儿童无须再次住院。

采取积极措施，确保可持续性和制度化

可持续性是干预措施的一个至关重要同时也是力求实现的组成部分。积极确保可持续性和制度化，一直是方案质量的一个重要因素。上述方案中的两个已经承担起令创新成为主流化的重任。这些方案针对生命周期的不同阶段作出了策略规划。第 1 阶段，从基于反复试验取得成功的小型试点项目入手，不断拓展与复制方案，在此期间，服务的范围和覆盖面均出现增长。在第 2 阶段，这些方案开展了大量网络建设工作，以提升利益攸关方对方案产品和流程的认知，并建立伙伴关系，确保方案的可持续发展。

例如，流动保育方案与牙买加社会发展委员会建立了联系。流动保育方案亦请求公共卫生部门为父母教育与培训提供帮助；请求多个教会团体发挥领导作用；请求其他组织和私营实体提供经济或实物援助。在有些情况下，这种网络工作是非正规的一对一式服务。此外，流动保育方案咨询委员会与利益攸关方举办了几场咨询讲座，并广泛发行了会议记录。

在第 3 阶段，方案试图转移模型，使其不再仅限于此前的限制条件，在现有方案和服务中的更加现实的运营场所检测自身策略。通过强有力的倡议，流动保育方案获得了政府支持，动用国家青年服务工作者在一个儿童早期发展资源中心（共 17 个）落实项目，扩大了自身的覆盖面。同样，3D 方案在一个教区中动用政府工作者提供服务，借以开展试点项目。

仍然存在的挑战

表9.1 概括了本章关注的 3 个家访方案。尽管这些方案体现了儿童早期发展干预中 12 个至关重要的质量元素，然而，很多问题、挑战和担忧仍

然存在，并有待全面解决。这些重要问题包括：

- 避免"施舍心态"，即通过所分发的食物或其他有形惠益来衡量方案的价值；
- 确保食物分配的可持续性；
- 解决妇女和男子权力与地位问题；
- 协调促进儿童权利与尊重文化信念和实践之间的紧张态势；
- 确保提供可加强公共教育的信息；
- 制订策略，在保持质量的同时提升方案的覆盖面。

表 9.1 牙买加 3 个家访方案概述

描 述	方 案		
	流动保育方案	3D 社区康复方案	营养不良儿童方案
执行机构	农村家庭支持组织（RuFamSo）	专注残疾人士发展组织（3D 组织）	西印度大学医院热带医药研究所（TMRI）
起始时间	1995 年	1985 年	1994 年
人口	·贫困家庭： 250 个家庭 750 名儿童 0~3 岁	·残疾儿童家庭 （约 1000 个家庭）	·每年 60 名住院儿童 3 个月~3 岁
服务	·社会心理学刺激，咨询，亲子教育与支持，创收 ·少女妈妈项目 ·男性青少年方案	·家庭培训，以刺激/教授生活技能 ·能力/残疾早期识别/评估 ·个体家庭计划 ·单独/小组父母咨询诊所	·社会心理学刺激，咨询，亲子教育与支持 ·社区小组刺激与家长会 ·可出借玩具的移动图书馆
儿童保育支持与家庭支持之间的关联	·针对儿童的示范育儿室 ·为少女妈妈提供学业与技能培训	·要求父母双方在诊所陪伴子女 ·界定家庭成员的职责，共同呵护残疾儿童	·提供创收援助，帮忙介绍工作

续表

描　　述	方　　案		
	流动保育方案	3D 社区康复方案	营养不良儿童方案
认识到女性作为母亲、主妇和创收者的多重角色	·促进生殖健康与计划生育 ·家庭卫生与安全 ·开展培训，支持创收	·生育力管理 ·产前与遗传咨询 ·时间管理	·将母亲与技能进行匹配 ·通过帮助母亲参加其他赞助项目和室内培训，为母亲提供支持
向当事人和家庭传授技能	·遴选父母担任家长小组负责人	·社区康复工作者大多为家长	·遴选父母担任游戏组负责人 ·父母负责演示煮饭过程
服务提供的灵活性	·较远家庭：一对一家访 ·较近家庭：小组家访	·较远家庭：当事人在保健中心会面	·高密度地区：在社区中心、基础学校、树下开展家访活动
确认家庭配置，建设现有儿童网络	·祖父母参与	·兄弟姐妹和在校生参与 ·儿童照顾儿童	·职业母亲带保育人员和邻居前来接受培训
方案游戏材料的可持续性	·在家长小组课程上教导父母制作简单的玩具 ·男性青少年方案的青年人制作玩具	·教导父母制作和使用适配辅助用具	·聘用专人为出借玩具的图书馆制作玩具 ·父母和职业技术专业的学生帮忙制作玩具 ·收集废品
强大的转介系统与准入支持	·儿童卫生站	·社会心理学评估 ·住房信托 ·国家保险计划 ·贫困人口供膳组织	·妇女危机中心 ·牙买加成人扫盲方案 ·计划生育小组
较高的工作人员保留率	·流动保育人员平均工作时间为 3 年	·社区康复工作者平均工作 10 年 ·动力与职业发展机遇	

描 述	方 案		
	流动保育方案	3D 社区康复方案	营养不良儿童方案
记录	·每周刺激活动指导 ·视频纪录片 ·家访手册	·记录单元 ·以 12 个视频及书面文件记录培训方案 ·宣传单与评估工具	·编写小册子，以加强讲习班的主题
强大的反馈与监测机制	·每两周举行讲习班 ·现场监督	·针对每位儿童建立病例档案 ·每周进行病例审查 ·每季度评估儿童进展情况 ·"人力模型"	·日志 ·出院儿童家访时间表 ·每周反馈与规划会议 ·现场监督
以行为为导向的研究	·发展评估 ·儿童跟踪调查 ·评估培训对流动保育人员知识的影响	·开展研究，证实识别与评估工具的有效性 ·围绕社区态度开展研究	·纵向研究 ·开展研究，以确定再住院原因 ·可最大化取得成效的干预组合
采取积极措施，确保可持续性和制度化	·咨询委员会倡议 ·与利益攸关方磋商	·在一个教区开展试点项目，就如何提供方案服务培训政府工作者	

　　家访方案最大的整体挑战就是，确保方案实现全面制度化。作为儿童早期发展服务（日托和学前班）一体化新政策的一部分，牙买加政府正在努力解决这一问题：是否应该扩大儿童早期家访方案的规模，以及如何扩大？根据这项新政策，联合国儿童基金会支持对牙买加的国家儿童早期方案进行深度战略审查。这项评估工作包括扩大家访模型的可行性分析。联合国儿童基金会将审查财务预测、目标与战略、现有结构以及扩大卫生部调派的社区保健助理职责的可能性，使其职责包括儿童发展与早期刺激活动，以及当前为家庭提供的保健与营养服务。

　　为在全国范围推行家访方案——无论以何种模型或模型组合，并确保最大化稀缺资源的经济回报，人们需针对儿童、家庭和社区，开发一套结构合理的系统；需收集相关信息，以确定儿童、家庭和社区现状，发现最需要获得服务的地区，以及若不开展干预其需求最无望获得满足的地区。很显然，儿童在生存、成长和发展方面的整体改善，取决于为儿童提供住所、营养、社会交往、保护的家庭和社区的共同进步。将儿童早期家访方案与更加宽泛的社区倡议和社会投资挂钩，后者涉及关注社区条件和社会基础设施的发展（例如为母乳喂养、营养、安全饮用水、住所提供支持），这一做法至关重要。

　　有人可能会争辩称，牙买加等发展中国家的社会机构不具备整合此类干预措施的能力。倘若接受了这一论调，势必会犯下致命的错误。针对贫困儿童开展的优质方案已表明，在缩小贫富差距、打破贫困代际相传的恶性循环方面，它的能力超出了其他任何一种创新做法。

　　然而，实践证明，对贫困家庭而言，儿童保育中心和专业干预机构的正规方案费用过高，并且在很多情况下，这些方案不具有文化关联性，或者对家庭需求不敏感。作为《儿童权利公约》的缔约国，各国政府一定要审查替代战略，协助家庭开展育儿工作。《儿童权利公约》第 18 条中列明了缔约国的责任——"缔约国应在父母和法定监护人履行其抚养儿童的责任方面给予适当协助"。必须将诸如本章中所描述的家访方案纳入为贫困家庭提供的社会服务中。儿童早期发展与贫困之间的关联已获得公认，而针对儿童开展的方案能否最大化取得成效、实现可持续发展，取决于父母的直接参与。

结　论

　　本章中审查的家访方案通过提供刺激和游戏活动、父母教育与支持、促进和组织社区参与，转介至为儿童和成人提供教育、保健保育、经济及其他机会与支持的机构，同时为相关各方——儿童、保育人员和社区——

提供服务。为支持儿童早期发展，尤其是支持0～3岁儿童，方案采取了全面、一体化与互补式做法。方案结合了12个基本的质量元素，这些元素是任何一项儿童早期家访方案都不应缺少的部分。

这3个方案以及相关利益攸关方面对的挑战是，通过政府部门、非政府部门以及这两者之间富于创意的伙伴关系，在国家社会服务提供中实现家访方案的主流化。鉴于社会需求相互争夺资源，再加上资源又较为有限，有必要认真调研家访方案，确定它与家庭需求范围、干预战略、服务、现有人员之间相符。

参考文献

[1] Grantham-McGregor S. M. , Powell, C. A. , Walker, S. P. , Himes, J. H. 1991. Nutritional Supplementation, Psychosocial Stimulation, and Mental Development of Stunted Children: The Jamaica Study. Lancer 338: 1 ~ 5

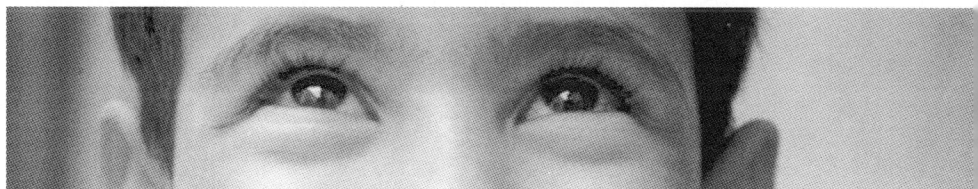

The Private
Sector's
Infuence on the Public Sector

第 4 部分

私营部门对公共部门的影响

第 10 章
私营部门在儿童早期发展中的作用
Role of the Private Sector in Early Child Development

Robert G. Myers

　　私营部门在改善儿童发展方面扮演着十分重要的角色。本章介绍了一个框架，以探讨私营部门未来可作出哪些贡献，并突出强调该部门作出贡献的具体方法。本章共分 4 个部分：阐述儿童早期发展的概念和支持儿童早期发展的理由；私营部门的定义；回顾私营与公共保育和教育之间有时发生冲突的原因；就如何使私营部门，尤其是公司和个人，更多地支持儿童早期发展活动提出建议。

儿童早期发展

　　儿童早期发展的概念包括儿童早期、儿童发展、儿童保育和早期教育等术语。尽管在使用时往往内涵各不相同，但是，这些术语共同表达出了儿童早期发展的精髓。在思考支持儿童早期发展的理由以及私营部门参与的意义时，领会儿童早期发展的实质十分重要。

儿童早期发展的定义

　　在本章和本书中，"儿童早期"涵盖的时间范围为：母亲受孕至儿童6~7岁入校。在设计儿童早期发展方案时，这一时间范围可延长至7~8岁，将学前方案与小学一或二年级之间的过渡期包含在内。儿童早期指的是这一期间：人的大脑几乎发育充分，开始学着走路、说话，开始建立道德基础，获得自信，发展整体世界观。这一早期阶段为此后一生的生活和学习奠定了基础。

　　"儿童发展"是一个多层面、完整、持续的变化过程，在此期间，儿童能够应对日益复杂的运动、思考、感觉、与他人交往等。随着儿童逐步与周边环境——家庭、社区以及更广泛的社会——进行互动，他的生理、心智、社会和情感发展亦正式起步。

　　"儿童保育"包括，保育人员在家中或非家庭环境下为确保儿童生存、促进儿童成长和发展而采取的行动。优质保育针对的是儿童基本的生理、心智、社会和情感需要，它取决于生理遗传、文化与社会经济地位及环境。儿童保育往往被狭隘地与"看护"画上等号，即仅为儿童提供保护，满足儿童的生理需要，而不考虑儿童的心智、社会和情感发展。另外，在探讨保育形式时，应将保育人员和儿童的需要作为重要考量。例如，在选择儿童保育方案时，有时父母的需要会优先于儿童的需要。

　　"早期教育"或"早期学习"指的是，儿童早期时，通过经验、实验、反思、观察和/或学习、指导，获得知识、技能、习惯和价值观的过程。教育是儿童发展中一个至关重要的组成部分，它逐步揭示由生物本能决定的特征。遗憾的是，早期教育往往仅与学前中心的心智发展有关，而学前中心的目的，顾名思义是为儿童取得学业成功做好准备，而几乎不关心更加广泛的发展需要或保育。

虽然儿童保育和早期教育方案的分类不同且各自分别组织，但它们应具备相同的基本元素，以帮助儿童最大限度地实现潜能。儿童保育方案必须满足父母及儿童的需要，因此，它的运作时间可能与儿童早期方案有所不同；但对儿童的基本关注并无差别。下文的讨论将交替使用"儿童早期保育与发展（early childcare and development）""儿童早期教育与保育（early childhood education and care）"和"儿童早期发展"。

为什么要支持儿童早期发展方案？

常识和科学发现说明，儿童早期对智力、个性和社会行为的形成至关重要，儿童如能在这几年里好好发展，那么他在人生中取得成功的概率会更大，将更具创造力，并更有可能成为一名好公民。社会为何应当投资儿童早期发展，这方面的原因已在其他著作中有过详细阐述（Myers，1995）。与其他原因相比，有些原因与特定群体和环境的相关性更强。下文简要介绍了支持儿童早期发展的六大论据。

人　权

儿童有充分实现自身潜力的生存权和发展权。根据普遍签署的《儿童权利公约》，联合国儿童基金会及当地人权组织支持的其他国际组织一直在积极推广这一立场，而且《儿童权利公约》规定儿童有健康发展的权利。然而，部分政府并不认为这条支持儿童早期方案的论据特别令人信服。

道德与社会价值观

人类通过儿童传递价值观，这一传递过程始于婴儿期。这项论据对于那些认为核心价值观正在沦丧以及（或者）所在文化群体中特定的价值观未能在政府支持的儿童保育与教育同质系统中获得充分代表的人来说，应该是很有说服力的。

经济生产力

通过改善早期发展，提升此后一生中的生产力，社会可从中获得经济惠益。这条论据对于关心经济增长以及参与全球经济竞争的政府和企业来说可能会很有吸引力。然而，正如本章后文中所述，获得总体经济惠益，以及从儿童早期发展到学校教育再到实现更高的经济生产力这一效应链条，可能无法说服私营公司投资儿童早期发展（例如与投资中学或技术教育相比）。对很多雇主来说，较具说服力的观点可能会是，儿童保育方案可令妇女解放出来并外出就业，从而提高这一重要劳动力来源的可得性。

成本节约

投资儿童早期发展是预防性举措，它可减少此后对社会福利方案、矫正式学校方案、保健护理、司法及犯罪服务的需求及它们的成本（Schweinhart 等，1993）。这条论据对政府来说应该特别有吸引力，而私营企业或个人对此则可能会无动于衷，因为此类投资对公司或个人的即期私人（而非社会）惠益可能不大或者较不明显。私营决策通常不考虑社会溢出效应。

方案功效

健康、营养、教育、妇女方案的功效可通过与儿童早期发展相结合而得到改善。这种做法可加强健康、营养和早期激励之间的相互影响。从工业和商业的角度来看，儿童保育方案堪称是不错的投资，因为工人（尤其是妇女）对子女的后顾之忧减少后，可多腾出一点工作时间。

社会公平

提供"公平起点"有助于改变社会经济、性别方面令人痛苦不堪的不平等问题。这个观点对有心创建更公平社会的政府和非政府组织，以及无法平等接受服务的群体来说，尤具吸引力。对企业而言，与这个观点相关的可能还有实现社会稳定（可令公司更安全运营的大环境）的观念，以及公司经理人的利他价值观（这亦可产生经济回报，因为公司将被视为一个对社会负责的实体）。

基于科学研究，上述社会论据应该足以说服政府和社会组织作出投资。然而，由于缺乏直接的私人回报，这些论据可能很难打动私营公司或个人。如果政府不采取行动，儿童早期发展方案可为大众提供的潜在社会惠益（例如犯罪率下降、相关司法成本降低）就会丧失。

对私营部门的启示

围绕私营部门参与教育领域的讨论大多侧重于高等和中等教育，对小学的关注相对较少。虽然这一广泛的讨论中仅有部分内容与儿童早期发展有关，但是由于部分原因的作用，如儿童年龄存在明显差异等，关于私营部门参与儿童早期发展方案的讨论必须有别于以上所述。儿童早期发展的 4 个特征与私营部门参与这一领域尤为相关。具体包括：儿童早期教育领域的演变，教育系统的广度和选择性，儿童早期发展与妇女就业之间的"紧张态势"。

儿童早期教育领域的演变

与其他教育等级相比，儿童早期教育在融资、运营和公私控制方面处于不同阶段。例如，在全球范围来看，小学教育已在很大程度上成为公共部门的职责（虽然还未完全由后者负责）。例如，在 19 世纪晚期之前，宗教组织在提供小学教育方面一直占据主导地位，近年来很多国家的儿童早期保育与教育似乎都呈现出这种趋势。

相比之下，旨在帮助儿童健康发展的儿童保育与早期教育服务基本上是私营部门的职责，这在发展中国家以及4岁以下儿童群体中尤为如此。Mangenheim（1999）指出，儿童早期保育与教育的私营部门偏向在美国也十分典型。

与以往一样，很多发展中国家的儿童早期保育和教育几乎完全是家庭的责任，政府提供的财政支持相对较少。并且，大部分正规和非正规儿童保育及早期教育方案是非政府组织——往往是宗教组织——负责运营的。在大多数国家里学前教育并非义务制也未普及，因此政府没有在法律层面上关注这一等级的教育支持。这种现状与高中和高等教育相仿，虽然公共部门参与这些教育层面的传统要比儿童早期发展久远得多。

当然，从广义上讲，私营部门在儿童保育方面占据主导地位，但这一现象也存在重要的例外。部分国家规定，儿童必须在入读小学前一年参加学前班。在拉丁美洲，针对儿童——最低4岁，有时为3岁——开展的政府教育方案正日益增多。在欧洲，公共部门通过多样化策略，深入参与儿童保育和早期教育的支持工作。在社会主义国家，政府此前作出了大量努力，资助、运作儿童方案，不过，20世纪90年代发生政治经济政策转变之后，这方面的工作大多已经停了下来。在印度，众多儿童正从公共部门的整体性儿童发展服务项目中受益。

在私营部门已在儿童早期发展和早期教育中占据主导地位的国家，"私营化"可能并不是一个主要问题。相反，有待完成的任务可能是寻找对策，令私营部门能够帮助父母教育子女，改善私营部门的儿童早期发展方案，并与政府建立伙伴关系，改善政府资助和管理的儿童早期发展方案的准入与质量。部分国家担忧的一个问题可能是，如何令儿童早期发展方案更加公共化，如何令政府心甘情愿地参与进来。

教育系统的广度

围绕私营部门教育问题的讨论，大多侧重于儿童入校以及在学校中学习的内容。然而，早期发展和学习通常是在学校之外的其他教育和学习环境中进行的，如家庭和社区等。与周边环境的互动是儿童发展的源泉，因此，旨在改善儿童早期发展的方案必须包含与儿童身边各种环境相关的补充策略（Bronfenbrenner，1979）。这些策略（Myers，1995）包括：

- 在家庭之外的保育中心照料儿童（为保育和教育创造一个可替代的环境）；
- 教育和支持父母，重点关注家庭环境；
- 支持以儿童为中心的社区发展方案，侧重于改变社区中可影响儿童发展的整体条件；
- 强化为照顾儿童和家庭而创建的社会机构的能力（在保育中心、家庭或社区中进行）；
- 倡导围绕儿童早期发展方案制定更佳政策、打造更佳法律环境，并为此制定法律。

除了运营儿童早期发展中心或者为运营中心的组织提供资源以外，私营部门还可通过更多途径改善儿童早期发展。

教育系统的选择性

在不断接受学校教育的过程中，儿童的年龄日益增长，逐渐成长为在社会和经济方面较为优秀的群体，这在发展中国家中表现得更为明显。他们在年龄增长的过程中，逐步接近和到达参与正规就业大军的法定年龄。通过淘汰机制，子女仍然留在学校中接受教育的家庭有能力为其支付教育费用的可能性较高。也就是说，低收入家庭的儿童被淘汰出局的可能性较大，仍然留在学校中读书的儿童一般家庭比较富裕。另外，与其他人相比，仍然留在学校中读书的儿童完成学业后往往更有能力和资格获得报酬不错的职位，由此，申请贷款完成学业成为可行之选。

从企业部门的角度来看，对这些比较优秀的儿童作出投资堪称明智之举，毕竟公司需要有一支高素质的员工团队，特别是考虑到目前正处于全球化时代。这些与年龄和劳动力市场可得性有关的选择条件，不太适用于围绕5~6岁儿童所开展的讨论，尽管发展中国家的许多儿童小小年纪就开始工作。

儿童早期发展与女性就业之间的"紧张态势"

儿童早期方案融教育和保育于一体，它直接牵涉到这一紧张态势，即女性如何分配时间，以兼顾子女发展和自身工作。尽管从理论上说，这一紧张态势涉及父母双方，但是，大多数社会仍将女性作为子女唯一的保育者，认为"这是女人的事"。保育是儿童早期发展的一部分，因此，围绕儿童早期发展进行的讨论远远超出了教育机构和预算范畴，而将公共机构和父母或他人提供的家庭保育的其他部分亦纳入其中。围绕儿童早期发展方案开展的讨论还包括，儿童早期发展方案对儿童在校表现、产出以及对此后人生和就业的影响，以及这些方案对家庭成员（尤其是母亲和姐姐）作为潜在劳动力的创收和学习能力的影响。随着儿童长大并升学，护理儿童和参与劳动力大军这两者之间潜在的此消彼长的关系将逐步消失。

私营部门

何谓"私营部门"，对于这一术语，不同的人有不同的理解，这有时甚至会令围绕儿童早期发展的讨论偏离轨道。无法阐明"私营部门"的含义，会使相关讨论的效果大打折扣，因为不同的组织和个人对早期保育与发展的结果、他们可提供的资源类型以及组织方法有着不同的既得利益。

私营部门的定义

从非常宽泛的层面上说，"私营"指为具体、单独的个人或群体所有，而"公共"指共同持有的物品和共同关心的问题。目前，"公共"通常与政府声明和可代表人民共同关心问题的角色画等号。因此，人们经常拿私营部门和政府部门作对比。然而，将"公共"与政府画等号，这一倾向可能有违"公共"一词的原意。如果政府真正代表人民关心的问题，那么冠之以"公共"机构之名并无不妥。然而，在独裁国家，政府关心的问题可能并不等同于公共关心的问题，人民并不是政府的主人，或者不具有控制权。

在 20 世纪，政府在提供教育方面的职责迅速增加，这在小学层面表现得尤为明显。教育（和学校教育）逐渐被视为福利国家框架内应当免费提供的一项公共产品。然而，在过去数十年里，福利国家一直有心无力，社会服务"私营化"倡议浮出水面。

表 10.1 阐述了私营部门与儿童早期保育和教育有关的多元维度。在很多讨论中，这些维度被合为一体，共同代表私营部门，私营部门被视为非政府机构的代表体，或者说，"政府之外"的万事万物（Van der Gaag，1995）。该表表明，"私营"的广泛定义使私营与政府部门相对立，它包括为了提供服务和产品——可能是教育用途或非教育用途——的明确目的而建立的组织。从广义上说，私营部门包括营利和非营利机构、宗教和非宗教机构、非政府组织、社区团体、民间志愿组织（private voluntary organization，PVO）。组织和个人均涵盖在内。

在部分讨论中，与儿童早期保育和教育有关的私营部门定义仅限于直接提供私人保育与教育服务的企业或社会团体（第 2 列，A、B 两行）。在其他讨论中，私营部门的定义仅侧重于商业界为追求私人利润而开展的所有活动（A 行，第 1、2 列）。

区分直接（第 2 列）和非直接（第 1 列）参与保育和教育的组织，有助于分清围绕"私营化"和"动员私营部门参与"开展的讨论。私营化涉及将所有权和运营（有时还包括融资）从政府组织转移至非政府组织或个人（即转移至第 2 列），而"动员私营部门参与"则表明，拓宽思路和方法，令尚未直接参与保育和教育方案的私营机构与个人参与进来；人们将重点放在第 1 列，不过，这个概念与表 10.1 中所有部分均存在关联。动员私营部门参与时应努力实现以下目标：

- 将机构和个人从第 1 列转移至第 2 列，令其成为所有者、运营商或保育人员（如私营化）；
- 从私营部门所有各方获得可用资源，供公共或私营保育、教育机构改善儿童发展。

表 10.1　　　　私营部门与儿童早期保育和教育相关的维度

维　　度	非护理/非教育用途和产品（第 1 列）	护理/教育产品（服务、培训、材料）（第 2 列）
A. 商业组织 大型组织 中小型组织	·钢铁公司 ·银行 ·修鞋店	·托儿 ·家庭日托中心
B. 社会组织 社区团体 NGO/PVO 教会 慈善机构	·当地妇女团体 ·宗教团体 ·一般基金会	·妇女团体保育中心 ·宗教学前班 ·儿童保育基金会
C. 私人	·没有子女的成人	·留在家中的母亲成为家庭教师

注：NGO，非政府组织；PVO，民间志愿组织。

关于私营化的利与弊，业内已有过很多辩论，本章不作具体探究，而是侧重于"动员私营部门参与保育和教育"这项较为宽泛的主题。

私营部门的参与情况：统计数据

私营部门参与儿童保育与教育领域的相关统计数据，大多是商业或社会组织（第 2 列，A、B 行）拥有或运营的正规机构的注册儿童数。统计数据包括，直接参与教育的营利和非营利教育机构、宗教与非宗教机构、社区团体和民间志愿组织中的儿童注册情况。统计数据忽略了未明确出于教育目的而成立的商业或社会组织的教育贡献，未体现出个人或非正规家庭保育和教育情况。

关于私营部门参与情况的统计学定义和行政定义——如果有的话——

很少明确区分组织的所有权、运营或控制以及资金来源。主导性判断标准几乎始终是所有权。正如 Bray（1998）所述，对"私营"的定义存在问题，因为不同的组织在融资、运营和控制方面的综合情况各不相同。例如，它的资金可能由政府提供，但其运营和控制可能是非政府性质，如正在美国兴起的"特许"学校。或者，由政府创建并负责运营的机构，资金可能很大程度上为非政府来源，例如，很多社区中心由政府正式批准并负责监管，但其日常运营却需依赖社区志愿者的支持。

在为筹备《2000 年全民教育评估》所进行的审查中，大多数国家报告称，儿童早期发展方案的参与学生中，有一部分参加了私营（非政府）方案。其比例在各国之间存在巨大差异。例如，在古巴，儿童早期教育与发展被视为政府的责任，私营机构占比为零。然而，在非洲多个国家以及中东部分国家，政府规定，家庭和当地社区组织应对早期保育和教育承担主要责任，据报告，这些"私营"机构的儿童注册率为100%。这些国家的统计数据未体现出政府为此类方案提供补贴支持的程度。

不过，就总体教育统计数据（尤其是早期教育和保育数据）而言，从非政府或行政的角度定义"私营"似乎是上乘之选，对此未产生任何异议。大多数统计数据不包含未注册的私营机构在保育和教育服务方面作出的贡献，因此，严重低估了私营部门的活动。

参与机构

表10.1 区分了商业与社会组织，这一区分可大致等同于"营利"与"非营利"之分。在使用这一区分时，围绕私营部门的讨论可限于"为所有者和运营者实现利润而创建的组织"（如 A 行）。这一定义自经济决策框架衍生而来，该框架将效率和效力与组织实现利润最大化的渴望挂钩。该定义适用于生产和销售教育服务或产品（第 2 列，A 行）和（或）在另外一个市场开展运营的企业（第 1 列，A 行）。

从狭义的角度来看，这一经济学定义不包括所有非营利机构，例如教会、社区团体或志愿组织等，即使它们运营学校或儿童保育中心并且收取费用。在表 10.1 中，这些非营利组织被一同归入一个单独的"社会"类别中，因为它们的动机被假定为公益与利他（即为公共利益服务，而非谋求私利）。

从逐利行为的角度区分商业部门与社会部门有失妥当，因为营利和非营利组织在行为上可能比较相似。很多"非营利"组织以营利形式运营，寻求新的市场，并努力实现成本效益。非营利教育组织经常收取学费，事实上可能还会盈利，但可能（或者被要求）分配利润，或以支付高工资的形式掩藏利润，或者用于自身的二次投资中。此外，非营利组织可能会寻求非货币利益最大化（比如，实现某一宗教取向社会化），这一做法的私利性大于公益性。反过来，一家营利性非教育商业组织可能会拿出自身利润（至少是一部分利润），无私地支持非营利和公共事业，包括儿童保育和教育方案。或者，营利性教育机构可能会利用灵活的收费标准，为部分学生提供补助，此举并非为了实现利润最大化。

如果仅以经济学术语定义私营部门，那么，"私营化"就会成为一个狭义的概念，即私人所有和运营的组织在利润最大化欲望的驱动下，力求更大程度地控制清晰界定的市场，社会组织将被排除在外。

尽管营利与非营利之间的区分有些模糊，但是，二者之间的差异足以令社会能够继续从法理上予以分辨。另外，与利润驱动型企业相比，人们期待社会组织能够更加密切地代表公共利益，并且与政府机构和企业相比具备特定的运营优势。例如，这些优势可包括组织结构、与当地人交往、适应文化差异的能力等。

表 10.1 进一步就大型组织与中小型组织作了细分，例如"父母式"运营（此处主要意指"母亲"）。人们在讨论私营化或私营部门扮演的角色时，重点通常放在了大公司身上，一心希望能够找到可大规模、迅速、有效改善系统的做法。然而，在发展中国家，大部分非政府儿童保育与教育方案由小型团体、社区或个人运营，大型社会（通常为非商业）组织——例如宗教团体或国际非政府组织——有时也会参与进来。在参与儿童早期保育与教育方案运营的私营组织中，小型企业（尤其是提供服务的小企

业）与大型企业共同构成了其中的一个主要类别。

表 10.1 还将社会组织细分为社区团体、非政府组织和民间志愿组织、教会和慈善机构。这些类别可能存在交叉（例如社区团体可能深深扎根于某一宗教信念），各群体间在动机、参与保育和教育的方式以及就参与工作展开游说的个人（例如当地牧师、市长或女性领导人）等方面存在实质性差异。除具备资金来源的慈善机构外，其他很多群体，包括非政府组织和民间志愿组织，必须寻求资金并/或通过贡献个人时间和实物捐赠方式进行运作。

规模再次成为一个问题。尽管表 10.1 未有显示，但动员年度预算为 1 亿美元的国际非政府组织或慈善机构参与方案，以及邀请当地妇女团体通过贡献时间和捐赠金钱来组织一项服务，这两者之间绝对存在着很大区别。

个人和家庭参与

在讨论如何动员个人和家庭参与儿童早期发展时，有必要从另外一个不同的视角看待"私营"。他们个人的责任可能是，儿童保育与教育的即期提供人，或者是这些服务的使用者和支付者（见表 10.1，第 2 列）。又或者，个人和家庭可被视为保育与教育方案的潜在支持来源（如果他们没有子女）（见第 2 列）。无论是哪一种情况，讨论都会从私营和公共生产商的权力转移至私人客户的权力，后者可能会决定，在家中提供保育和教育。

家庭和个人对于在家中还是在外面投资儿童早期保育和教育（或者投资多少，如何投资），各自有着自己的标准。他们的投资动因可能是，儿童能在保育中心茁壮成长，或因为自身的工作存在保育需求。他们关于保育选择的信息，以及对方案可为儿童带来哪些潜在惠益的了解可能非常广泛，也可能十分有限。他们的选择会受可用服务的特征所影响，例如成本（针对支付能力而言）、距离、时间安排的灵活性、质量、对方案的信心。

了解家庭如何作出决策，对儿童早期方案投入时间和金钱，无论是在家中还是在非政府或政府机构中接受保育和教育，这一点十分重要。他们的决策可能会受以下因素影响，例如：

- 提供价位、质量各不相同的私营教育服务；
- 以直接支付、奖学金、税收抵免的形式提供公共补贴，或者可在私营或公共方案中使用的优惠券，具体由用户选择；
- 延长产假时间；
- 就现有方案提供补充信息。

从家庭和个人的角度来看，教育私营化的概念更多涉及为潜在用户增加备选项以满足其特定需要，而不是将运营体系由政府转移至非政府机构。选择本身是件好事，与知识型客户的市场取向、高度竞争、提供很多选项有关（Plank 和 Sykes，1999）。在 21 世纪初，大部分发展中国家尚未提供此类条件。

在涉及一家公共机构——墨西哥国立自治大学的争议中，学生纷纷抗议私营化，不接受学校欲推行的做法，即根据学生的支付能力，对部分学生征收适当学费。该做法并未涉及大学在运营和控制方面的变革，学校的性质未发生变化，仍然是公共机构。尽管学生在为期 9 个月的抗议中获胜，不过有趣的是，入读高等院校的需求日益向私营机构转移，这一倾向增加了私立学校的注册率，由此提升了墨西哥高等教育的私营化水平。

除改善私营选择外，使父母承担更大份额的保育和教育成本（令父母加大私人投入）的理念也日益流行。作为一种私营化形式，政府已开始针对公共方案收费，并且鼓励发展私立学校，家庭可付费就读这些学校，从而令政府有更多的精力为其他家庭提供服务。这些从参与保育与教育方案的家庭获取私人资金的做法可增加部分家庭的选择，不过也会减少其他家庭的选择，如果不辅之以补贴做法，这将创造更大的不平等。这些考量与围绕私营及公共保育与教育的讨论相关。

私营及公共保育与教育

至少有 6 个令人关心的问题"驱动"着各方开展讨论，讨论内容涉及社会方案，包括早期保育与教育在内的公共及私营融资、运营和控制社会方案。这 6 个问题具体如下：

- 资源和教育机会的可得性；
- 效率与成本效益；
- 问责；
- 质量；
- 公平；
- 多样性与选择。

人们为每个问题赋予相对权重将它们转化为评价成效的标准。这些相对权重将奠定总体基调，影响人们对私营部门参与的看法。

资源和教育机会的可得性

政府无法提供充足资金以充分资助教育方案，包括儿童早期方案。各种需求争相抢夺政府资金，这导致资金不足，"有必要限制支出，以减少赤字和债务"（Tooley，1999）。这个问题与人们明确表达的愿望息息相关，即针对政府资金不足的现状，改善方案准入与覆盖面，不落下一个儿童。

不管政府是否有能力增加对儿童早期方案的资助，政府为这些方案划拨的预算占比一向极小，在大部分发展中国家，这一占比往往不及教育部门总预算的 1%，就国内生产总值而言，这一数额犹如沧海一粟。即使将卫生支出纳入其中，预算的拨款数额仍然很少，而从国防、安全甚至是其他教育等级的计划支出中进行财政转移，似乎并不具备可行性。

由此，商业界、社区、其他社会组织和个人被视为首要的资金"后备"来源,以补充政府在儿童早期发展(或其他保育和教育)方案方面有限的资助能力(或支出意愿)。人们可以通过以下途径寻求私营资助来源。

- 鼓励公司和商业界(私营部门中的非教育性营利机构)探索其他做法,令其信服,积极支持方案,以自身资源服务公共利益;
- 激发各方关注社区团体和志愿组织运营的儿童早期发展方案,他们可获得新的资金来源,或者动员个人贡献宝贵时间,提供儿童早期保育与教育;
- 发起倡议,请求或吸引父母为私营方案(有时包括公共方案)提供的服务支付费用。

在私营部门中广泛寻求备选资金来源,这可能会(也可能不会)削弱公共部门在运营和控制方案方面的作用。虽然部分评论家承认,从私营部门获取额外资金无可厚非,不过,他们认为,国家扮演保护者的角色是十分重要和必要的,他们还指出,寻找备选资金来源可能会适得其反。例如,除非公共机构继续免费提供服务,或者帮助支付私营服务的费用,否则,私营方案的收费可令有意参与保育和教育方案的低收入家庭望而却步。由此,私营部门的参与可对社会公平产生负面影响(见下文"公平"小节)。

另外,政府可能会为自己不向这些方案拨款寻找"借口",将支持这些方案的重任交给众多的私营团体。有人曾建议称,政府应针对有经济能力的家庭增加税收,利用这些收入拓展早期保育与教育方案,借此巩固自身立场。

效率与成本效益

另外一个担忧就是,人们普遍抱怨公共方案管理效率低下,对所获取的稀缺资源使用不当。人们认为,官僚机构庞大,缺乏活力,并且有可能腐败不堪,不直接对服务用户负责,受限于政治影响,缺乏改善方案管理的动力。据推测,在竞争的环境下,私营机构运营的方案需对用户负责,因此，它会寻求最高效、最具成本效益的方式提供早期保育与教育服务。此处的重点更多是放在了运营和控制上，而非直接资助，后者可通过公共来源或用户直接支付而获得。

在一份私立中等教育审查报告中，Bray（1998）指出，人们需要进一步开展研究，以证实已经获得的大量证据，即私立学校的效率远高于公立学校。很显然，不同环境下的情况存在广泛差异，具体取决于私营或公立系统所服务的人口。

虽然努力寻求效率无可厚非，甚至是必要之举，但是，部分评论家担心，打着效率的旗号会扭曲教育目标，令运营者从教育、关爱儿童这一首要任务中分神。这些批评家们认为，儿童早期发展组织可能会实现高效，但却收不到成效，或者说仅可实现有限的成效标准（例如儿童从未留级，顺利完成学业），而不关心儿童是否在学习和发展方面取得了综合进步。这些批评家们对"视儿童为'产品'"这一日益流行的看法忧心忡忡。

另外，在儿童早期发展领域，如果将首要目标定为为儿童入学做好准备，那么，投入资金针对 5 岁儿童开展半日制方案的效率会很高；但是，这一侧重点不得强调其他目的，例如，满足父母的需要——有些父母必须长时间工作，他们一心想为学龄前子女寻找全日制方案。同样，让一位保育人员或教师负责照看大量儿童，这一做法可能效率会很高，但是之后，这些儿童很可能会被"群养"，而不会在保育人员或教师的指导下学习知识。

衡量效率时必须依据成果标准，而不是死板的教条（例如及时提供"投入"，按时发放教师工资，降低留级率）。就方案私营/公共资助和运营而言，一个中心问题就是，对成果的定义是从狭义的组织和货币层面，还是从广义的、更具人道主义精神的层面作出的。

问　责

问责与效率密切相关。在这种情况下，它更多是指提供服务，而非提供的形式。问责指达到标准，并对用户明示的个人需求和社会需求作出回应。

尽管各国政府为教育领域提供公共支出，但是，他们一般仅对公众负责。官僚作风根深蒂固，对大多数公务员来说，公众无法通过选票将其撤换或取代。在当地，学校董事会和委员会直接与选民接触，公立学校的行政人员和教师可能要直接对所提供的服务负责。然而，大多数时候，对儿童早期保育与教育的关注几乎为零。此外，在很多发展中国家，批评那些被视为（儿童早期教育）专家的做法，被认为是有欠妥当的。

有人可能假定，如果私立机构运营儿童保育和教育中心并且（或者）父母必须为服务支付费用，将改善问责的现状。然而，在市场价值观未占主导地位且管理者权力边界、人际关系形式有别于市场主导型发达国家的文化中，这一假设可能并不准确。Bray（1998）就这两种情形提供了范例。

质　量

和问责一样，私营部门教育方案的倡导者称，与公共部门教育相比，私营部门的收费方案质量更高，因为面对竞争，这些方案必须对客户需求作出回应。这一论据与资金问题无关（虽然可能有所涉及），主要是与私营教育的特点挂钩，比如，明确界定结果和期望值的能力，遴选、留住优秀教师（Rothstein、Carnoy 和 Benveniste，1999），开展评估，提升创新倾向（Finn、Manno 和 Vanourek，2000）等。这项论据假设：用户有能力界定、认识和监测方案质量，并且在选择方案时，质量是他们考量的主要因素。

与之相悖的论断则表明，允许私立组织运营方案会降低质量，因为次要却相互关联的因素会影响用户的决定，妨碍竞争，降低组织的问责责任，如以下两点。

- 必须外出工作的低收入父母可能会需要儿童保育服务，但面对各种方案，他们几乎没有选择的余地，因为他们无法承担收费较高的方案；并且，如果没有或无法参加优质公共方案，又或者，优质公共方案在他们的工作时间内运营，他们就只能参与收费低——并且很可能质量较差——的私营保育方案。在这种情况下，对距离、时间和费用的考量优先于质量。

- 父母可能并未意识到，他们有资格参与可提供优质保育与教育服务的方案，并且（或者）他们可能未被告知优质方案的潜在惠益，未被告知这类方案提供的服务远远超出了看护的范围。这方面的认识并未普及。

系统中的这些"不完美"可令运营者"以次充好"，降低质量，比如，以低工资聘用缺乏经验的保育人员和教师。运营者可能会为用户提供可接受的交易条件（例如在降低服务质量的同时延长服务时间）。

在对加利福尼亚州选定公共、私立学校进行的一项调查中，Rothstein、Carnoy 和 Benveniste（1999）提出，要想清楚地界定学校目标、吸引教师前来工作，学校位于高收入还是低收入地区这个因素的重要性胜过学校是公立还是私立这个问题。在拉丁美洲开展的一项比较研究（Casassus 等，1998）的结果表明，古巴（其教育系统完全为公立性质）儿童的测试得分明显高于哥伦比亚（其教育系统大多为私立小学和中学）儿童。

近期针对《2000 年全民教育评估》开展的一项调查中（Myers，2000a），至少 3 位来自不同发展中国家背景的儿童早期发展专业人士提及，提供劣质儿童早期保育和教育的私立机构的数量正在迅速增加，他们敦促政府对此采取控制措施。简而言之，私营儿童早期保育和教育机构的存在并不一定能保证提供优质方案，甚至可能还会提供劣质方案，具体取决于实际情况。

公　平

一旦聚焦到公平问题，关于私营部门所扮演角色的讨论就变得更加负面。在这种情况下，私营部门往往扮演"坏人"角色，被视为一个潜在的不公平来源，而非社会矫正来源。人们假定，私立机构的大部分服务仅为那些有经济能力的人提供，这一现状可引发（或加强）社会分化。在这种情况下，精英阶层可获得优质的私立学校教育，而穷人"只能凑合使用"劣质的公共体系，并且，与农村儿童相比，城市儿童更具优势。

Tooley（1999）指出，这一假设可能存在误解，因为：（1）公共部门服务提供也会存在不公平现象，并且会有隐性收费；（2）私营部门针对弱势人口提供了富于创意的方案。Tooley（1999）以 18 个私营部门运营的方案为例，展示了私营教育的潜在惠益——主要针对中等和高等教育层面。他突出强调了建立"辅导"方案的运营者，"辅导"方案逐步发展成以"低收费且结果毫不逊色于公共机构"为特征的大规模可选教育方案。然而，Tooley 未阐明"低收费"的含义，也未根据中下阶层、中等阶层、贫困阶层的差异，明确说明这些方案可为贫困人口带来哪些惠益。

部分人士（Sancho，1999）称，利用可选来源可令政府更好地锁定公共补助对象，增加贫困人口项目的资金流。这种观点的一个隐含假设是，这些资金流将减少不平等，因为贫困人口可拥有更多的项目参与机会。然而，正如另外一个争议所称，若存在私营方案的质量优于公共方案这一倾向，那么将创建一个双层系统，这时，不平等将与质量而非准入挂钩。换言之，公共系统将为贫困人口提供"二流"方案，私营系统将为有经济能力者提供"一流"方案。缺乏优质方案参与机会很少被视为衡量持续不平等问题的一个指标。

这一观点可能有夸大之嫌，因为正如此前所述，目前存在优质公共方案，亦存在劣质私营方案；但是，与质量有关的不公平、双层系统方案不在少数。将增加准入机会与改善质量直接画等号，这种做法值得质疑。

多样性与选择

私营教育的讨论亦涉及另外一类问题：在多元做法之间作出选择。公共教育倾向于提供同质服务，而且对于要求学校特别关注文化和宗教分歧的父母而言，大规模公共方案难以应对学年期间父母对特别关注文化和宗教分歧的需要。另外，公立学校系统很难提供其他课程设置，这令少数派或对政府教育部门不批准的具体课程设置（例如蒙台梭利、创意艺术）感兴趣的私立学校出现增长，这些学校多由宗教或文化团体运营。

公立学校中存在的这些倾向可通过权力下放系统予以调适，即适当地控制课程设置和教师聘用。然而，仍然有部分群体的渴求无法在公立学校系统中得到体现，从历史角度看，作为首选方案，这些群体一直在发展自己的学校。满足父母和边缘化社会群体的需求，这一渴望值得赞许，因为它令方案选择更具多样性，不过，这也可能加强社会分离和分立。

动员私营部门参与其中

本章从广义的角度看待私营部门，它包括商业、社会组织及个人，这些组织或个人虽未直接参与提供儿童早期保育和教育服务，但却拥有可令儿童受益的资源。表 10.1 中描述的其中两个构件——商业组织和没有子女的成人（第 1 列，A 和 C 行）——可在更大程度上参与儿童早期保育和教育。下文列明了动员这些组织和个人参与进来的潜在方法。

私营企业参与

非保育、非教育型企业可能会出于自身利益、社会责任和（或）利他精神，有意愿投资或资助儿童早期发展方案。就自身利益而言，企业可能会考虑下面 3 条相关发现：

- 研究指出，公司员工如果无须为子女保育问题操心，则可取得更佳表现，且缺勤率较低；
- 参与社会方案产生的良好口碑有助于产品销售；
- 某些形式的贡献可令公司实现税务减免。

提高劳动力的素质和生产力，无论对私营企业的自身利益还是公共利益而言，均十分有利。越来越多的 ECD 研究文献将儿童早期投资与在校的更佳表现以及之后的创造力提升挂钩——儿童越健康、智力越高，日后就业时的创造力就越高。尽管这是不争的事实，但是雇主有时很难接受这个冗长的因果链条，因为未来难以预见，并且这种投资无法立即带来回报。就中学和大学教育而言，教育与生产力之间的关联更加明显且更有说服力，因为届时儿童和青少年逐渐长大成人，培训与工作之间的直接关系更加一目了然。

私营企业可以（或正在）通过在公司内部、公司外部更广阔的社会环境或集体行动的方式支持儿童早期发展方案。具体参与方式如下。

在公司内部

第一种支持儿童早期保育和教育的做法就是，侧重于公司员工的"家中保育"。政府未要求公司提供儿童保育或产妇福利时，部分公司会采取行动，为内部员工提供这些福利，其具体内容如下。

- 安排灵活的工作时间，这样一来，父母可在家中更好地照顾子女。
- 建立现场儿童保育或早期教育中心，由公司运营或外包给独立的服务提供商管理。现场服务能否取得成效，能否取得成功，这在一定程度上取决于员工住所与公司之间的距离。这种做法在很多发展中国家不太有效，因为职业母亲不忍心子女每日两次在拥挤的公共交通中经受长时间的颠簸之苦。
- 为父母提供现金福利或优惠券，可用于参加满足特定标准的方案。
- 为员工提供亲子教育方案。
- 要求员工为普适性社会项目（例如美国联合基金会，它通常为儿童早期方案提供部分支持）以及或由公司赞助、或由他人开展的更具针对性的儿童早期方案贡献自己的一份力量。

上述建议要求公司支付"额外"费用，发展中国家的很多公司不愿意支付这项费用，对于那些在世界市场上的比较优势取决于保持低廉生产成本的公司来说更是如此。除非看到对生产力的直接惠益，或者拥有较高的社会良知，否则，公司不太可能采取这些行动。一个例子就是，在很多发展中国家，公司不遵守法律规定——根据法律规定，女性员工超过特定人数的企业需提供现场儿童保育中心。即使在这种情形下，大多数公司也不提供日托服务，并且大部分政府的执法情况不尽如人意。在部分情况下，其结果可能是招聘女性员工时设定"上限"（使女性员工人数较少，以避免提供儿童保育），或者公司临时雇用女性员工，定期辞退她们，这样一来，公司可避免提供福利。

许多政府将儿童保育纳入强制性社会保障福利中，其部分原因在于，企业不愿为员工提供儿童保育和早期教育福利。政府会通过以下方法帮助公司为其员工提供这些惠益，如：允许公司享受税务减免；或者，公司提供内部服务或其他福利时，不用支付与儿童有关的社会保障福利费用。

在公司外部更广阔的社会环境中

另一种可为儿童早期发展提供更广泛支持的做法是，由公司为政府、私营教育公司、社会部门组织或个人运营的新方案或现有方案提供支持。商业界能够以多种方式支持这些方案，比如纳税、支持慈善事业、向社会信托基金捐款、公司与学校一帮一、捐赠产品或服务。税收和慈善方案是私营企业为实现公共利益，向儿童早期发展方案作出贡献的两种最显著的间接形式。这些贡献方式以及其他较为直接的 ECD 支持形式将在下文中一一探讨。

第一，纳税。私营企业通过税收形式支持社会方案，包括儿童方案等。这一点有时会被忽视，这可能是因为大众往往看不到这一行为，公司无法借此直接轻松地赢得声誉。对个体公司和整个私营部门来说，通过一般税和预算拨款为儿童早期发展提供支持，数额可能会很小。因为税率相对较低，公司可能会想方设法逃税，而公共预算拨款中用于儿童领域的份额相对极小。

然而有时税收会被专款专用。用社会保障基金的部分款项支持由公共部门或经过审批的代理人运营的儿童保育方案，这就是一种专款专用。墨西哥和瑞典这两个国家是这种专款专用形式的范例，而美国采取的则是其他做法（Myers，2000b）。这些资金安排使用的是私营部门基金，它往往由企业员工和政府共同承担，员工需将工资的一部分交至基金，而政府则从一般收入中拨款。专项基金也可能用于产妇和父母的产假福利。瑞典和大部分社会主义国家对产妇支持采取自由安排。然而，发展中国家很少有此类安排，即使有，也仅限于特殊情况；而且，除非对公司开展监测，否则专项税收的做法可能导致部分公司不敢雇用女员工，因为这些员工会增加公司的成本。

在哥伦比亚，此种贡献形式的一个衍生做法就是：政府要求所有机构（无论是私营还是公共性质）均需支付3%的工资税，专门用于哥伦比亚家庭福利研究所（Colombian Institute for Family Welfare）的儿童早期活动。其支持方案由政府组织和控制，由社区运作。事实上，如果私营部门通过向政府纳税这一方式提供捐助，一般都会采取这种做法。

第二，成立慈善机构。慈善事业在发达国家已实现大幅拓展，而在大多数发展中国家尚处于起步阶段。不过，在发展中国家开展业务的大公司所成立的基金会，已日益受到关注。企业为了向儿童早期发展方案捐赠全部或部分资金而成立了慈善机构，后者可能会继续与该公司密切挂钩，亦可能作为非营利社会部门的一部分，完全独立运营。

慈善机构的资金可用于支持很多潜在倡议，以改善儿童早期发展。例如，其资金可支持私营或公共机构运营的保育中心，支持全面的儿童早期发展补充策略（例如中心、亲子教育、以儿童为中心的社区方案、培训及其他形式的能力建设、倡导活动等）。

尽管缺少具体的统计数据，但近期历史表明，慈善机构在儿童早期发展领域的参与度相对较低。然而，随着捐赠日益增多，这一趋势似乎正在慢慢改变，其中的原因可能包括：这些慈善机构寻找新的支持活动，对儿童早期发展的重要性有了新的认知，社会和经济条件不断变化，对人权的考量以及其他原因。下一章中描述的案例阐明了私营部门日益参与慈善事业的情形。然而，尽管人们已经作出种种开创性和持续性努力，加大对儿童早期发展支持力度这一转变似乎尚不适用于发展中国家。

第三，建立并帮助运作社会信托基金。企业可通过建立并帮助运作社会信托基金，更直接地参与儿童早期发展。作为一种需求响应式的参与形式，信托基金可支持保育中心和教育机构提议的相关方案，而非预先设计好的成套活动。企业可按慈善机构的方式运作基金，或者扮演更加积极和主动的角色（例如为儿童早期保育与教育机构提供直接的技术或法律支持，提供贷款，参与倡导工作等）。

社会信托基金为在各部门间建设伙伴关系，支持儿童早期发展，动员政府、私营企业和国际组织参与进来，向共同基金捐赠款项提供了一个绝佳机会。所有捐赠者和潜在用户可向监管委员会派出代表，并可建立非政府组织，利用基金的资源运营方案。信托基金可在国家、国际层面或在特定地理及政治区域内的相关国家运营。

信托基金的一个主要目的是，帮助创建和加强儿童早期发展方案。它的活动将侧重于帮助社区、非政府组织和小型企业建立或改善方案，并且基金可向政府资助和（或）运营的机构提供额外支持。其重点可以确定为：针对那些为无力承担全额费用的低收入群体服务的机构，帮助它们制订自给自足的策略；提供技术援助，以帮助符合条件的机构制订融资计划书。

第四，公司与学校"一帮一"。哥斯达黎加和巴拉圭确立了公司与学校"一帮一"方案。公司为学校提供一系列援助，例如提供施工援助，采购或捐赠材料，提供管理建议、奖学金和食物等。智利 Arauco 公司就是一个具体范例，该公司为多所当地社区学校提供支持（UNICEF 和 Fundación Andes，1994）。对私立学校而言，公司可协助支持一项资本基金，有时也可基于匹配原则，通过基金收益提供有保障的、持续的财务支持来源。

第五，捐赠产品或服务。过去，私营企业已为教育体系的不同领域提供过实物援助。最明显的例子就是大规模捐赠新电脑。例如，美国创立了一套机制，循环利用企业淘汰下来的电脑。发展中国家可创建一套与之相仿的机制，以帮助社区和非政府组织管理、提供儿童早期保育和教育。私营企业提供的其他实物捐助大多针对小学，捐赠品包括学校供给品（例如纸张、蜡笔、书籍）、建筑材料，有时也包括食物。

企业参与儿童早期发展的其他机会与即期需求或支出关系不大。例如，对社区或私立学校而言，行业可捐赠能够转卖的产品，或捐赠可通过帮助当地机构发展资本基金，来建设可持续发展能力的产品/服务。又或者，行业可向学校提供管理协助，因为大部分早期教育机构的管理者都缺乏管理经验。行业还可开发课程，帮助由社区组织或非政府组织运营的儿童早期发展中心提高负责人的素质，使其就中心的组织和财务情况开展自我诊断。

部分大型私营企业可提供专业援助，例如，计算机支持。下文还建议了部分援助方法。

- 图书出版商可为使用其已售书籍和材料的儿童早期保育和教育企业提供课程。
- 银行可为教育领域小型企业提供小额贷款，并且利率较优惠。又或者，可创立与累积"航程公里数"相似的信用卡机制，将一小部分购买款项捐至保育和教育基金。
- 通信组织可帮助宣传教育选择，提供专业经验和"广播时间"，支持儿童早期远程教育活动，令父母重视和了解相关情况。例如，CNN与联合国儿童基金会、世界卫生组织及其他组织签订协议，帮助大众了解儿童权利。电话公司将相关信息印在电话账单上，传达到千家万户。

集体参与

除了个人公司参与儿童早期发展的种种可能性外，还可以采取私营部门集体捐助的形式，而且其可行性甚至可能大于前者。这种范例包括，哥伦比亚咖啡种植者协会和危地马拉糖类种植者协会。

这种集体参与的标志之一是成立委员会，协助监测特定公司是否正在提供符合相关儿童法律的惠益或服务。还可创建"标志"，以识别"对儿童友好"的公司。

公民个人参与

没有子女的公民亦可发挥个人慈善家的作用，以此支持儿童早期发展。其他机会在本文其他部分已作过探讨，例如启动教育券计划（由私人资助，贫困家庭可凭它享受私营部门的服务），它可令教育私营化并可增加父母的子女教育选择；个人贡献时间来帮助儿童保育或教育，这一现象在很多发展中国家十分常见，但在发达国家却并非如此。

个人慈善事业

在发达国家，教会、慈善机构、医院以及其他组织很早就认识到了动员个人捐款的价值，这一微型慈善事业传统已经成形，或许还出现过滥用的情况。大型国际非政府组织（例如救助儿童会、基督教儿童基金会、国际计划、世界展望组织）即是此类机构中的一员，它们纷纷利用这一做法支持方案，改善发展中国家儿童的现状。这些组织通过建立个人捐赠者方案吸引资金（这些资金大多来自于发达国家个人的捐款），一直都能非常成功地获取资金，并"资助"发展中国家的儿童或家庭。尽管发展中国家也存在部分慈善传统，但其个人慈善不如发达国家兴盛，部分原因是有能力个人捐赠资金的中高收入群体相对规模较小。

不过，由于家庭规模大、亲属关系广、社区工作传统等原因，在发展中国家社区中，父母以外的其他人个人参与育儿工作的占比较高。此外，与发达国家相似的是，随着社会号召个人向社会方案捐款，一项新的参与方式正在兴起。例如：在孟加拉国，GrameenPhone 直接呼吁个人提供经济援助；在哥伦比亚，国际发展与教育中心正在试行一项倡议，即吁请在本国境外生活的哥伦比亚人捐款。

网络的蓬勃发展极大地拓展了微型慈善事业的可能性，并使之达到新高。例如，飓风"米奇"过后，一个小型欧洲团体利用因特网呼吁捐款，几乎在一夜之间便筹到了 20 万美元。鉴于这一成功，该组织正在考虑就类似呼吁发展一套机制，向潜在捐赠者提供一系列发展中国家非政府组织的简介及其项目陈述。这些组织将接受独立审查，以确认其真实性、以往经验和需求。已有一项技术可为此类工作提供便利。正如《时代》杂志报道（Schenker，2000）中所述："……技术行业的从业人士在达沃斯会议上对全球部分顶尖银行阐述，如何利用电子证书令小额款项在个人之间转移。"毋庸置疑，发展中国家开展了很多有望获得丰硕成果的类似努力，将它们记录下来并从其成败中汲取经验教训将对大家十分有益。

结 论

本章探究了动员私营部门相关构件参与儿童早期发展的种种可能。主要观察概括如下。

1. 动员私营部门参与有别于私营化。"私营化"是一个比较狭义的概念，它指的是将所有权和运营（有时亦包括融资）从政府组织转移至非政府组织或个人。"私营部门"是一个比较广义的概念，它指的是私营部门所有机构广泛参与一整套活动。

2. 对发展中国家的儿童早期发展而言，私营化可能并非主要问题，针对儿童早期保育和教育方案的私营部门支持占比较高，私人运营的儿童早期发展方案亦占比极高，这些即佐证。相反，发展中国家面临的挑战是，想方设法令私营部门参与进来，帮助父母解决儿童教育问题，改善当前由私营部门运营的儿童教育方案，并与政府联手，提升由其资助、管理方案的准入机会和质量。可能需要注意的一点是，令儿童早期发展方案更具公共性质，动员政府参与这个不情愿涉足的领域。

3. 投资儿童早期发展的观点可能会对政府和不同的社会组织较具说服力，但却很难令私营企业或个人信服，他们期望从投资中获得直接的、私人的回报，而且他们尚未参与儿童早期保育和教育时这一点表现得尤为明显。如果私营部门不在这一领域承担部分责任，并且政府也不采取行动，那么，儿童早期发展方案就会陷入投资不足这一困境（也就是说，私营部门获得惠益的程度，将与儿童早期发展方案能够提供的社会惠益水平不相匹配）。

4. 在很多发展中国家，"客户知识渊博，市场充满竞争"，这项假设存在疑点。很多发展中国家缺乏这些要素，这削弱了现有支持私营化的论据。"支持私营化"的观点假定，通过向私营提供商提供奖励措施，或向选择方案的客户提供支持，质量、问责和效率可获提升。

5. 对提升私营部门参与度或实现儿童早期保育和教育私营化的影响进行评估时，其标准包括：资金水平变化、问责、效率、质量、多样性与选择以及公平。应用这些标准可能引发相互矛盾的结论。例如，人们倾向于使用资助与准入标准，这往往可引发忽视公正、质量参差不齐或不公正等问题。在不同背景下，转移公私支持之间的平衡会影响这些标准，可证实这些影响的全部证据有待研究人员进一步累积。

6. 动员非教育和非保育企业参与儿童早期保育和教育方案的机会有很多。一个很有前景的做法就是，动员他们参与建立、运作社会信托基金。

7. 个人微型慈善事业是另外一种利用私营部门资源的极具前景的做法，这在发展中国家尚未获得广泛推广或审查。

参考文献

［1］Bray，M. 1998. Privatization of Secondary Education：Issues and Policy Implications. In：Delors，J.，ed. Education for the Twenty-First Century：Issues and Prospects. Paris：UNESCO

［2］Bronfenbrenner，U. 1979. The Ecology of Human Development. Cambridge，Mass.：Harvard University Press

［3］Casassus，J.，Froemel，J. E.，Palafox，J. C.，Cusato，S. 1998. Primer Estudio International Comparativo

Sobre Lenguaje, Matemática y Factores Asociados en Tercero y Cuarto Grado. Santiago, Chile: UNESCO, Regional Office for Education in Latin America and the Caribbean (Chile), Latin American Laboratory for Evaluation and Quality of Education

[4] Finn, C. E. , Manno, B. , Vanourek, G. 2000. Charter Schools in Action: Renewing Public Education. Princeton: Princeton University Press

[5] Mangenheim, E. 1999. Preschools and Privatization. Paper presented at the conference on Setting the Agenda for the Center of the Study of Privatization in Education. Columbia University, Teachers' College. Mimeo[Forthcoming from Westview Press in a volume edited by Levin, H. M.]

[6] Myers, R. 1995. The Twelve Who Survive: Strengthening Programs of Early Childhood Development in the Third World. Ypsilanti, Mich. : High/Scope Press

[7] Myers, R. 2000a. Early Childhood Care and Development, A Global Review: 1990 – 1999. Paper for UNICEF and The Education for All Forum, contributed to the Year 2000 Evaluation of Education for All. Paris: The Education For All Forum. [Available on http://www. unesco. org/education/efa]

[8] Myers, R. 2000b. Financing Early Childhood Care and Education Services. In: Neuman, M. ed. International Journal of Educational Research 33 : 75 ~ 93

[9] Plank, D. , Sykes, G. 1999. How Choice Changes the Education System: A Michigan Case Study. In: Soudien, C. , Kallaway, P. eds. Education, Equity and Transformation. Dordrecht, The Netherlands: Kluwer Academic Publishers, in cooperation with UNESCO Institute for Education

[10] Rothstein, R. , Carnoy, M. Benveniste, G. 1999. What Public Schools Can Learn from Private Schools. Aspen, Col. : Economic Policy Institute

[11] Sancho, A. 1999. Sintesis del la Conferencia sobre Oportunidades de Inversión en Educación Privada en Países en Desarrollo. Washington, D. C. : International Finance Corporation

[12] Schenker, J. L. 2000. Plans to Dotcom the World. TIME Europe, Feb. 14 , 40

[13] Schweinhart, L. , Barnes, H. Weikart, D. (with Barnett, W. S. Epstein, A.) 1993. Significant Benefits. The High/Scope Perry Preschool Study Through Age 27. Ypsilanti, Mich. : High/Scope Press

[14] Tooley, J. 1999. The Global Education Industry. Lessons from Private Education in Developing Countries. London: Institute of Economic Affairs, in conjunction with International Finance Corporation

[15] UNICEF(United Nations Children's Fund) , Fundacion Andes. 1994. Aportes de la Empresa Privada al Mejoramiento de la Educación en Chile. Santiago: UNICEF

[16] Van der Gaag, J. 1995. Private and Public Initiatives. Working Together for Health and Education. Washington, D. C. : The World Bank

第11章

社区可有所改观——来自各大洲的5个案例

Communities Can Make a Difference: Five Cases Across Continents

Simone Kirpal

　　本章展示了5个社区儿童早期发展方案的案例分析。这些案例是良好做法的典范，它们均优先考虑动员当地社区广泛参与儿童早期发展，创建所有权并建立起具有成本效益、可持续的成功方案。本案例分析突出强调了私营部门可通过哪些方式影响公共政策，并就以下两个重要问题提供了深入看法：

- 有效的儿童早期发展方案如何吸引当地社区参与，进而在文化和财政层面实现可持续发展的？
- 公共伙伴关系能否增强儿童早期发展方案规模化发展的潜力？

　　这两个问题密切相关。了解优质的儿童早期发展方案如何惠及最易受伤害、最贫困的儿童，并在可承受的范围内增加他们的人生机遇，对于为政府提供技术支持、倡导儿童早期发展方案、为这些方案的决策提供便利，并证实投资此类方案的合理性和正当性，至关重要。扩大方案规模，通过降低单位成本提升方案的可得性，是伸出援手帮助贫困儿童和农村地区的做法之一。不过，如果各项方案的设计初衷是对改变和改善儿童及社会条件产生持久影响，那么，它们必须要在文化层面上具有可持续性，并可满足当地的需要和需求。唯有当地社区参与进来、成为方案的主人时，即使外界捐赠机构停止捐助，儿童早期发展方案照样能够坚持下来，并一如既往地产生积极影响。

案例概述

本章所介绍的这 5 个案例具有一定的共性。它们均向贫困社区直接提供儿童早期发展幼儿园或基于保育中心的服务。此外，所有方案均制定出教师和（或）护理人员的培训内容。它们均依赖于某一形式的社区支持，致力于解决"如何扩大规模，帮助更多儿童"这一问题。作为有效方案的典范，这 5 个案例将在下文中作简要概述，之后逐一予以详细描述。

海地蒙台梭利幼儿园项目为来自贫困社区、受教育水平较低的奖学金获得者提供为期 9 个月的教师培训课程，使其能够成为蒙台梭利幼儿园的认证教师。毕业时，如果当地社区能够提供必要资源，使学校在几年后可获得经济方面的可持续发展，项目就会为这些教师提供财政支持，让他们返回各自的社区——大多为贫困地区或农村地区——创办幼儿园。自 1986 年启动以来，项目已培训了 450 多名教师，在海地全国各地支持了 43 所幼儿园，每年为约 2000 名儿童提供服务。1999～2000 年，为提升当地的早期儿童教育能力，项目增建了两个教师培训中心。

乌干达 MCDCCS 为 0～10 岁儿童提供低价优质的儿童保育服务，帮助居住在贫民窟和农村集贸区的贫困务工母亲逐步实现经济自立。该方案通过赋予母亲权力并支持母亲的发展，使其能够为子女提供更好的条件，从而改善儿童的生存现状。除为儿童提供安全、刺激发育的环境和可靠的儿童保育服务，并使母亲能够安心工作外，3 个 MCDCCS 中心还提供各种综合性方案，其中包括儿童健康与母乳喂养咨询服务、计划生育、育儿技巧和识字等。自 1987 年首个 MCDCCS 中心开放以来，截至 2000 年已有约 6600 名儿童从方案中受益。

SERVOL 是特立尼达和多巴哥共和国的一个非政府组织，该组织致力于在国内贫困落后地区发展和运作几个教育方案。这些方案包括：儿童早期保育和教育（early childhood care and education，ECCE）工作，父母援助方案，中学生选修式学校强化倡议，青少年技能培训方案，以及针对 20 ～ 25 岁年轻人的高科技课程。所有方案，包括内容和监测工作，完全由社区成员负责运作。自 1971 年启动以来，SERVOL 的各项方案已逐步实现了财务可持续性，1987 年，特立尼达和多巴哥政府通过教育部，将 SERVOL 确立为政府非正规教育的代理机构，并为教师和指导者支付工资。2000 年，SERVOL 负责管理、密切监测特立尼达和多巴哥国内 160 个公立 ECCE 中心。

阿加汗基金会支持了两个项目：一是在肯尼亚、乌干达和桑给巴尔岛的宗教学校资源中心 MRC，该中心与穆斯林贫困社区联手，帮助建立社区所有、社区管理的幼儿园；二是在巴基斯坦信德省农村地区的改善学前教育与初等教育项目 IPPS，项目帮助当地社区建立、管理自己的幼儿园和小学。这些项目均强调加强当地能力、改善基础教育的质量，并经常与非政府组织及当地政府建立伙伴关系。MRC 和 IPPS 项目团队的工作包括：开展社区意识和动员活动；帮助制订课程安排，发展领导技能；确立合作伙伴的角色和职责；培训和支持社区及学校管理委员会，为其儿童早期发展活动或小学的组织、建立、管理、融资提供帮助。项目特别注意通过以下做法开展女童教育与妇女赋权，例如，确保女童在总注册人数中的占比至少达到 50％，遴选和培训当地妇女，由其担任教师、学校负责人、学校管理委员会成员等。截至 2000 年上半年，MRC 一直与东非近 130 个社区合作，且于 1996 年启动的 IPPS 计划一直与 12 个社区合作，共同创办幼儿园和小学。IPPS 计划将信德省农村地区另外 6～8 个社区纳入进来，并与母亲及其他保育人员合作，重点关注 3 岁以下儿童，开展家庭育儿做法培训。

Step by Step 方案有别于其他 4 个案例之处在于，它并非起源于发展中国家的当地社区。相反，该方案最初针对前共产主义国家而设计，最早在中东欧和前苏联的一些国家实施。后来，方案逐渐推广至全球其他地区，例如海地、蒙古、南非等。Step by Step 方案提供教育方法，为教育改革提供指导与支持。方案包括教师和保育人员专用材料、课程与培训方案，它们介绍以儿童为中心的教学方法，支持社区和家庭参与学前及初等教育。其目的是，通过鼓励儿童作出选择、承担责任、表达创新看法，以及发展批判思维技能，使儿童及其家人在心中生起民主理念和原则。通过在学前和小学一级培训教师和管理人员，在大学和教育研究所推行新的课程内容和互动式教学方法，鼓励政府不同部委之间就教育内容和政策开展合作，针对父母和教师建立全国协会，从而使机构改革流程获得了加强。2000年，Step by Step 方案的运营迈入了第 6 个年头，方案每年在 28 个国家培训 40000 名教师，并为 50 多万家庭及幼儿园和小学中的儿童提供服务。方案与 300 多家机构开展合作，围绕新的教学实践为教师提供培训与再培训。

表 11.1 总结了 5 个案例的活动、类型和伙伴关系形式。基于 Myers 在前一章中建议的框架，本表确认了公共和（或）私营部门的参与度、将社区纳入私营部门，并指明社区在方案启动、投入或参与工作中扮演的角色。

成功的儿童早期发展方案的特点

对以上 5 个良好范例的对比凸显了方案取得成功的几个共同特征。它们均优先考虑了下列基本元素：

- 以儿童为中心的做法；
- 父母参与和家庭支持；

表 11.1　　　　　　　　　　　**5 个成功的 ECD 方案概述**

			海地蒙台梭利	MCDCCS	SERVOL	MRC/IPPS	Step by Step
	项目		幼儿园、教师培训	儿童保育、培训、父母教育	ECCE 中心、教师培训、父母教育	幼儿园、培训、能力建设	幼儿园、教师培训、方法论
私营部门	社区参与	社区倡议	×	√	√	√	×
		社区投入	√	√	√	√	√
		社区参加	×	×	√	√	√
	国际捐赠者或基金会的支持		√	√	√	√	√
政府支持或参与			×	√	√	√	√
财务可持续性			幼儿园：√ 培训：×	×	√	幼儿园：√ 培训：×	√（在国家层面）

注：√，是；×，否。

- 社区所有权；
- 文化与财务的可持续性；
- 培训与能力建设；
- 融入更加广阔的发展框架；
- 公私伙伴关系。

以儿童为中心的做法

这 5 个方案均采取了以儿童为中心的做法，通过提供服务，同步发展儿童的认知、动作、心理和情感能力，支持所有儿童实现全面发展。教学方法优先考虑发展个人特性和社会技能，比如自尊、信心、责任、问题解决能力、批判性思考等。这一做法使这些方案有别于各国传统的主流教育方案，后者的典型特征包括：大班教学；机械式学习，死记硬背；纯粹学术性，缺少游戏活动；缺少小组活动；幼儿园被视为小学的延伸，无视 3～5 岁儿童特定的发展需要。当针对贫困和易受伤害儿童，帮助他们提高人生的成功概率时，以儿童为中心这一做法的潜在价值显得尤为重要，因为这些儿童往往饱受边缘化、侮辱和缺乏自尊之苦。

父母参与和家庭支持

不同的成人和家庭成员是儿童日常生活中不可或缺的组成部分。支持儿童发展最有效的一个做法就是，进一步发展这些人的知识与技能，并为其提供额外资源，加强他们作为保育人员的责任。SERVOL 和 MCDCCS 方案致力于支持家庭，直接与父母——尤其是母亲——合作。通过与成人和家庭成员合作，上述方案正不断为保育人员及儿童提供惠益。

如果能在方案背景和家庭环境之间持续增强活动和沟通互动的模式，那么儿童早期发展方案可产生更大的影响。另外，如果儿童早期发展活动能够融入儿童的日常生活，而非仅限于每天提供服务的几个小时，那么，儿童持续实现积极发展的可能性相对较高。对任何一个儿童早期发展方案而言，如果孤立开展，则仅可产生有限影响。通过与父母合作，纠正父母的行为以及父母与子女之间的互动，在家中复制儿童早期发展相关活动，方案可进一步扩大援助范围，使家中其他儿童受益。对出身贫困家庭的儿童而言，这一拓展努力尤为重要，因为受经济条件影响，一个家庭往往仅可送少数子女参加幼儿园等教育方案。如果能与父母合作，实现这些溢出效应，使未能参加任何一种早期刺激方案的儿童从中受益，方案也可以较低成本实现广泛覆盖。父母更好地了解子女的发展需求，并受到鼓舞，由此支持子女的教育发展，这可提升儿童完成学前教育后继续接受学校教育的概率。父母对子女教育成绩的关注是积极影响子女未来学校表现的一个重要因素（Young，1996）。

动员父母参加学校和班级活动，可以使他们熟悉教学环境以及所采用的（以儿童为中心的）教学方法，最终提升他们对整个正规教育系统的接受度。这种接受十分重要，因为大量贫困家庭不愿优先考虑送子女参加正规教育这种投资方式。此外，未受过教育的个人和被社会排斥以及处于边缘群体的成员，往往很难了解教育体系或无法与正规机构打交道。他们可能不熟悉行政程序，在不得不与行政管理人员沟通时，会感觉不自在，缺乏勇气，不愿与教师和学校官员打交道。反过来，发展中国家教育系统往往存在"妨碍父母参与"的倾向（例如海地不允许父母进入教室）。非正规或半正规儿童早期发展方案可通过为父母提供参与儿童发展的进入点，最终支持儿童进一步完成学业，来缩小这一差距。

社区所有权

本章中，"社区"指的是（当地）启动儿童早期发展方案的社区。它包括所有正规和非正规结构、社会团体和个人。正规的制度化结构可包括 Myers 在前一章中提及的要素——社会组织、社区团体、非政府组织、私人志愿组织、宗教组织、商业组织以及地方政府。一般来说，社区参与涵盖私营（营利与非营利）和公共部门。

除蒙台梭利幼儿园项目（所有的幼儿园均为个人所有）外，本章突出强调的这些案例均基于社区在儿童早期发展方案的财务支持、执行和管理等方面的广泛参与。这些方案与社区建立了伙伴关系，并将社区作为降低方案成本、提高方案质量的本地资源。社区参与和所有权对方案的有效性至关重要。不过，社区动员、投入、赋权、参与等动因可对方案产生不同影响，并可能会（亦可能不会）促进预期成果的实现。

社区参与是一个复杂的过程，它涉及一系列活动和承诺。"社区投入"和"社区参加"在这里指代社区参与的两个不同维度。当地社区可通过提供不同类型的投入参与儿童早期发展，如人力和实物支持（例如帮忙建设校舍，经营食堂或组织筹资活动）。父母亦可通过协助班级教学或制作教学材料等，对方案的内容和质量作出贡献。部分作者将提供"投入"这一社区参与类型称为"被动式参与"，Evans、Myers 和 Ilfeld（2000，第 35 页）将之描述为"每个个体对一项共同的努力作出投入——投入时间、人力、金钱或知识，或者同时提供其中某几项投入"。在被动式参与中，父母和社区对儿童实际接受的服务几乎没有控制权或发言权。

较为有力的社区参与形式是当地社区的"主动式参加"，它远远超出了仅与社区群体及父母开展磋商以获取投入的范畴。主动式参加包括相关群体对所作决策共同承担责任。尽管被动式参加非常有用，并且还可能是一个不可或缺的要素（例如父母或社区领导出席会议），但是，如果这一参加类型能辅之社区的主动式参加，即共同作出方案决策，共同承担方案执行责任，那么，方案更有可能实现可持续发展。主动式参加要求并可促成社区执行决策和管理。如果方案由社区掌控，社区发挥主导作用的可能性会更高。

经验表明，一般来说，社区参与对于降低方案成本、至少在最低限度上创建社区所有权十分有效。不过，社区的主动式参加可通过加强服务拓展范围、建设当地能力、向社区赋权来大幅提升方案的潜在效力和长期可持续性。所有儿童早期发展方案面临的一个共同挑战是：如何逐步培育这一做法，并将社区视为平等的、完全合格的合作伙伴，而非仅仅将其视为当地资源（Rugh 和 Bossert，1998）。在本章的 5 个案例中，SERVOL 和 MRC/IPPS 项目是执行这一合作模式最有效的典范。

文化与财务的可持续性

在公共部门资源和能力有限的贫困国家，一旦外部资助停止，父母和社区参与就是实现儿童早期方案长期可持续发展的前提条件。长期可持续发展是本章中所有案例面临的一个关键问题。这 5 个方案均以小型倡议的形式启动，之后针对当地社区的需求逐步扩大规模。

可持续发展包括两个不同的方面——文化和财务。文化层面的可持续发展指的是，方案内容和教学方法应体现当地社区的儿童发展和社会化认识及实践。一般来说，如果一开始就通过参与式流程制定和执行儿童早期发展方案，自社区内部启动该方案，那么，方案符合当地文化的概率相对较大。SERVOL 和 MRC/IPPS 项目例证了长期可持续发展如何通过主动式参加和建立文化响应型方案得以实现。

另外一个实现文化层面可持续发展的做法是，针对社区和社会的教育与文化背景调整培训和教学方法。蒙台梭利幼儿园项目和 Step by Step 方案均采用这种做法。他们提供相对灵活的教学框架（蒙台梭利）或教学与课堂方法（Step by Step），这些框架或方法可根据当地情况调整和修改，并纳入社区本土语言、教育背景和文化背景。

　　财务层面的可持续发展指的是，持续获得资金和支持，当外界停止资助时，方案可维持和确保正常运营。旨在服务社区中最贫困、身处最不利境地儿童的早期发展方案，仅靠这些儿童家长的投入是难以维持下去的。正如本章中这些案例所示，要想长期维持这些方案，当地社区和（或）政府额外的财政或实物支持必不可少。每个方案都在采取不同的策略实现财政层面的可持续发展，但无一例外的是，这些方案均依赖于当地社区结构和共同为方案活动提供资助的个人。

　　例如，SERVOL 与政府建立伙伴关系，由政府支付教师和指导者的工资。MRC/IPPS 项目、Step by Step 方案以及蒙台梭利幼儿园项目均依赖于社区捐助和当地团体的支持（如教会、政府、基金会等），后者提供建筑、配套拨款，甚至长期补贴等。对 Step by Step 和 MRC/IPPS 项目来说，要想支持和推广方案，筹资是其中的重要一环。这两个方案还推出了小额信贷计划，利用捐赠基金增加社区的财政资源，使所有参与者共同受益。

　　乌干达 MCDCCS 方案创造性地将小额信贷计划与创收活动相结合，通过儿童早期发展中心支持儿童和母亲。它特别强调以增加家庭收入为目标，它认为，如果赋予母亲权力并从经济层面支持母亲，使其能够更好地养家糊口，那么，一户人家中的所有儿童均可从中受益。MCDCCS 中心直接为职业母亲提供儿童保育服务，为失业母亲提供儿童保育服务和小规模创收项目的就业机会，并为所有母亲提供小额贷款机会。通过该方案，妇女支付儿童保育和健康服务费用的能力逐年稳步上升，并且儿童的健康和营养状况亦出现重大改善。

培训与能力建设

　　所有案例在提供儿童保育或学前教育服务的同时，亦为儿童保育提供者或幼儿园教师提供优质培训。所有方案逐步辅以重要的能力建设活动，以努力提升当地社区维护和逐步拓展方案的能力。虽然在最初构思时只是将这些培训工作视为促进各项方案的小规模能力建设的工具，但是，在上述 5 个案例中，这些培训构件均衍生出了倡导儿童早期发展综合培训做法或方法的独立实体。这些培训构件通常辅以一系列培训手册和材料。SERVOL、MRC/IPPS 项目和 Step by Step 方案采用的教学方法论已远远超出了最初的背景范畴，为其他国家的其他方案所采纳、调整和进一步改进。这一拓展现象表明，儿童早期发展培训方案本身就是促进儿童早期发展倡议在本土之外取得成功的一个重要工具。

融入更加广阔的发展框架

从长期来看，将早期干预纳入更加广阔的发展框架，可加强并有助于确保儿童早期发展方案的可持续性。本章中部分案例已将儿童早期发展干预纳入了其他旨在支持父母和当地社区的项目。例如，MRC/IPPS 项目、MCDCCS 和 SERVOL 的核心 ECD 方案，均通过更广泛地解决人类、社会和经济发展问题的一系列辅助方案来维持自身发展。在这些案例中，MRC/IPPS 项目运用最具结构化的策略和做法辅导社区，加强当地能力，发展领导技能，提升认知，动员社区。它们的所有活动均遵循两项重要原则：(1) 通过支持与培训，赋予当地妇女权力，确保妇女在所有管理委员会中均有代表；(2) 使社区有能力管理自己的学校，实现经济自立。

MCDCCS 方案的中心落脚点是，通过提供儿童保育及相关服务，满足贫困职业母亲的需要并赋予她们权力。MCDCCS 采取一体化做法，将儿童保育服务、儿童保育提供者培训与父母教育以及其他针对母亲提供的服务（例如，健康教育与识字，母乳喂养、计划生育、育儿技能和艾滋病毒/艾滋病咨询，性别平等）、针对失业母亲提供的创收机会相结合。各中心负责整合上述所有活动和服务。

SERVOL 采取了另外一种做法，逐步建立起一系列相互独立而又互为补充的方案，其中包括：ECCE 服务、亲子方案、中学辍学生与青少年方案，以及针对年轻男子和妇女的高级培训方案。生命周期理论，针对不同年龄群体提供方案，SERVOL 力求打破贫困代际相传这一恶性循环。

公私伙伴关系

本章中突出强调的这 5 个方案，其前身大多为小规模需求驱动型项目，启动时只有一个旨在满足本社区即期需要的幼儿园或儿童保育中心。之后，随着社区对儿童早期发展服务的需求日益增加，地方性倡议为了能服务更多的儿童，改善方案质量，开始将目光投向国际捐赠者（如私人基金会、双边和多边组织等），努力寻求外部资助。

例如，蒙台梭利幼儿园项目及 MCDCCS 方案在创建初期均为小型项目，并且这一规模保持了 15 年左右，这两个项目均依赖广泛的社区支持和国际捐赠者的小额捐款来维持运营。两个方案均获得了社区的高度认可，它们帮助母亲和护理人员，使参与的儿童受益匪浅，并在当地实现了经济自立。然而，为将方案拓展至其他社区，扩大方案的服务范围，仍急需重大投资。为确保生存能力，MCDCCS 方案正在创建新的中心，投资额外的小规模创收项目。蒙台梭利幼儿园项目通过以下做法，努力拓展教师培训方案，如增设培训中心，为不同教育等级（学前至中等教育）的学校教师，尤其是小学教师，提供持续的职业发展指导等。

尽管此类重大投资有助于强化方案，扩大覆盖范围，维持乃至提升质量，然而，从长期来看，大多数捐赠者不会继续为方案提供实质性捐助，因此需创立国内公私伙伴关系的创新模型，以扩大儿童早期发展方案的规模，并使其实现可持续发展。国际捐赠者一般在 10～15 年后停止或减少资助，SERVOL 即佐证。外界捐赠者往往愿意支持地方性教育倡议，不过，他们亦有兴趣积极支持或创立奖励机制，建立相关结构，使方案能够生存下来并逐步实现自力更生。拥有此类支持性结构是扩大方案规模的前提条件，应在不同层面发展此类结构——在社区层面，通过能力建设和社区支持实现；在国家和国际层面，通过打造有利环境、提供法律指南予以实现。

MRC/IPPS 项目一直侧重于在社区层面发展此类支持性结构，其做法是，加强当地项目团队的能力，使社区能在更大范围内发展、执行、监测 MRC 幼儿园方案，管理 IPPS 幼儿园和小学。它还鼓励当地非政府组织与地方政府建立伙伴关系。

Step by Step 方案在当地、区域和国家这三个层面运作，不过，当前它将工作重点放在了启动制度改革流程上，这一流程最终将为政府机构所接受和支持。SERVOL 是通过公私伙伴关系扩大规模、实现经济自立的非正规儿童早期发展方案的一个特例。尽管现在获得了政府在法律和财政方面的充分支持，但 SERVOL 一直都真实践行了"立足社区"和"社区管理"准则，它已成为政府正式的代理机构，负责提供非正规教育服务，管理 160 个公立 ECCE 中心。SERVOL 取得了真正意义上的成功，不过，这一成功当之无愧，SERVOL 为之付出了 30 余年的努力。

结 论

任何一项社区发展方案的目标均应为，建立一套外部供资者撤离后方案仍可正常运行的程序。

启动这一流程的做法是，使方案的最终负责人从一开始就掌控主导权。利用伙伴关系来规划、资助、执行方案，这可使父母和社区成员获得继续推进初期方案（可持续性）、自行创立额外方案（可复制性）所需要的知识和技能。

在儿童早期发展领域，要想使方案高度有效并契合当地文化，父母和社区参与可谓是一个特殊的优势及资源。此外，父母参与将增加这一可能性，即这些方案的元素可在家中复制并融入儿童的日常生活，进而将方案的惠益拓展至家中的其他儿童。

在贫困国家，家庭层面的资源极为有限，因此，在为儿童早期发展方案提供财政和实物支持方面，社区是至关重要的合作伙伴。在机构能力较弱的国家，社区是最大的一笔资产。然而，仅依靠社区无法建立和维持大规模方案，亦需其他利益攸关方提供支持，其中包括政府和非政府机构、地方供资者、私营部门等。只有当私营和公共部门平等参与支持儿童早期发展的倡议并为其进一步发展创造有利环境时，儿童早期发展方案的长期财务可持续性方可得以确保。最后，这些合作伙伴将为父母和家庭的投入提供补充，资助并使方案实现长期运作。本章中的案例分析表明，需开发新的公私合作伙伴关系形式，并实现制度化，以加强这些流程。这是因为，国际捐赠者提供的支持通常是临时性的，而且数额有限，无法使儿童早期发展方案扩大规模。

与其他教育服务相比，在早期干预方案中实现社区动员和父母参加相对而言较为容易，.这是因为针对 0 ~ 6 岁儿童的学前教育及其他儿童早期发展服务可直接使儿童、父母及其他家庭成员受益。尽管 Lokshin 和 Tan（2000）将通过儿童早期发展干预所出现的儿童结果改善称作"直接"惠益，Myers（1995）将儿童早期发展方案对家庭收入水平和福祉的积极影响称作"间接"（或即期）惠益，然而，这一区分实无必要。通过提供儿童保育服务，使家庭成员"腾出时间"参与经济活动或入学读书，亦可解读为儿童早期发展方案的一项直接惠益，并且育儿技能获得提高，可使父母、儿童及其弟弟妹妹获得同等的利益。

这些惠益均产生于提供某种儿童保育服务的儿童早期发展方案。此类方案提供更多的创收机会，使父母、尤其是母亲受益匪浅。其他家庭成员也可受益，因为他们能够从儿童保育的责任中解放出来，尤其要指出的是，在许多情况下，这类方案可使女童继续学业。部分方案还就儿童发展较为广泛的方面（例如健康、营养、母乳喂养）提供咨询服务，它们可支持父母履行护理职责，加强父母的育儿技能、并教育他们，赋予他们权力。

与送子女上小学或中学相比，父母之所以如此支持儿童早期发展方案，可能还存在另外一个因素——家庭的机会成本相对较低，因为在大部分社会中，家庭并不指望学前年龄儿童帮忙做家务或在农场上工作，这些儿童一般也不参与经济活动，即使参与也是偶尔为之。

在儿童早期发展方案中，这些特质的独特结合为动员发展中国家里资源有限的家庭和社区早早投资儿童发展提供了巨大的发展前景。正如本章

5 项案例分析所示，具备上述特质的儿童早期发展方案极有可能取得成效，实现可持续发展，并对儿童、家庭和社区产生最大化的影响。下文将逐一详细描述这 5 个案例。

海地：蒙台梭利教师培训和幼儿园

蒙台梭利幼儿园项目提供优质的、国际公认的教师培训。经济条件有限的个人可通过奖学金计划获得资助，成为经过认证的幼儿园教师，开办自己的幼儿园。该项目由 Peter-Hesse 基金会（同一世界团结伙伴关系）创办并提供支持。该基金会于 1981 年由 Peter Hesse 创立，是一个在德国和海地注册的非营利组织，旨在针对海地贫困人口持续开展小型自助项目。起初，基金会侧重于为期两天的自助群体项目管理研讨会，致力于缓和小型财政瓶颈，且大多针对农村倡议。1984 年，基金会将工作重点转向儿童早期保育和教育，这促成了基金会于 1986 年创立首个教师培训中心——海地蒙台梭利中心。

使 命

蒙台梭利幼儿园项目的目标是，通过展示，即使资源有限，在教师培训的质量和时间充足的情况下，实现优质的儿童早期教育也并非一项不可能完成的任务，以此在公共和私营层面影响海地的教育部门。蒙台梭利方案的使命是为贫困儿童提供一个更佳机会，让他们能够早早通过优质教师培训和社区幼儿园的创立来发展自身。培训合格的教师可直接增强当地针对 2.5~5 岁儿童提供优质早期刺激与教育方案的能力。

文化背景

海地文化极其重视口头沟通。教师习惯于记忆和背诵教材，但很难在课堂上应用。为提高知识应用水平，蒙台梭利大部分培训课程均通过当地语言——克里奥尔语口述传授。此外，项目根据海地实习教师的需要调整课程设置，增加大量实践时间，帮助他们将理论转化为实践。实习教师必须完成监督式实习，编写教学材料，能将日常物品作为教学工具予以灵活运用。海地教师自行开发课程、教材和视觉教具，以弥补书目和材料不足这一缺陷。

方法与措施

蒙台梭利教育采纳以儿童为中心的理念，突出强调个体的学习路径和每一位儿童的能力。儿童可免费获得不同种类的材料，幼儿园鼓励他们按照自己的进度学习。自由地参加有目的性的活动，不仅可使儿童发展智力，亦可培育他们在社会上立足所需的审慎、直觉、独立、自律以及社会认知与行为。教师和儿童懂得相互尊重，不得有侵犯性的行为，并且严格避免竞争。

蒙台梭利的做法要求，教材要以一种有序的方式为儿童传授知识，这样一来，他们的智力可将知识归入有组织的思考系统。这一工作流程可不断锻炼儿童的智力，拓展儿童的心智能力。材料的有效性源于对内容的精心规划，主要包括：

- 分开介绍概念（这可减少一次性接受太多理念从而造成混淆）；
- 分开学习不同难度的概念，从最容易到最难，循序渐进（对幼儿而言，从具体到抽象）；
- 使用符合儿童不同发展阶段的分级自学教材系列；
- 结合身体动作（工作）实现具体目的（也就是说，使身体动作与精力集中相结合）。

蒙台梭利幼儿园 50% 以上的教材，包括大部分阅读材料，均为本土原创。教师于学年伊始完成大部分材料的创作。另外还为每所新幼儿园提供一套价值约 1000 美元的蒙台梭利基础进口教材。蒙台梭利教材有益于儿童的认知发展，即使教师未能充分理解教学背景也不影响这一点，因此，未能完全掌握蒙台梭利教学法的教师亦可成为高效的教师。蒙台梭利教学方法培训，使来自贫困社区以及受教育水平相对较低的人们都成为经过认证的教师。

入读蒙台梭利幼儿园的儿童年龄为 2.5~5 岁，特殊情况下为 6 岁。幼儿园不按年龄组别分班，鼓励儿童相互学习，不同年龄的儿童之间相互交往。幼儿园教育年长儿童以帮助弱小儿童为荣，借此提高他们的社会技能。

执　行

蒙台梭利实习教师完成 9 个月的培训课程，通过最终考试，并须在蒙台梭利附属学校进行两次为期 6 周的实习。他们可获得 3 类文凭：助理文凭、国家教师文凭和蒙台梭利国际导师文凭。所有实习教师由海地蒙台梭利中心审查并颁发文凭。要想获取国际文凭，实习教师必须通过海地蒙台梭利中心开展的所有国家考试（包括书面、口头示范、实践考试），以证明自己完全理解了蒙台梭利的理念，同时需通过国际公认的外来专家主持的第二次考试。参加蒙台梭利培训的实习教师中，约 20% 已经获得了蒙台梭利国际导师文凭，这证明，他们已成为有资格在海地及全球各地教学和开办学校的蒙台梭利教师。教学满一年后，他们还可成为海地某一家蒙台梭利培训中心的实习教师助理培训员。

在蒙台梭利实习教师中，约有 50% 的学生获得奖学金，他们与海地蒙台梭利中心签署合约，完成培训后必须在贫困社区教学 3 年。大部分教师返回家乡创办学校，大多数人会在最初的 3 年协议基础上延长服务时间。

海地所有蒙台梭利项目幼儿园在共同结构、教学理念和行政组织方面存在有力关联。每年暑假时，教师会参加一场为期 3 周的讲习班，分享经验，丰富教学技能。1996~1997 年间，海地蒙台梭利中心中断了教师培训课程，以加强海地蒙台梭利幼儿园结构，开展评估工作。另外，1996 年，75 名海地蒙台梭利教师创建了一个职业教师团体——海地蒙台梭利协会（Association Montessori d'Haiti, AMOH）。

演变历程

海地蒙台梭利幼儿园项目于 1986 年启动。自此,先后成立了 43 所蒙台梭利幼儿园,其中 41 所在海地政局动荡不安的年代中一路坚持了下来,仍在经营中。60 个幼儿园班级每年为贫困社区的约 2000 名儿童提供服务。

可持续性和提升当地教学能力是项目的基本要素。最初启动时,项目凭借一个蒙台梭利培训中心,一个拥有 25 名儿童的幼儿园班级,为 20 名教师提供了首轮为期 9 个月的培训课程。培训中心和幼儿园班级均由外籍员工提供指导。在一名曾于伦敦接受过蒙台梭利培训的特立尼达专家领导下,培训中心的能力迅速提升,平均每年可培训 40 名实习教师,其中大多为妇女。在 Peter-Hesse 基金会的财政支持下,2000 年又成立了两个培训中心,新中心与原中心之间存在密切联系。凭借这 3 个中心,蒙台梭利项目每年可培训 60 名教师。

在 41 所仍在运营的蒙台梭利幼儿园中,其中一所幼儿园为感染艾滋病毒的儿童创办,一所面向聋哑儿童,两所附属于孤儿院。自项目启动以来,平均每年新开 3 所幼儿园。这些年来,仅一所幼儿园停止运营,一所重新回归至海地传统的远程学习系统。与海地传统的班级规模(60 名儿童)相比,蒙台梭利幼儿园的班级规模仍然"较小"(每个班级 30 名儿童)。截至 2000 年,450 名教师已完成培训,其中 297 名获得了国家教师文凭,83 名获得了国际教学文凭。当地培训合格教师的能力不断提升,这可直接提升为学前年龄儿童提供优质刺激与教育方案的能力。儿童平均会在蒙台梭利学校学习 2~3 年时间。每年注册参加的 2000 名儿童中,辍学者仅占 10% 左右。每年约有 660 名儿童从幼儿园毕业,80% 以上继续入读小学。在幼儿园一级,父母在入学问题上似乎对男童和女童一视同仁,这有助于增加女童入读小学的机会。

财务支持

蒙台梭利幼儿园项目平均每年的财务支持不超过 10 万美元。能够利用的资金往往要少得多，不过，它获得的资金一直都足以支撑该项目的运作。项目创始人以及近 50 名个人捐赠者每年负责筹集资金。德国政府偶尔帮助提供小额捐助以弥补意外需求。过去这些年来，联合国开发计划署（United Nations Development programme，UNDP）和德国发展服务机构一直资助一名联合国志愿者参与并指导该项目。

基金会的资助支持了项目的总体协作和监督，并为学生提供奖学金，毕业后，这些学生在贫困社区学校中为弱势儿童授课。此外，每所新幼儿园可获得 3000～4000 美元的启动资金，用于购买一套基本的蒙台梭利教具，支持学校施工建设与行政组织，并获取技术建议。如果当地社区提供支持使学校长期得到可持续发展，蒙台梭利项目就会鼓励毕业生为弱势儿童创办蒙台梭利幼儿园，并为其提供财务支持。

蒙台梭利项目的其他资金来自学费和社区的实物捐赠（例如提供一栋建筑物），虽然较为有限，不过足以支撑幼儿园的运营。蒙台梭利培训中心的筹资方式是向未参与奖学金计划的实习教师收取正常费用。2000 年成立的两家培训中心正通过每年为多名实习教师提供奖学金的方式，向项目返还启动资金。

成功秘诀

蒙台梭利幼儿园项目的成功可归因于以下因素。

* 需求驱动。蒙台梭利项目启动时规模较小，之后持续扩大。
* 立足社区。仅当社区提出请求，社区参与证实比较可靠时，方可开办学校。
* 教师所有权。教师私人拥有幼儿园，并对筹资、学生表现和学校的名声负责。
* 财务可持续性。学校和培训中心创办约一年后实现经济独立。
* 文化相关性。项目以本地文化模式为依托，教学方法针对当地语言（克里奥尔语）和口头文化予以调整。

- 明确的遴选标准。实习教师遴选标准定义明确，获奖学金的学生需经过认真筛选，以确保他们未来能够致力于农村社区的发展。
- 低收入就业机会。项目为低收入个人提供就业机会。已完成中等教育的贫困生可成为合格的获认证的教师，并可获得财务支持，开办自己的幼儿园。
- 经济背景全纳。方案接收不同经济背景的教师和儿童。贫富学生兼收的做法有助于学校实现财务可持续性，获得良好的口碑。
- 成功的教学方法。蒙台梭利教学方法可培养自尊、自信、解决问题的能力和积极的人生态度。

前景展望

蒙台梭利幼儿园项目正在扩大规模、方案评估、宣传和知名度方面取得进步。

扩大规模

海地仍然对优质幼儿园有着巨大的、有待满足的需求。开设两家新的蒙台梭利培训中心后，其教师培训能力已由每学年 20 名增至 60 名。随着新教师在贫困社区创办幼儿园，这一增长有望产生长期溢出效应。

为提升海地的教育标准，需在各级学校开展更优质的教师培训。Peter-Hesse 基金会提议建立一家资源中心，为幼儿园和小学教师提供援助和职业发展。为改善教师的教学与课程设置技能，利用这家资源中心的教师可参加继续教育和职业教育专家专题研讨会。他们将获得职业援助，领取纸质版和电子版媒体材料，开展研究，针对具体的班级需求审查教学材料。为使在职教师受益，中心对公共和私营部门的所有教师一视同仁，非工作时间照常开放（如节假日等）。

方案评估

除 1996～1997 年内部评估外，海地蒙台梭利中心就项目对贫困儿童教育结果和优秀幼儿园教师职业发展的影响开展外部独立评估。

宣传与知名度

基金会活动的一个重要组成部分是将优质儿童早期发展与教育作为发展政治的一个优先事项，在德国和国际上大力宣传，为扩大知名度，基金会以非政府组织的身份注册，并派代表参与了几个儿童保育网络，出席国际儿童早期发展及联合国相关会议。1995年3月召开的联合国社会发展世界峰会选中了基金会提出的"推动同一个世界发展的三条建议"，将其作为非政府组织对峰会的贡献。蒙台梭利幼儿园项目亦获国际社会推选，参展2000年德国汉诺威世博会。

乌干达：社区母子日托中心服务机构

社区母子日托中心服务机构（MCDCCS）为居住在乌干达贫民窟和农村集贸区的贫困务工母亲提供现代的、负担得起的儿童保育服务。其目标群体为贫困、沮丧、无家可归的母亲，她们无力承担常规的儿童保育服务，并且一直无法享受旨在解决妇女和女童需求的国家或国际方案的关照。

MCDCCS采取一体化做法，推出多项方案帮助这些妇女，其中包括：正规和非正规教育（例如识字课程）；母乳喂养和计划生育咨询；促进母亲安全，为儿童和母亲提供公共卫生教育（如卫生与营养），为健康问题和免疫提供援助；促进性别平等和女童教育；执行积极的育儿做法；培训儿童保育工作者，使其达到认证级别；通过创收项目和小额信贷机构，为母亲创造就业机会。

小额信贷机构是MCDCCS最重要的一项服务，它的资金来源于服务中心的周转资金。对许多妇女来说，这些机构提供了唯一的借贷来源，可帮助她们满足社会、家庭和业务拓展需要，支持子女的学费。这些贷款大多用于支付患病子女急需的医疗费用。

使　命

MCDCCS 采纳的理念是"赋予妇女权力即解放儿童"。其使命是：改善儿童的生存现状，从母亲开始，终止贫困、文盲、无知的恶性循环。其信念是：一旦贫困母亲能从不间断的儿童保育中解放出来，并有机会参与经济活动，那么，儿童的未来也就有了保障。

文化背景

在包括乌干达在内的许多非洲国家，男性努力通过育有尽可能多的子女来展示自身价值。对失业、低收入或工薪阶层的男性而言，这一做法尤为明显。乌干达的文盲率很高，调查表明，与其他国家相比，受过教育且能实现自给自足的妇女人数较少。绝大多数妇女肩负着生育重担，往往仅可得到极少财务支持或根本得不到任何财务支持。高居不下的文盲率和生育率依旧是妨碍许多妇女实现自身生产力和潜力的一个问题。

1997 年，乌干达政府推行了"普及初等教育"（Universal Primary Education，UPE）计划，初步名额定为，每个家庭最多可有 4 名儿童享受初等教育，并计划在不远的未来将乌干达所有儿童纳入其中。这项提案的初衷是使女童受益；然而，女童在家中以及在工作场所中扮演的传统角色，令其几乎无法小小年纪就能入学读书且学业从不间断。其他几项与提高妇女地位直接相关的政府方案，未能触及那些最贫困、边缘化程度最高的妇女和母亲，因为她们根本无法利用这些方案。

方法与措施

MCDCCS 方案的目标是，通过赋予妇女权力，帮助她们参与经济活动，减少无知，改善儿童的生存现状。当妇女能从不间断的儿童保育中腾出手来，并参与经济活动时，她们子女的未来会更加安全、健康、高效，女童亦可从照顾弟弟妹妹这一代理母亲的角色中解放出来。

只有当方案同时解决妇女和家庭问题，并考虑到目标妇女的具体需要时，它才可以实现突破。当小至刚出生数日、大至10岁以上的儿童可以享受低价优质的儿童保育服务时，母亲可实现经济自立，更好地满足子女的基本需要。

乌干达传统的儿童保育中心收费高昂，针对3岁及以上儿童提供服务，与之相反，MCDCCS中心侧重于0～8岁儿童。MCDCCS总体上采用一体化做法，方案侧重于以下问题的解决：儿童健康、计划生育、性别平等关切、女童的特别需要。除为儿童提供安全环境和教育母亲之外，中心亦培训保育人员和教师，并通过小规模创收项目和小额信贷计划，为妇女创造就业机会。

MCDCCS朝"提升妇女独立性，帮助妇女获取协商地位，在家庭规划、生育率、母亲安全、遏制性传播疾病（尤其是艾滋病毒/艾滋病方面）获得更大的控制权"这一目标迈出了重要一步。一体化做法还加强了基层妇女教育，为健康倡议（例如免疫活动）和正面的公共卫生习惯做法（如正确用厕）提供了支持。

执 行

截至2000年，有3个MCDCCS中心正在运营。它们完全以服务妇女需求为目标，位于工作场所（市场）附近，这样一来，母亲可以很方便地接送子女。中心的工作时间为上午6:30到下午6:30。如果儿童不满1岁，中心要求母亲定时前来喂养母乳。中心针对年长儿童提供小时制接送安排和放学后保育服务。中心还帮助母亲办理免疫卡——所有儿童均须办理，并跟踪免疫记录。

经过长期努力，MCDCCS中心已成为母亲与儿童的专属场所。它变成学习、教学和放松的交汇点——妇女在这里可公开探讨日常生活中主要关心的问题。它还是至关重要的安全避难港，在危机中遭遇重创的妇女和儿童可在此寻求避难与咨询，而且寻求避难的妇女中，有90%以上携带子女一同前来。中心培育起的信任和理解，为更加广泛的健康与教育方案，尤其是计划生育服务，奠定了基础。没有把子女放在 MCDCCS 中心照顾的母亲，也可以享受中心的这些服务。

MCDCCS 方案认真并定期监测与中心相关的基本数据，部分重要发现如下。

- 1987~1999 年间，MCDCCS 为 900 多位母亲提供了服务，方案令近 6600 名儿童受益。
- 与 3 岁或 3 岁以上才参加中心的儿童相比，很小（刚出生数日至 1 岁大）就开始参加中心的儿童在儿童发展和技能学习各方面均有上佳表现。
- MCDCCS 儿童的婴儿死亡率极低（6600 名儿童中仅 3 人死亡，而乌干达的婴儿平均死亡率为 83 人/1000 名活产儿）。
- 对计划生育日益上升的需求致使中心的婴幼儿（不满 1 岁）人数减少，每日平均值由 1987 年的 25 名降至 1999 年的 4 名。

妇女从儿童保育职责中解放出来后，可参与经济活动，更好地养家糊口。母亲能够及时支付每月的儿童保育服务费用，这被视为贫困程度下降的一个直接指标。在 1987~1999 年间，尽管收费增加了 10 倍，然而，及时支付的 MCDCCS 母亲人数却由 20% 增加到了 50%。

参加 MCDCCS 中心的母亲很快就成了家庭、社区和工作场所中积极变革的代言人。社区一级评估、监测 MCDCCS 中心影响的指标包括：

- 请求接受计划生育服务的妇女人数上升；
- 参加中心的儿童在体重和总体健康状况方面有所改善；
- 婴儿和儿童死亡率下降；
- 免疫覆盖面增加；
- 入学准备就绪水平提升，由此，入学率，尤其是女童入学率上升；
- 女童识字率上升；
- 人口增长率下降；
- 性传播疾病，尤其是艾滋病毒/艾滋病比率下降；

- 由于获得了适当的护理、充足的饮食和及时的医治，被诊断患有艾滋病毒/艾滋病的中心儿童生活状况有所改善；

- 为诊断患有艾滋病毒/艾滋病的中心母亲提供更好的机会，在条件允许的情况下，允许其继续工作；

- 侵犯儿童权利的现象减少（例如性虐待、童婚，小小年纪便为人母）；

- 妇女的育儿技能有所改善。

演变历程

1994 年，一个乌干达妇女小组——乌干达全国妇女委员会成员（现更名为"乌干达全国妇女组织协会"，NAWOU）——针对弱势妇女启动了一个项目，其目标是：使正在乌干达贫民窟中苦苦挣扎的贫困妇女有机会实现更大的经济产出，更加自信，且更有能力照顾好子女。

该小组认为，不间断地生育、养育子女这个重负是解放妇女经济生产力、增加女童入学率的最大障碍。作为一项务实的解决方案，小组提出建立可负担的、优质的母子日托中心，通过提供安全、健康和充满激励的环境，增加贫困儿童的成功概率。此外，这些日托中心为逐步推出相关的教育和健康方案奠定了基础。

项目启动后，母亲们逐渐把日托中心视为她们的专属领地，在这里，她们几乎可就日常生活的方方面面寻求建议。日托中心逐步推出了相关的教育和健康方案，并渐渐演变成为当地妇女和儿童可以学习、教学、放松和避难的安全港。

财务支持

MCDCCS 采取了将创收与国际捐赠者提供财务支持、国家政府和非政府机构提供援助相结合的策略。方案通过以下做法筹集资金：向母亲收取少量的儿童保育服务费用（随着母亲的经济产出潜力逐步上升，她们有望支付更高的服务费用）；参与创收活动，例如饲养家禽（卖鸡蛋和鸡）、养猪；经营小农场和花园，生产本土水果和蔬菜，实现自给自足；就培训服务收取费用；对外出租中心大厅开展特别活动。

MCDCCS 为使用其中心儿童保育服务的失业母亲提供就业机会。每月平均有 60 名工作者——大多为母亲——在 3 个中心以及创收项目中就业。

教育部为中心提供技术援助，保持中心和培训学校的法律和专业地位。计划生育材料由坎帕拉（Kampala）市议会和卫生部提供。乌干达全国妇女组织协会亦为方案提供了重大的技术和财政支持，协会在当地宣传MCDCCS，帮助建立国际联络。过去，瑞典国际发展合作署（Swedish International Development Cooperation Agency，SIDA）曾提供过 15000 美元的捐助，联合国教科文组织亦曾提供了 25000 美元的拨款。

在 2000 年 2 月 8 ~ 9 日世界银行于华盛顿召开的 2000 年发展市场（WB Development Marketplace）论坛上，MCDCCS 获得了 90000 美元的捐赠。发展市场为发展界提供了一个发现和培育创新想法的论坛。在一场对非政府组织、企业、学术界、基金会和双边及多边机构开放的竞赛中，发展市场为减贫项目提案提供约 500 万美元启动资金。MCDCCS 将新资金用于：改善和更新现有的 3 个中心；启动 3 个新中心来扩大服务覆盖面；通过制作儿童书本和教材，扩大农场生产，提升自身的创收潜力；利用培训、监督、改进教材、业绩估测和评估，加强当地提供优质儿童保育服务的能力；引入新元素，比如，音乐、计算机设备和技能；启动大规模营销活动（例如利用海报、电台、报纸和电视通告），使公众对与早期健康和教育有关的儿童发展问题以及家庭在儿童发展过程中扮演的积极角色有所认知。

成功秘诀

MCDCCS 方案的成功可归因于以下因素。

- 全局做法。MCDCCS 创造性地将儿童早期发展、父母教育、计划生育与创造工作岗位、开展创收活动结合起来。
- 有针对性地满足需求。方案旨在满足乌干达最贫困、边缘化程度最高的一个群体的具体需求，即贫民窟地区不识字、被社会遗弃的妇女。

- 立足社区。中心立足社区，调整方案，满足母亲的需求。
- 灵活性。方案根据需求，灵活机动地提供教育与健康方案。
- 监测。中心认真监测儿童的成长以及动作和认知发展。
- 巧妙建立关联。MCDCCS 产生了广泛、多样的溢出效应，原因就在于，中心将妇女的非正规教育、健康教育、计划生育与其他全国性卫生和免疫活动巧妙地联系了起来。
- 赋予权力。MCDCCS 通过赋权减轻了基层人民的贫困程度。

前景展望

MCDCCS 方案正在为长期可持续发展制订计划，影响公共政策并提高乌干达妇女的识字水平。

可持续发展

MCDCCS 计划通过以下做法在财务层面实现 6 个中心的可持续发展：扩大创收活动，为教师和护理人员提供专业培训，提高母亲的创收能力，使其有能力支付更高的儿童保育费用。

倡　导

MCDCCS 设想，在社区中提升公众对母子护理服务需求的认知，最终实现全国性的效应，借此对公共政策产生更加深远的影响。

识　字

中心方案中，尚未触及大多数 MCDCCS 妇女的一个方案就是识字。大多数母亲将生存视为重要目标，除此之外，他们指望中心能够帮助她们获取更多的利润。她们从未想过要把宝贵的时间用在学习上。母亲们还指出，因为她们现在有能力让子女获得教育，如果需要的话，子女可以为她们读书或写字。只要妇女仍然身处贫困境地，仍然为生存辛苦奔波，她们就不会将识字作为优先考虑事项。只有大规模建立日托中心，大量女童才能早早开始接受教育。长期来看，这些中心将有助于大幅减少乌干达文盲妇女人数。

特立尼达和多巴哥共和国：教育与儿童早期发展一体化方案

SERVOL 是特立尼达和多巴哥共和国的一个非政府组织，致力于在贫困落后地区执行优质教育方案。它包括：一个针对 17~30 岁父母的父母援助方案，一个针对 2.5~5 岁儿童的儿童早期发展方案，一个针对 13~16 岁儿童的非正规中学方案，一个针对 16~20 岁青少年的人类发展与技能培训方案，以及一个针对 20~25 岁年轻人的高科技方案。

所有方案，无论是内容还是监测，全部由社区成员负责运作。160 个儿童早期发展中心和 40 个青少年中心全部由村教育委员会提供赞助，委员会经与 SERVOL 磋商之后聘用和解雇教师。教育委员会每月召开会议，征求父母的建议和意见，并定期与 4500 名青少年探讨，就方案的有效性征求他们的看法，并请他们就如何改进方案提出建议，随后予以执行。

使　命

SERVOL 正在"点燃希望的火把"。在这个组织中，弱小、脆弱、平凡、不完美然而满怀希望的成员们致力于帮助弱小、脆弱、平凡、不完美、灰心丧志的人们在一场通向人类总体发展的旅途中转变态度，成为社会变革的催化剂。

文化背景

1970 年于特立尼达和多巴哥共和国发生的 Black Power 暴乱被 SERVOL

创始人 Fr. Pantin 解读为贫民窟中发出的"求助声"。当他登上 Laventille 山①试图应对时，摆在他眼前的是该地区及其人民面临的种种社会问题：失业、贫困和缺乏自尊。Fr. Pantin 观察发现，这些问题的主要根源就在于：家庭生活全面崩溃再加上不恰当的育儿做法。他不知道该如何应对这一局面，因此决定先听听人们的看法，并帮助他们启动小项目。

人们首先请求 SERVOL 建立儿童早期发展方案（侧重于日托，而非教育），之后，他们请求 SERVOL 为其子女提供优质教育机会、计算机和先进电子设备等。通过为低收入家庭提供优质方案，SERVOL 成为一个致力于在贫民窟与工商业界之间搭建桥梁的组织。为确保这些方案达到国际标准，SERVOL 请牛津大学认证儿童早期发展教师文凭，请剑桥信息技术公司审查高科技方案。

方法与措施

SERVOL 的先驱者们认为，此前帮助贫困人口的努力之所以不太成功，原因就在于，这些好心的"行善者"十分自负，错误地假定，他们无须咨询受益人即可组织干预方案。SERVOL 一直坚持的做法是，在着手组织任何一个项目之前，首先询问受益人"我们能为您做些什么"，之后专注地倾听对方的回答。SERVOL 将这种干预人们生活的做法称为"充满尊重的干预"。

SERVOL 的先驱者们还发现，很多减贫方案试图单独解决一个或多个问题，然而，贫困触及生活的方方面面，只有采取整体做法才能取得成效。很显然，缺乏财力资源是一个重要因素，但是，这并不是使贫困人口饱受痛苦折磨的根源所在。对大多数贫困人口来说，更致命的因素是一种无力感和无望感，他们认为，爬出"贫困深渊"实际上是不可能的事。为应对这一挑战，SERVOL 通过旨在重振希望的一体化教育方案赋权个人、家庭和社区。

---

① Laventille 山是特立尼达和多巴哥共和国的首都西班牙港里著名的贫民窟。——编者注

SERVOL 的指导原则是，利用社区资源，实现社区自治。在 600 名教师、培训师和行政工作人员中，90% 为基层社区成员。所有方案都真正做到了以社区为依托、以父母为导向。社区教育委员会管理 SERVOL 中心，聘请教师和指导者，为其支付工资和国家保险和健康附加费（通过 SER-VOL，由政府基金转移至他们的账户），监测教师的出勤情况、准时性和业绩，经与 SERVOL 磋商后开除失职教师。

执　行

SERVOL 通过执行多样化方案，为社区中不同年龄群体提供援助，借此实现自身目标。下文将逐一描述 SERVOL 的 5 个主要方案。这些方案经历了时间的考验，它们当前的成功体现了 SERVOL 漫长而艰难的发展历程。

父母援助方案

在神经科学和社会科学最新的研究发现指导下，SERVOL 建立了父母援助方案（Parent Outreach Program，POP），其目的是为贫困儿童提供一个良好的起点。证据表明，儿童 0～3 岁之间的成长和发展可在很大程度上决定之后的发展和学习，年满 6 岁时，儿童会对改变产生抵触心理。静待儿童进入小学时才开始着手对抗贫困影响，已为时过晚。各项努力必须以孕妇作为起点，因为大多数为单身的孕妇由于经济和心理压力可能会忽视或虐待子女。

为了援助这些家庭，SERVOL 培训了 25 名 POP 促进者，他们每天挨家挨户地走访特立尼达和多巴哥的偏远村庄和贫民窟，与父母交朋友，帮助他们处理幼儿及生活问题。促进者表扬父母取得的进步，并就合理营养、母乳喂养和体罚替代做法的重要性提供咨询。在随后的会议中，父母小组之间分享共同存在的问题和可能的解决方案。促进者还教父母制作可创收的工艺品，使其在家中照顾子女的同时能够赚钱。

由 POP 方案延伸出了一个新做法——父母伙伴活动。在这项活动中，村中某位父亲或母亲同意接受培训，与 POP 促进者合作，在选定的愿意接受日托技能培训的父母家中，针对 3~4 名儿童建立小型日托机构。

POP 促进者不会扮演无所不知的专业人士这一常规角色，这种做法会令父母望而却步；相反，促进者表扬父母在困难境遇中的表现，并让他们相信，他们是子女主要的教育者，仅凭少许帮助，他们即可解决自身问题。POP 方案获得了数千位父母的热烈欢迎，他们因育儿技能和自信心的提升向方案表达谢意。许多父母在家中照顾子女的同时，凭借制作手工艺品和其他产品，成为成功的企业家。

ECCE 方案

SERVOL 成立并监管一个全国性的 ECCE 方案，该方案涉及 160 个中心和 300 多名教师，为近 5000 名 2.5~5 岁儿童提供服务。所有教师均认真接受了培训，并且大部分已获得牛津大学认证的儿童早期发展教师文凭。

和 POP 一样，该方案的指导理念依然是"家庭中发生的一切远比学校重要"。立足社区、以父母为导向、由受过培训的教师负责管理的优质儿童早期发展教育，是促成贫困境遇发生可喜的根本性变化的最为重要的方法之一。ECCE 方案将赋权范围由儿童和父母（POP 方案的关注重点）延伸至社区，而且重要的是，它鼓励并允许教师影响父母的育儿做法。人们开展这项方案的初衷是为了逐步影响父母的育儿做法。ECCE 中心由村教育委员会管理，社区积极参与运营工作。

青少年人生中心方案

在特立尼达和多巴哥共和国，几乎所有儿童（5~12 岁）均入读小学。然而，参加并完成小学学业的 30000 名儿童中，仅 80% 入读中学。绝大多数辍学儿童来自贫困地区，他们被传统教育体系"无情地拒之门外"，必须采取特别措施重新点燃他们的希望。SERVOL 的青少年人生中心（Junior Life Center，JLC）方案为 6000 多名 13~16 岁儿童提供创新课程，旨在重建自尊，使他们能够重新参加主流教育体系。

在这项方案中，班级规模很小（1 名教师带 25 名学生），班级的每一个角落都充当着一项特殊功能：微型银行、邮局、百货商店或超市。这些"道具"用来教他们识字和计算，并且展示学习其实可以很有趣。数据表明，这些儿童中，70% 在小学毕业后的其他考试中表现极佳，能够重返传统中学就读。

青少年发展方案

特立尼达和多巴哥共和国教育系统的另外一个特点就是，16～19 岁未完成或者完成学业时，读写能力不能满足职业和形势要求、知识有限的青少年人数较多。其原因包括：贫困（导致长期缺勤）；滥用药物；过于理论式的教育做法，不适合寻求职业培训的青少年。SERVOL 的青少年发展方案（Adolescent Development Program，ADP）旨在服务这些青少年，过去 30 年来，已有 40000 多名青少年完成了方案课程。

ADP 方案分为 4 个阶段。第 1 阶段是一个为期 3 个月的密集式态度转变阶段，改变受过虐待、态度不友善的青少年，使其充满自信，通过自我意识、灵性、识字、情感理解、座谈会、公开演讲、艺术分析等方面的多样化课程了解自己，所有课程均由接受过培训的工作人员负责管理。最重要的是，年轻人均可参加青少年父母方案，从中了解未来子女的需要，并与婴幼儿互动，以强化在 SERVOL 中心日托单元中开展的实践课程。

第 2 阶段为期 9 个月，在这个阶段，年轻人参与技术培训，从开设的 14 门职业课程中选择自己感兴趣的一项技能。之后，他们被安排到私营公司接受工作培训，并由公司作出评价。这一培训阶段结束时，他们从 SER-VOL 毕业，寻找就业机会或向 SERVOL 的姊妹机构 FUND-AID 申请小额贷款，购买设备，成为小企业家。

SERVOL 毕业生的口碑很好，被公认为可靠、勤奋的员工，大多数毕业生一年之内就能找到工作。多项调查表明，所有受访公司中，78% 的公司会优先录用 SERVOL 毕业生，因为他们展示出了更加积极的工作态度和良好的职业道德。这项结果在 1998 ~ 1999 年调查中得到了证实。评估调查亦表明，SERVOL 女毕业生倾向于将生育推迟至 25 岁左右——与 16 ~ 18 岁这一传统年龄相比，这是一项重大改变。截至 2000 年，SERVOL 在教育应教育部要求而接收的"问题学生"方面没有出过任何麻烦。每年教育部都要求 SERVOL 接收 30 ~ 40 名被所在学校校长视为无法管教的青少年；当为期 3 个月的 ADP 方案第 1 阶段结束时，这些青少年均可返回原校读书或参加 SERVOL 的职业课程。

在该项目的第 3 阶段和第 4 阶段，SERVOL 毕业生被安置进私营企业接受职业培训，随后自行寻找工作，或申请贷款开始创业。

高科技方案

1997 年，SERVOL 评估了自身 25 年以来取得的成就。尽管取得了不小的成功，但仍存在不尽如人意之处——毕业生无法进入高科技行业。虽然 SERVOL 已成功培训了数千名木匠、护士、电工及其他技能专家，并且其中大多数人都找到了工作，然而，SERVOL 的毕业生无法进入特立尼达和多巴哥共和国迅猛发展的高科技领域。由此，SERVOL 探索了融资的可能性，以提供高科技行业从业机会。

美洲开发银行资助了 SERVOL 的高科技项目，为 SERVOL 项目下的 3 个高科技中心的其中一个提供计算机技术、数字电子学、计算机控制电子学专业的研究生课程。这个高科技中心每年毕业 400 名学生。当地行业立即大量聘用这些毕业生。1998 ~ 1999 年课程结束时，53% 的毕业生立即找到了工作，20.7% 选择继续深造，仅 26.3% 的毕业生未签约。

演变历程

1970 年，Fr. Pantin 进入 Laventille 贫民窟 3 个月后，向当地居民 Chaca 坦称自己"不知所措"，并考虑重返圣玛丽学院（St. Mary's College）的教学岗位。Chaca 言辞激烈地抗议："你不可以这么做！的确，你所做的无非只是为几十个孩子找到了工作，但实际上远非如此，你为整个地区带来了希望。每天早晨当你往山上走去时，那些看着你的人心里就会想，或许明天就能轮到我找到一份工作了。一旦人们有了希望，他们就会继续与困境抗争。"

SERVOL 于 1971 年启动，1987 年实现了可持续发展，当时，特立尼达和多巴哥政府通过教育部，将 SERVOL 确立为政府非正规教育代理机构，并负责支付教师和指导者的工资；在此之前，他们的工资一直由海外基金会的捐助支付。1992 年，基于一项非常特别的公私伙伴关系协议，教育部对 SERVOL 的方案承担起了全部的财政责任。

SERVOL 仍然每天在"攀登 Laventille 山"，不过，Fr. Pantin 和 Chaca 已被成千上万名青少年、数百位儿童早期教育者以及大量走访父母的援助工作者们取而代之了。越来越多的受训者、指导员和幼儿园儿童，默默地向特立尼达和多巴哥人民宣告："我们就是 SERVOL，我们要向世人传达希望的信息。"

财务支持

1971～1986 年

在这一初始阶段，SERVOL 极大地依赖于海外基金会的财务支持。主要捐助机构包括：荷兰伯纳德·范里尔基金会（ECCE 方案）；德国米索尔基金会（ADP 方案）；瑞士援助机构 Helvetas（基础设施建设）；美国泛美发展基金会（农村农业和发展方案）；加拿大救助儿童会；加拿大发展与和平基金会（培训和设备）。

很显然，SERVOL 方案为特立尼达和多巴哥共和国提供了有价值的服务，但除建设两家青少年中心时提供过两项捐赠外，起初政府并未提供任何其他支持。尽管如此，商业界和公众提供了巨大支持。最终，SERVOL 能够从青少年培训部门的业务总收入中获取约 15%，这些部门对外承接施工和维护合同。

1987 ~ 1991 年

1986 年，新政府要求 SERVOL 在整个特立尼达和多巴哥共和国扩大 ECCE 方案和 ADP 方案。遗憾的是，新政府接手的经济几近破产，几乎没有资金支持方案进一步拓展。在 3 家一直提供重要资助的基金会的支持下（伯纳德·范里尔基金会、米索尔基金会和泛美基金会），SERVOL 与教育部谈判并达成了一份 5 年合约。根据这份合约，基金会于未来 5 年内（1987 ~ 1991 年）以递减方式支持 SERVOL 方案的拓展，1987 年从全额资助开始，1992 年逐步减至零；教育部于 1987 年提供最低资助，之后逐步增加捐助额，1992 年增至全额负担。

1993 ~ 2000 年

1992 年，伯纳德·范里尔基金会指出，它将终止对 SERVOL 的资助。这项公告向 SERVOL 提出了财务挑战，因为教育部仅资助教师和指导者的工资，而在行政和基础设施支出方面，SERVOL 完全依赖于基金会的支持。

SERVOL 提议，基金会协助成立一项捐赠基金，使 SERVOL 最终不再依赖海外的财政支持。SERVOL 启动了一项强大的筹资活动，重点锁定银行和当地商业巨头，基金会负责对 SERVOL 筹集到的所有资金进行匹配投资。截至 2000 年，SERVOL 的捐赠基金约为 350 万美元，SERVOL 几乎可以自给自足。

SERVOL 已与教育部达成默认协定，教育部正式认可 SERVOL，将其确立为特立尼达和多巴哥共和国儿童早期与青少年方案发展和推广工作的代理机构。自 1990 年以来，对 SERVOL 的年度补助开始纳入政府预算。SERVOL 可比较自主地执行非正规教育方案，政府规定，它需向教育部呈交定期报告和年度审计决算。

政府已将整个 ECCE 方案委托给 SERVOL 管理，SERVOL 在影响公共政策、为 ECCE 方案筹资方面发挥了积极作用。20 世纪 70 年代，SERVOL 着手发展自己的 ECCE 方案，当时，特立尼达和多巴哥共和国政府对早期干预方案不感兴趣。唯一的一个公共方案由社区中心的 50 所幼儿园构成，并由几乎未接受过任何培训的年轻妇女负责管理与运营。SERVOL 启动了一项公共教育方案，提醒人们了解儿童早期发展的重要性。到 1981 年，作为一个为儿童早期发展教育者提供优质培训的代理机构，SERVOL 的美名已遍及整个加勒比地区。1981 年之后的 20 年中，SERVOL 已为加勒比地区近 600 名教师提供了培训，他们均获得了牛津大学的认证文凭。作为净效应，SERVOL 开发的 SPICES 课程表目前在加勒比地区获得了广泛使用，并被西印度大学继续教育学院采纳，用于教师培训方案。

20 世纪 90 年代发生的 4 起重大事件强调了 SERVOL 的重要性及其对特立尼达和多巴哥共和国 ECCE 所产生的积极影响。

- 维持政府支持。1992 年，新政府大幅削减 ECCE 预算，幅度高达 40%，SERVOL 动员了 150 个由父母支持 ECCE 中心运营的社区。最终，参议院延期讨论国家预算，直至政府保证恢复 ECCE 预算。

- 确保美洲开发银行的供资。SERVOL 发起专项活动，力求增加 150 个中心的培训人员和教师的工资。1996 年，美洲开发银行、计划发展部与 SERVOL 签署了一项拨款协议，此举令中心员工的工资翻了一番，并极大地提升了教师的地位。这项协定暗示，美洲开发银行的捐助承诺到期后，教育部将会全面接手。

- 拓展 POP 方案使其进入教育部。1993 年，政府授权一个特别工作小组审查特立尼达和多巴哥共和国整个教育体系，并请 SERVOL 执行总裁担任 ECCE 子委员会主席。子委员会的其中一项决议建议申请贷款，新建 50 所幼儿园并配备工作人员，通过支付 25 名额外的父母援助促进者的工资，扩大 POP 的规模。这项决议表明，教育政策实现了重大突破。

- 成立 ECCE 协会。到 1999 年，对 ECCE 的热情出现了明显升温，这在很大程度上是因为接受 SERVOL 培训的人数日益增多。很多毕业生在特立尼达和多巴哥共和国组建 ECCE 协会，其中包括来自私营和公共部门的 ECCE 从业人员。

成功秘诀

SERVOL 的成功可归因于以下因素。

- 理想主义。理想主义渗透于整个组织，从而给予人们每天积极改变自己生活的力量。SERVOL 展示了一个人与小孩、青少年、智障者、父母、社区接触时如何成为变革者。SERVOL 工作人员总是疲惫不堪而又兴奋不已地度过每一天，因为通过帮助他人改变，他们自身亦以一种充满回报、令人心满意足的方式获得了改变。

- 权力下放。SERVOL 下放权力，所有参与者有足够的空间和自主权发挥自身的创造力。随着组织规模的不断扩大，官僚作风尽可能被避免。

- 不间断培训和再培训工作人员。作为一个相对较小的组织，SER-VOL 投入了大量时间和金钱持续培训工作人员，建设可持续发展能力，其目的是：依靠自身的人力资源，在组织内部提拔工作人员。工作人员可从指导者和协调人员一级升至最高的行政级别，约 25% 的行政高层此前为 ADP 或 ECCE 方案的培训师。

- 严格的财务控制。SERVOL 认真控制所有的财务资源，即便是小额财务交易也需提交凭单和收据。

- 成就感和满足感。最重要的是，SERVOL 为每个人提供了为自身之外崇高和正直的利他事业作出贡献的一个机会。SERVOL 许多忠心耿耿的工作人员一直选择留任，即使在他们培训过的学徒回来告知所赚的钱要比导师高多了的情况下也是如此。

前景展望

SERVOL 正尽力向更多的儿童伸出援手，将 ECCE 方案延伸至 0 ~ 2.5 岁儿童这一组别，并动员私营儿童保育中心参与进来，以确保达到优质标准。SERVOL 还将方案成功地拓展到了世界上其他的国家。

扩大规模

SERVOL 为特立尼达和多巴哥共和国优质 ECCE 方案奠定了基础，并寻求通过拓展方案，再创佳绩，使每一位 2.5～5 岁儿童都可获得优质服务。为使绝大部分最贫困的儿童获得援助，2000 年时的 160 家公共 ECCE 中心的数量必须增加 1 倍甚至 2 倍。

延伸 ECCE 方案

当儿童进入 ECCE 中心时，幼年时不恰当的育儿做法可能已对儿童造成了重大伤害。ECCE 方案的目标之一就是，将当前的 ECCE 方案延伸至 0～2.5 岁儿童这一组别，为 POP 方案提供补充。与修补已经造成的伤害相比，通过预防性方案提供支持相对要容易得多，成本也要低得多。

改善私营 ECCE 工作

除 SERVOL 密切监测、定期评估的 160 家公共 ECCE 中心外，特立尼达和多巴哥共和国拥有近 600 家私人运营的 ECCE 中心，它们大多缺乏监管且质量往往无法达标。应为私营儿童保育中心提供更多的支持和监测，以改善运营、培训教师，确保中心结构可满足需要。

拓展至其他国家

SERVOL 几乎已将 ADP 和 ECCE 方案拓展到了加勒比地区每一个讲英语的国家，最远已达到南非和爱尔兰。向某一国拓展方案的第一步就是邀请感兴趣的个人参观 SERVOL 项目。如果参观者认为项目适用于其国家，那么，SERVOL 邀请他们派出高级人员腾出时间（3 个月至 1 年），接受教师培训师培训，之后返回其国内启动项目。

东非和南亚：儿童早期发展的能力建设与创新

阿加汗基金会（AKF）是 1967 年根据瑞士法律创建的一家私营的、与宗教派别无关的发展机构。基金会通过设于肯尼亚、乌干达、坦桑尼亚、印度、孟加拉国、塔吉克斯坦、巴基斯坦和莫桑比克的驻地办事处，在 14 个国家开展运作。基金会侧重于 4 个主要领域：农村发展；健康；教育与加强非政府组织和机构，以及包括社区参与在内的相关问题；妇女与环境。

截至 2000 年，阿加汗基金会为 100 多个项目和方案提供支持。其中 25 个与教育有关，近半数与"幼儿与家庭"（Young Children and the Family，YCF）方案有关，半数与学校改善方案（School Improvement Program，SIP）有关。这两类方案的总体目标是：（1）提升正规和非正规教育环境、儿童早期保育与发展方案的质量；（2）增加弱势群体——尤其是女童、与社会隔离的农村儿童、城市贫困儿童——获得教育、完成学业、提高学习成绩的机会。

阿加汗基金会是更加广泛的阿加汗发展网络的一个部分，发展网络由一组对社会和经济发展以及宣传和支持文化发展感兴趣的机构组成。基金会与各国政府（例如加拿大、美国、瑞士）、其他捐赠机构（例如欧盟委员会、世界银行）和基金会（例如福特基金会、伯纳德·范里尔基金会）开展合作。

1985~2000 年间，阿加汗基金会帮助创建和加强了地方性非政府组织，并遴选政府资源基地。许多非政府组织与地方政府建立伙伴关系，共同改善基础教育的质量。另一些非政府组织则侧重于帮助社区和社区组织建立、管理自己的 ECD 活动或小学，并帮助他们筹集资金。这项援助发生的情景通常是，替代教育模型为弱势社区（例如农村地区、少数民族）或女童增加受教育机会提供了便利。

下文描述了两个由阿加汗基金会提供支持的项目：与东非宗教学校资

源中心 MRC 相关的社区幼儿园方案；在巴基斯坦阿加汗教育服务机构（Aga Khan Education Service，Pakistan）领导下，于巴基斯坦信德省开展的社区幼儿园与小学项目 IPPS。

使 命

阿加汗基金会的使命是，针对发展中国家具体地区妨碍社会发展的问题，推广创新型、有效的解决方案。

文化背景

肯尼亚、乌干达、桑给巴尔岛的 MRC 帮助身处不利境地的城市、城市周边和农村穆斯林社区，建立社区所有、社区管理的幼儿园。中心的课程设置和整体理念反映了各国的国家儿童早期发展框架和（或）课程设置、语言与文化（例如肯尼亚沿海地区和桑给巴尔岛的斯瓦希里文化、乌干达的卢干达文化），以及从伊斯兰教中得出的价值观和信念。

巴基斯坦 IPPS 项目在信德省农村地区运作由阿加汗教育服务机构团队领导，帮助社区建立社区所有、社区管理的幼儿园和小学。团队协助制订幼儿园课程设置，鼓励实现儿童的全面发展，并充分利用父母和社区的文化背景与价值观。

方法与措施

MRC/IPPS 方案尤其关注以下几个方面：（1）确保女童在总注册人数中至少占 50%；（2）遴选和培训当地妇女（受教育程度可能不到十年级），担任学校教师和行政管理人员；（3）促进和确保妇女在管理委员会中的代表性。参与项目的社区中，许多女童和妇女在家庭之外获得了一定机会。3 个 MRC/IPPS 项目的负责人均为妇女。

这两项方案针对具体背景调整了类似做法。

- 与社区密切合作，建立信任和伙伴关系，鼓励对话和充分参与。

- 定期为社区提供密集的培训与辅导，以加强当地能力，发展领导技能，提升认知，动员社区。
- 促进发展，利用低成本教学材料。
- 推行寓教于乐的学习方法，开发适宜的课程。
- 支持当地妇女，促进女童教育。
- 通过加强当地委员会管理幼儿园和筹集资金的能力，寻求财务的可持续发展。

执 行

MRC/IPPS 方案开展了多项活动，旨在建立信任、鼓励对话，培训、辅导并提供支持，监测和评估进展情况。下文描述了其中几项重要活动。

初始的社区工作与学校建立

为建立信任，鼓励对话，MRC/IPPS 团队开展了为期 3 ~ 12 个月的社区认知提升与动员活动，与社区成员就重要的方案要素举行讨论会，其中包括合作伙伴的角色和责任等。IPPS 团队针对潜在学龄儿童开展了一项初步调查。MRC 团队与社区发展官员合作，由其领导动员活动，并培训和支持学校管理委员会，为期两年。

阿加汗教育服务机构和 MRC 与相关社区签署合约，其中概述了伙伴关系及职责条款与条件，社区为学校开立银行账户。之后，社区为学校寻找合适的场地。在 MRC 方案中，有时利用现有宗教学校（传统的伊斯兰教学校通常完全专注于宗教教育），因为这类学校通常上午闲置不用；如果这种做法不可行，社区就会建设自己的学校。在 IPPS 项目中，社区租赁建筑，获取建筑捐赠，或建设新校舍。社区还需遴选当地妇女候选人，由项目团队进行培训，之后，他们选举成立管理委员会。IPPS 项目组建、注册地方性社区教育协会（Community-Based Education Societies，CBES），将父母和社区领导纳入其中。MRC 与社区合作，注册幼儿园。

培训、辅导和支持

MRC/IPPS 团队为受训者持续提供培训、辅导和支持，之后，受训者将在社区和学校中担任教师或行政管理人员。

在 MRC 方案中，初期入门培训为期一个月，向教师介绍主动学习的基本概念，组织适当的学习环境的方式，以及如何制订低成本的教学材料。之后，在一年半的合约期内，教师将获得每周一次的在职支持，共计78 周，其后留任期间，每月 2～3 次。此外，两年时间内，教师每周会在MRC 召开小组会议，与 MRC 培训师共同制订计划，解决问题。

在 IPPS 项目中，教师发展包括初期在卡拉奇（Karachi）开展的为期5～6 个月的高强度全局培训，培训侧重于女性受训者的个人、道德和职业发展，因为受训者返回社区后需扮演多重角色——教师、妇女、大家庭成员和社区成员。它强调自我发展、责任、相互尊重、协作性和团队工作。在前两年内，IPPS 团队会在校内提供额外的在职培训和每两周一次的后续支持。此外，项目还为 MRC 学校管理委员会以及 IPPS 地方性社区教育协会，就社区动员、筹资、基本会计技能和学校管理与规划提供培训。这项培训大多在社区中开展。

监测和评估进展

人们持续监测和评估项目的进展情况，以保证质量、良好管理和财务的可持续性。

在 MRC 方案中，培训师与社区发展官员每周视察学校，与教师、管理委员会和社区共同努力。由 MRC 工作人员完成"宗教学校评估工具"报告（Madrasa Evaluation Instrument，MEI），且每 6 个月与学校管理委员会分享该报告，共同讨论并利用这项评估的结果制订接下来 6 个月的计划。"宗教学校评估工具"报告自《High/Scope 方案执行计划》（High/scope Program Implementation Plan）改编而来，侧重于评估项目的主要构件：教学质量，成人—儿童之间的互动，父母与社区的参与情况，学校管理，适当利用当地文化和宗教价值观。在学校和社区"完成"项目的衡量标准中,"宗教学校评估工具"报告是一个重要组成部分,其中列明了预期绩效水平。

在 IPPS 项目中,IPPS 团队每月与各地方性社区教育协会会晤,提供培训,并开展定期审计。IPPS 现场监督员每两周为教师提供一次支持。此外,3 位阿加汗教育服务机构董事会成员、IPPS 专业工作人员和所有 CBES 主席每季度举办一场讲习班,以改善管理、行政和筹资技能,并在社区之间分享经验,解决问题。

演变历程

MRC/IPPS 方案在不同的时间分别启动,不过,在发展的过程中,两者一直相互影响。

MRC

MRC 方案于 20 世纪 80 年代中期在肯尼亚启动,其目的是解决社区关切的问题——加强儿童对当地文化和宗教的理解,增加儿童参与正规教育并在其中取得成功的机会。当地一位倍受尊重的穆斯林妇女接受小学教师培训后,开始与几个社区一同工作,制订课程和教学方法。慢慢地,各方兴趣日益浓厚,1986 年,阿加汗基金会在肯尼亚蒙巴萨帮助成立了首个宗教学校资源中心。阿加汗基金会于 1990 年和 1993 年分别在桑给巴尔岛和乌干达成立了宗教学校资源中心。

20 世纪 90 年代中期,阿加汗工作人员针对 MRC 和幼儿园开展了一次内部审查,幼儿园的数量为:乌干达 3 所,肯尼亚 15 所,桑给巴尔岛约 20 所。方案当时面临的主要问题包括:(1)加强 MRC 在更大范围内制订、执行、监测幼儿园方案的能力;(2)解决幼儿园的财务可持续性问题,确保幼儿园为社区所有、社区管理,并提供优质的早期学习体验;(3)实现 MRC 的可持续发展。

到 2000 年初,MRC 已与东非 130 多个社区开展合作,每个社区均拥有自己的幼儿园。MRC 加强了自身的组织和技术能力,并提高了社区技能。对于未来的发展，他们考虑继续与身处不利境地的穆斯林社区合作，为众多社区的幼儿园教师提供培训师的特定培训和短期课程，试点新活动（例如与父母及其他保育人员合作）。

IPPS

IPPS 项目于 1996 年启动，截至 2000 年时涉及 12 个社区，这些社区均在创办幼儿园和小学。学校从学前班开始，随着儿童逐步长大，每年增加高年级。在发展初期，MRC 方案与巴基斯坦的 IPPS 同事分享了自身汲取的教训。在第二阶段中，IPPS 计划在信德省农村地区扩大规模，新增 6~8 个社区。此外，IPPS 亦计划，针对 3 岁以下儿童和家中育儿做法，为母亲及其他保育人员提供额外支持。IPPS 希望，通过将重要经验教训和做法主流化，来培训培训师，并且可能的话，在特定时间内将这些组织的工作人员吸收进 IPPS，将自身效应延伸至信德省周边地区与社区学校合作的其他非政府组织。

财务结构

MRC

MRC 接受阿加汗基金会以及下列一家或多家机构的共同资助：加拿大国际开发署、欧盟委员会、福特基金会、伯纳德·范里尔基金会、肯尼亚政府、世界银行、Rahimtullah 信托（地方慈善机构）。各社区接收 1000 美元等值资助作为初期种子拨款，用于购买教学材料和基本的学校设备（例如矮架、垫子、室外游戏设施）。这笔钱亦作为"持续"资金，用于建筑物的装修和低成本施工支出。总之，种子拨款根据共同商定的计划和社区估测成本，以小额支付款项提供。

为解决幼儿园尤其是贫困社区持续存在的易受伤害境况，阿加汗基金会和 MRC 正在社区一级试点使用国家和地区范围内汇集的小型捐赠基金。一部分投资回报（5%）将定期作为红利返回社区，用于支付（非全额支付）幼儿园的运营成本，包括教师工资——这是一项主要支出。项目期望社区能够继续确保支付双方商定的学校费用（或通过其他渠道获得补贴），开展其他筹资活动，以弥补财政赤字或增加捐赠基金。

各小型捐赠基金包括一个"毕业捐助"项目，即为达到毕业标准的学校提供2500美元，这一标准包括：优质的学习和教学环境；学校管理委员会定期、积极参与学校活动；定期支付教师前6个月的工资。社区亦可向捐赠基金中投入资金，达到2500美元即由方案进行匹配投资。利用这项匹配投资方案，社区可累积7500美元的捐赠基金。截至2000年4月，毕业学校的平均捐赠资本为肯尼亚4701美元，桑给巴尔岛3640美元，乌干达2932美元。

3个国家初期的38所学校已经"毕业"。阿加汗基金会已与社区就投资机制类型（例如共同基金、国库券、固定收入账户），并与当地银行、MRC、国家委员会就捐赠基金的管理，进行了长时间的讨论。2000年，这38所学校将参加小型捐赠概念试点项目。方案将监测这项试点工作，以估测捐赠基金是否是一项可使学校实现自立的有效机制，并确定可使学校有效利用捐赠基金红利的因素。

IPPS

IPPS项目由阿加汗基金会和美国国际开发署（USAID）提供资助。自项目启动以来，阿加汗教育服务机构一直努力帮助社区学校实现长期可持续发展，确保教学过程的质量和相关性。在财务方面，IPPS项目采用了与MRC小型捐赠基金相仿的做法。项目对社区学校设定的目标是：两年内实现经济自足。在前3~4年期间启动的12所学校中，近10所学校目前已实现了经济自立。为实现自足，学校采取了如下做法。

- 各IPPS项目承担学校所有的运营资金，包括教师工资和运营费用。
- 在前两年，地方性社区教育协会向学生征收学费，并从当地赞助商处获得额外捐款，这些款项往往用于冲抵最贫困学生的学费。这些资金存入IPPS与各地方性社区教育协会共同管理的"托收账户"。

直至每月费用收齐，IPPS 才会发放资金，支付教师工资，并且，仅当收到的学费和捐款可充分承担工资和其他运营费用时，地方性社区教育协会的账户金额才会出现增长。

- 根据巴基斯坦的银行条例，存入账户的款项可增长两年，之后，账户将成为投资基金，以地方性社区教育协会的名义进行投资。当地方性社区教育协会具备了充分的证券管理能力时，款项将全部转移至地方性社区教育协会。

- 转移资金时，地方性社区教育协会开立账户，支付学校的运营费用。对大部分地方性社区教育协会而言，学费水平足以支付运营成本，因而无须动用投资资金。

- IPPS 团队制定了备选方案，以帮助尚无法完全承担学校运营费用的贫困社区。为负担学生开支（例如针对来自贫困家庭的女童），这些地方性社区教育协会正在组织筹资活动，四处寻找捐赠。

成功秘诀

MRC/IPPS 方案的成功可归因于以下因素。

- 高度信任感。这两个方案均和参与社区建立了高度的信任。工作人员倾听社区的心声，与社区一同解决所关心的问题，一同想办法帮助儿童。方案清楚界定了各个合作伙伴的角色和职责。

- 社区动员与组织。各方案均纳入了高强度动员和组织流程。流程包括定期支持、监测当地管理委员会，尤其是前 2～3 年，以持续加强社区所有权和社区管理儿童早期发展活动的能力。

- 溢出效应。一个社区取得成功有助于向其他社区复制成功，并与之建立信任感。因为其他社区一直在关注该社区的参与，以及该方案对儿童学习经历产生的积极影响。

- 利用和发展当地资源。项目依赖当地现有材料、财务和实物资源建设儿童早期发展中心。斥巨资提高本地人的能力建设，尤其是妇女的能力，这被列为项目的优先事项。

- 优质学习。MRC/IPPS 方案强调优质学习，既要虑及当地文化和宗教价值观，又要借鉴其他 ECD 方案的教训和知识。

- 辅导与跟进。两个方案提供持续的系统化辅导和支持。教师、社区领导和学校管理委员会，通过执行和吸收经由大组或小组式培训活动以及持续的在职支持中所分享的理念而受益。

- 灵活性。方案十分灵活，能够解决和纳入方案在发展过程中出现的需要和问题。例如，MRC 委任社区发展官加强社区发展工作；MRC 为儿童的母亲和亲属开设识字班；IPPS 为年龄稍长、未入校读书的女童组建非正规班级。

- 财务可持续性。长期可持续性是方案的一个重要目标。两个方案均通过如下做法实现了学校财务的可持续性：重视能力建设，定期检验、分享不同的策略，从一开始就让包括捐赠者在内的所有合作伙伴和利益攸关方参与进来。

前景展望

通过 MRC/IPPS 项目，阿加汗基金会致力于加强公众对儿童早期发展方案的需求，分享技能和知识，开展特定的研究调查和评估活动，并构建机构间网络。

需求增长

其他社区对社区自有的学校和上述两个项目教师培训方案的需求，仍旧呈上升之势。MRC/IPPS 团队需要评估，这一需求是否会缩短提升认知、动员社区所需时间，进而提升效益、降低成本。他们亦需制订新的策略和培训方案，例如，针对有兴趣的幼儿园教师提供短期"选修式"培训课程。

维持质量和组织投入

需制订创新策略，确保初期干预完成后，方案仍可照常运营。成功完成 MRC 方案的社区正在发展"毕业"幼儿园协会，以提供持续支持，加强学校与教学质量之间的相互影响。此外，MRC 还针对各所学校培训班主任和当地社区动员者，使其接替 MRC，承担起辅导和领导角色。IPPS 定期召开班主任和 CBES 成员会议，培训当地监督员，为小型学校集群提供技术建议。

分享技能和知识

阿加汗基金会的方案仍然面临的一项挑战是，如何既富有创意又切合实际地作出规划，传播技能、知识和教训（例如通过技术援助、培训、辅导或分发材料），帮助他人调整工作或照搬自身做法。IPPS 团队未大幅拓展方案规模，而侧重于培训其他社区组织的教师与培训师。MRC 正在对其他有意学习如何复制和调整 MRC 方案的国家（如若干西非国家）作出回应。

调查研究与评估

有必要对 MRC/IPPS 方案的影响、效益和成本开展深度研究和评估，以反思自身，在社区一级有效执行并进一步发展方案。另外，要想更好地评估和了解社区儿童早期发展方案对儿童、家庭和社区的影响，亦必须开展研究调查。

能力建设与网络构建

要想使贫困儿童获得优质的、契合当地文化的、可负担的儿童早期发展服务，设法建立和加强多样化机构、鼓励机构间构建网络至关重要。非政府组织、社区组织（例如妇女团体、宗教团体、幼儿园的委员会）以及公共、私营部门均是潜在的协作者和合作伙伴，它们可就技术问题、组织发展、筹资和财务管理等方面提供专业经验，以实现儿童早期发展方案的长期可持续发展。政府、当地和国际捐赠者、基金会及其他各方应为上述机构的努力提供支持。

中东欧、前苏联国家、蒙古、海地和南非：
Step by Step 儿童早期教育改革

Step by Step 是一个针对 0～10 岁婴儿和儿童的教育改革方案，它推行以儿童为中心的教学方法，支持社区和家庭参与幼儿园和小学。它的宗旨是，使儿童及其家人产生民主理念和原则。该方案采用的教学方法鼓励儿童作出选择，为自身决策承担责任，有创意地表达观点，相互帮助，发展批判思维技能，练习独立思考。方案促进所有儿童获得优质教育的权利，并且设计特别教材和培训方案，加强少数民族（如罗姆人）、难民、残疾儿童以及贫困家庭儿童的平等参与。

Step by Step 通过培训幼儿园和小学一级的教师和行政人员，为各级儿童早期教育方案的机构改革提供创新式综合做法。其具体做法包括：持续推进职业发展；就如何应用新的课程内容和互动式教学方法培训大学和师范学校教职人员；就教育内容和政策与教育部、卫生部开展合作；针对父母、教师和教职人员成立国家协会；针对父母、教师和教职人员创办国际论坛（国际渐进协会，International Step by Step Association，ISSA），在教育领域推广开放的社会价值观。

开放社会研究所（Open Society Institute，OSI）是一家私立的发放捐助的基金会。1994 年，该研究所启动了 Step by Step 方案，旨在解决中东欧和苏联衰落之后因经济震荡影响导致儿童服务数量减少的问题。OSI 寻求通过支持一系列应对教育、社会和法律改革的方案，推动开放社会的发展。OSI由乔治·索罗斯创建，为索罗斯基金会网络的一个组成部分。索罗斯基金会网络由一群独立的非政府组织组成，它们在全球 30 个国家开展运作，其中包括中东欧国家和前苏联国家、缅甸、海地、南非、危地马拉和美国。基金会为下列领域的倡议提供支持：教育，民间社会，独立媒体，因特网与电子邮件通信，出版，人权，艺术与文化，社会、法律和经济改革。

国际儿童资源组织（Children's Resources International，CRI）是一家总部位于华盛顿的非营利组织，它是 OSI 的合作伙伴，负责为 Step by Step 方案提供国际技术援助。CRI 制定了方案的理念和核心书面材料，其中包括针对婴幼儿教师和护理人员以及幼儿园、小学低年级和高等教育机构的方法论、课程与培训方案。CRI 与培训师网络合作，为各个国家团队持续提供支持。CRI 之所以为方案提供技术援助，其目的在于向各国转移专业经验，使国家团队未来有能力利用自身资源，继续执行方案。

使　命

Step by Step 方案的使命是，打造促进民主思考和行动的教育体验。日复一日地传授和塑造民主文化。该方案通过对最年幼公民——儿童——启动这一程序，可向下一代熏陶开放社会的原则。以儿童为中心的课堂宣传民主原则，激励终身学习，从而在开放社会中取得成功（Hansen，Kaufmann 和 Saifer，1997）。

文化背景

基于转型国家的经验，Step by Step 方案强调变革和民主转型，解决所有民主国家仍旧面临的挑战——提供教育体验，继续维护开放、自由的社会。Step by Step 方案"以儿童为中心"的理念源于国际儿童早期教育理论家——Erikson，Piaget，Vygotsky，Dewey 的工作，当适合当地文化环境时，它可普遍适用。

Step by Step 方案的核心要素包括：家庭与社会伙伴关系，学习流程的个性化，主动学习，自我能动、自我效能与赋权，共同控制，思想与言论自由，求同存异。这些构件在初步执行该方案的国家中尤为实用（中东欧和前苏联国家、蒙古、海地和南非）。这些国家有着强大的"以教师为中心"的教育传统，并且，处于对教育改革热情高涨的时期。这些国家正在努力向民主社会转型，严酷的现实冲击着改革的热忱。现实情况包括：区域经济大幅下滑；社会服务减少（包括儿童早期发展方案）；国家教师培训服务减少；与西方教学趋势存在职业隔离；因资金不足，幼儿园关闭；剩余幼儿园资金减少，导致国家营养与健康方案减少，教育材料不足，基础设施破烂不堪，无法按时支付教师工资。

Step by Step 方案力求通过以下做法加强现有系统的优势：向社区和家庭"开放"其结构；在业已确立的教师培训系统框架内制定部委批准的再培训方案；初步提供捐助，重建幼儿园基础设施。该方案一直致力于在各国发展职业性（而非政治性、国有的）非政府组织，从而为教育做法多元化和民间社会的发展作出贡献。

方法与措施

正如 OSI 和 CRI（1998）所述，Step by Step 方案：

- 是各国根据当地实际情况调整教学方法以符合国家教育标准和需要的方案；
- 针对官方课程设置提供备选教学方法，供父母选择，但会寻求教育部的官方认可与支持；
- 通过与教育部以及教师和保育人员培训、再培训机构建立伙伴关系，强调长期可复制性、可持续性和发展；
- 与已有公立机构（幼儿园、学前班、小学、教育研究所、大学、培训中心）开展协作，以创造持久变革和系统性影响；
- 是一个以儿童为中心式教学方法的典范，强调满足班级中每一位儿童的教育需求；
- 遵循父母是子女的首要教育者，应邀请父母参与学校教学活动的原则；
- 鼓励当地政府和企业参与社区活动；
- 促进机会平等、非歧视和全纳原则，将来自多元背景、少数民族和有特殊需要的儿童统一纳入正规班级中；
- 尽可能在本地生产和采购所有教学用具和材料，以推动当地经济的发展。

执　行

各国家团队的首要职责是，调整（翻译、出版）CRI 编制的核心书面培训材料，改进执行战略，以满足该国的具体需要和关切。Step by Step 方案在各国的发展周期为 5 年。CRI、OSI 和 ISSA 通过与国际培训师网络开展协作，采取如下措施支持各个国家团队：

- 围绕以儿童为中心式的教学方法、成人培训技巧和教育改革，培训项目核心成员。
- 编制教育和培训资料。
- 提供国内培训和持续的技术援助。
- 辅导团队制订实施战略和计划。

在每个国家，Step by Step 首先为负责根据本国国情和需要调整方案的儿童早期发展专家小组集中培训教育方法。在幼儿园和小学执行示范班级做法，之后根据社区配套资金，以低成本拓展新班级。方案亦为高等教育机构的教职人员提供培训，确保他们将以儿童为中心的方法纳入教师职业培训与再培训方案。此外，国家团队与教育部合作，推出以儿童为中心的政策和方案，并在该国成立独立的 Step by Step 非政府组织或协会。该组织：

- 提供培训，并通过专业期刊和会议，为儿童早期教育者提供持续的职业发展；
- 监测 Step by Step 在幼儿园、小学和教师培训方案中的质量；
- 在全国层面倡导父母更大程度地参与教育，采纳符合儿童发展的教育方法；
- 向学校和社区宣传以儿童为中心的教育方法；
- 针对罗姆人及其他少数民族、残疾儿童等边缘群体制订质量方案；
- 作为教育界独立的非政府权威机构，就儿童早期教育制定标准，评估良好做法。

Step by Step 希望，在 5 年发展周期结束时，方案已确立起优质、可自立并获教育部官方认证的培训方案，且所有有意学习以儿童为中心教学方法的教师和学校均可参加、能负担得起。方案的另一个目标是，在各国实现财务可持续性与可复制性。（可持续性指的是，参与学校于 OSI 资助结束时继续执行方案的能力。可复制性指的是，在缺乏 OSI 资助的情况下，幼儿园和小学接受培训、执行方案的能力。）

演变历程

乔治·索罗斯于 1979 年在纽约创建了他的首个基金会——开放社会基金，并于 1984 年在匈牙利创建了他的首个东欧基金会。现在，他的资助范围已拓展为一个基金会网络，该网络在全球 30 多个国家开展运营，致力于建设和维护开放社会基金设施与机构。

启动 Step by Step 方案第一年（1994 年），方案在 15 个国家的 200 个幼儿园班级中确立。截至 2000 年，方案每年在 28 个国家和地区培训 4 万名教师，为 50 多万家庭及幼儿园、小学儿童提供服务。该方案与 300 多家机构开展合作，这些机构负责培训和再培训教师执行新的教学做法。

许多国家在不同的时间参与 Step by Step 方案，因而，方案在各参与国和地区中处于不同的发展阶段。2000 年，参与的国家和地区包括：阿尔巴尼亚、亚美尼亚、阿塞拜疆、白俄罗斯、波黑、保加利亚、克罗地亚、捷克、爱沙尼亚、格鲁吉亚、海地、匈牙利、哈萨克斯坦、科索沃、吉尔吉斯斯坦、拉脱维亚、立陶宛、马其顿、摩尔多瓦、蒙古、黑山共和国、罗马尼亚、俄罗斯、斯洛伐克、斯洛文尼亚、南非、乌克兰、南斯拉夫。

1999 年初，Step by Step 方案正式成立 ISSA，作为非政府组织在荷兰注册。ISSA 充当了各国教师、家长和教职人员协会的国际 Step by Step 论坛。ISSA 的目标是：在国际层面推广 Step by Step 方案与理念；为成员组织之间的信息共享提供便利；为职业发展提供机遇；鼓励就以儿童为中心的学习开展研究并发布研究成果；与相关组织一同发展儿童早期教育国际倡议；协助成员开展筹资，建设伙伴关系。

财务支持

OSI 在每个参与国提供 Step by Step 初期投资。为实现财务可持续性，各国家团队于方案执行一年后开展基层工作，接触潜在的资助伙伴，努力获取合作伙伴资助，以扩建幼儿园示范班级。通过为幼儿园的培训和教学材料提供配套资金（以支付资本成本），资助额外工资或创立志愿者方案拓展工作人员，方案成为共同资助的催化剂。

基层工作的对象为地方政府和父母。国家团队邀请当地主管部门和社区参加培训课程和学校节庆，始终告知方案发展信息并令其一直参与其中，借此加强双方联系。尽管财政支持严重受限，不过，当地主管部门一直有能力维持并在当地复制 Step by Step 方案。父母自发担任班级助理，参与筹资活动，支持学校发展，亲自动手翻新教室、操场或制作家具，捐赠设备或图书等。方案亦鼓励与企业及其他基金会、国际组织建立伙伴关系，有几个国家已获得了共同资助和捐赠。

成功秘诀

Step by Step 方案的成功可归因于以下因素。

- 公私伙伴关系。通过与已有公立机构开展协作，Step by Step 创造了持久变革，并使所有利益攸关方作出了长期承诺。
- 契合文化的做法。Step by Step 方案考虑到了各国的文化背景，鼓励调整、修改教学方法和方法论，以满足当地需要，符合当地语言和教育标准。
- 以儿童为中心的教学方法。方案推行以儿童为中心的做法和互动式学习方法，以满足班级中每一位儿童具体的教育需要。
- 社区和父母参与。Step by Step 方案鼓励社区和父母广泛参与，并邀请父母积极参加学校活动。
- 财务可持续性。通过与教育部以及教师和保育人员培训、再培训机构建立伙伴关系，实现方案的长期可复制性、可持续性和发展。

- 非政府性质的支持。Step by Step 方案在各国建立独立的、非政治性质的国家协会或非政府组织，促进教育多元化，借此支持以儿童为中心的儿童早期方案和专业人士的持续发展，以及民间社会的发展。

前景展望

Step by Step 依靠方案评估推进高效发展，致力于推行全新的教学做法，其特点包括具有社会全纳性，可在文化和财务层面实现可持续发展。

研究与方案评估

在国家和国际层面开展的多项评估工作表明：采用 Step by Step 方案以儿童为中心的教学方法所取得的教育结果，丝毫不逊色于传统的以教师为中心的教学做法。与教育研究所、大学和政府部委共同开展的国家调查发挥了关键作用，使 28 个参与国和地区的教育部接受了该方案的幼儿园与小学教育方法论。最有趣的是，几项调查表明，与传统方案相比，Step by Step 方案可更有力地支持儿童的社会和心智发展，并且，参与该方案的儿童在衡量合作、领导能力、自尊、问题解决技能、毅力的测试中平均得分相对较高。

1999 年美国国际开发署在 4 个国家——保加利亚、吉尔吉斯斯坦、罗马尼亚、乌克兰——对 Step by Step 幼儿园方案进行的一项独立评估证实，从作出选择、发挥主动性、重视个人表达、作为一位学习型社会的成员贡献力量等角度来看，Step by Step 支持儿童的民主行为和价值观。课堂观察表明，这些价值观在 Step by Step 班级的师生互动、课程设置、物质环境中均有体现。

社会全纳

有力的证据表明，以儿童为中心的做法可使教师更有效地针对儿童的个人需要作出响应。美国国际开发署开展的评估工作表明，Step by Step 方案尤其可使学习技能较低及少数民族弱势儿童从中受益。例如，1998～2000年针对入读南斯拉夫Step by Step幼儿园的罗姆族儿童收集的数据表明，与未入读幼儿园的罗姆族儿童相比，这些儿童塞尔维亚语的熟练水平要高出很多，并可更顺利地入读小学，完成一年级学业（100％），一年级期末时数学和阅读测试得分相对较高。数据亦表明，入读幼儿园可使身处严重不利境地儿童的学习成绩提高一倍多，它证实了这一断言，即充分的幼儿园教育是确保儿童拥有公平起点的重要手段。

Step by Step方案正在开展试点项目，以估测采用Step by Step方法教育大量罗姆族儿童可产生怎样的效果，这些儿童均被安置在主要为智障儿童提供服务的学校中。例如，在捷克，截至2000年，高达80％的罗姆族儿童被归入"智力缺陷者"行列，并被安置在这些特殊学校中。试点项目的目标是：到三、四年级时，使这些学校中的罗姆族儿童再次融入正规教育体系。初期结果证实，大多数罗姆族儿童被误诊为智力缺陷者，他们的发展潜力被不必要地低估了。

特殊教育

Step by Step方案希望能在以下方面有所贡献：制定无偏袒的成人教育方案；对儿童开展评估的客观测试和程序；可满足这些儿童特别需要的教育方法，以解决该地区存在的基本人权问题。另外，Step by Step正在开展活动，力求通过教师培训项目和培养未来教师的大学课程，将有特殊需要的儿童纳入正常的幼儿园和小学。

可持续性

2003～2005年，最早一批参加Step by Step方案的28个国家和地区完全脱离OSI，实现独立运营。在4个国家进行的初步调查表明，在缺乏外界财务援助的情况下，在这些国家成立的Step by Step非政府组织有能力在未来继续执行所有的方案活动。区域和国际活动以及方案在新国家的协调职责已在向ISSA转移。

致谢

以上 5 项案例分析已在各个项目的密切配合下予以开展。其中，作者要特别感谢下列人员，他们为本文提供了宝贵的信息、投入和意见：

- Carol Guy-James Barratt and Peter Hesse，Peter-Hesse Foundation
- Alice Byangwa Mujunga，Mother-Child Day Care Center Services
- Ruth Montrichard，SERVOL
- Kathy Bartlett，Aga Khan Foundation
- Elizabeth Lorant and Sarah Klaus，Open Society Institute，International Step by Step Association

参考文献

[1]Evans，J. L.，Myers，R. G.，Ilfeld，E. M. 2000. Early Childhood Counts. A Programming Guide on Early Childhood Care for Development. Washington，D. C.：World Bank

[2]Hansen，K. A.，Kaufmann，R. K.，Saifer，S. 1997. Education and the Culture of Democracy：Early Childhood Practice. Washington，D. C.：Children'sResources International，Inc.，in Partnership with the Open Society Institute

[3]Lokshin，M.，Tan，T. L. 2000. Different Countries-Similar Problems：The Effect of Costs of Early Child Development Programs on Household Behavior. Abstract. Preliminary Draft. Washington，D. C.：World Bank

[4]Myers，R. 1995. The Twelve Who Survive：Strengthening Programs of Early Child Development in the Third World. 2nd ed. Ypsilanti，Mich.：High/Scope Press

[5]OSI(Open Society Institute) and CRI(Children'sResources International，Inc.). 1998. Step by Step：A Program for Children from Birth to Ten Years and Their Families. 1998 Country Report. Washington，D. C.

[6]Rugh，A.，Bossert，H. 1998. Involving Communities. Participation in the Delivery of Education Programs. Washington，D. C.：U. S. Agency for International Development

[7]Young，M. E. 1996. Early Child Development：Investing in the Future. Washington，D. C.：World Bank

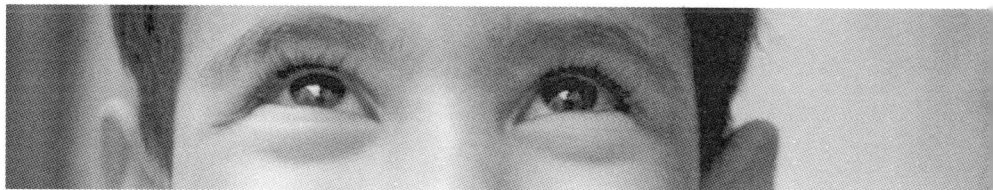

Investing
in the Future : Action and Policy

第 5 部分

为未来投资：行动与政策

第 12 章
为贫困儿童缩小差距
Narrowing the Gap for Poor Children

Enrique V. Iglesias，*Donna E. Shalala*

投资儿童早期发展的理由不胜枚举，其中最重要的原因可能就是出于伦理道德方面的考虑，因为如此之多的儿童缺乏充分发挥自身潜能所需的最基本保育。正如 Amartya Sen（1999）所称，人类发展的核心实际上就是选择和自由的问题——而这对于当今世界数百万儿童来说，仍然可望而不可即。

对儿童及其母亲——尤其是最贫困家庭和受教育水平最低的群体——总投资不足，这是导致国内及国家之间不平等问题日益凸显的最强大的"引擎"之一。投资儿童早期发展对于希冀根除大规模贫困的国家和区域而言至关重要。拉丁美洲只是这一全球性问题的"冰山一角"。这些问题在全球各地同时上演。本章重点探讨不平等问题日益凸显的潜在基础，以及如何通过行动和政策解决这一问题。

代际贫困

全球社会担忧的两个重大问题是贫困儿童人数不断增长,以及贫困的恶性循环(贫困复制与代际贫困)。例如,在拉丁美洲,9 岁以下儿童中,有40% 以上(约4300 万人)每日生活费用不及 2 美元。截至2000 年,这些儿童约占拉丁美洲总人口(5 亿)的10%。自1980 年以来,贫困儿童的人数增长了近2/3——最初为 2600 万左右(IDB,1999)。

然而,该地区的许多儿童不仅贫困,而且还面临与贫困相关的各种障碍。许多儿童未完成初等教育,大多数身处贫困境地,面临物质和教育贫困。许多儿童饱受营养不良、疾病、虐待和忽视之苦,这些痛苦自胚胎期这个关键时期开始显现,一直贯穿儿童早期发展阶段,损害了他们的学习能力。

例如,在智利,对儿童在 18 个月大以及之后的心理动作发展研究表明,到 5 岁时,40% 的贫困儿童发展迟滞,50% 语言发展迟滞,30% 视觉和运动发展迟滞,17% 大肌肉动作发展迟滞(Seguel,Izquierdo,Edwards,1992)。这些贫困儿童注定会遭遇文盲、低收入、缺乏追求幸福生活机遇等本可避免的种种境遇。

贫困儿童长大成人后,会将贫困传递至自己的子女。这种"贫困"复制(或者说代际贫困),是导致拉丁美洲及全球其他地区长期贫困、收入分配不均、流浪儿童、暴力和犯罪事件增加的主要原因之一。

这个悲剧式循环的发展过程如下:贫困父母拥有众多子女和大家庭,但不具备为其提供生活条件或满足子女发展需要的育儿技能的途径。这些儿童智力和情感发展迟缓,学习能力较差,往往学业失败、留级,最终辍学。作为缺乏一技之长、就业技能匮乏的青年,大多数人不得不从事报酬低廉、"没有前途"的工作,有些则会参与报酬丰厚的非法活动。为人父母后，他们又会继续并重启新一轮的贫困恶性循环。

新的信息技术时代将为新一代拉美人带来很多机会，不过，贫困儿童将被越来越远地甩在后面，无法有效获得充分参与现代生活所需的技能。学校教育比以往任何时候更能决定未来的工作选择和收入。1980～1997 年间，拉丁美洲办公室职员与体力劳动者之间的收入差距拉大了两倍多，由1∶3变为1∶7。

未完成中学教育的儿童日益身处不利境地。最易受到伤害的儿童包括贫困儿童、来自土著社会群体的儿童、生活在城市贫民区或农村地区的儿童以及营养不良儿童。其中任何一个因素都可降低他们完成中学教育的概率；并且，在拉丁美洲业已身处贫困境地的4300 万儿童中，很多儿童受上述多个因素的共同影响，这种现象十分常见。除非能够打破这一恶性循环，否则，这将继续对该地区的发展产生强大的负面影响。

打破恶性循环

幸运的是，我们可以找到能大幅改善贫困儿童及其家庭生活与经济潜力的知识与手段。2000 年在拉丁美洲及其他地区开展的研究工作就如何打破贫困循环的链条提供了有效方法。从中明确了以下 6 个做法：

- 为年长儿童和青少年提供终生教育与咨询，为年轻妇女提供生殖健康服务；
- 为母亲提供产前护理与营养，在幼年时期为儿童提供良好的营养与保健护理；
- 就育儿技能提供教育和培训；
- 就安全、健康和营养开展社区教育与培训；
- 提供儿童保育，确保儿童安全，并提供充分刺激，促进儿童的发展与学习准备；

● 为弱势儿童在刚入学期间提供学业和心理支持，增加他们在学校和社会中的成功概率。

各个社区和国家可紧急、果断地采取上述做法开展干预，从而打破这一恶性循环。目前具备应对这一问题的技术和经济机遇，不过，要想解决这个问题，巨大的政治意愿和承诺不可或缺。仅靠政府一方是无法采取行动的，政府的资源和才能必须与其他部门配套。通过携手合作，共担责任，在世界银行、美洲开发银行以及其他区域发展银行等国际机构的支持下，民间社会、私营部门（包括非政府组织）和政府可使众人的生活发生改观。

例如，美洲开发银行在美洲开展多项工作，提供资助和支持，以改善弱势儿童和青少年的生活。其中部分工作为单独开展的项目，更多则是多层面减贫方案的组成部分。许多活动均针对大的城市地区中十分突出、令人困扰的流浪儿童问题，这是贫困循环的一个重要链条。美洲开发银行与世界银行及其他组织建立伙伴关系，主办研讨会及其他活动，提升认知，发布相关知识，编制与儿童早期发展相关的政策和方案材料。

不过，到今天为止，在政府、私营部门或国际发展领域中没有哪家机构敢说，它的工作已经十分到位了。美洲开发银行等国际机构愿意付出更多努力，但往往受到以下因素的限制：现有补贴资金的可得性，部分国家不愿按现行条款为儿童早期发展方案借贷。

投资贫困儿童的每一分钱都不会白花（例如改善儿童保育、培训教师、建设校舍、支持父母等），现在和未来都可获得回报。美国业内存在广泛共识，即为贫困和处境危险儿童的幼年作出投资绝对是一本万利；然而，即使是在这样的国家中，要做的还有很多。从商业的角度来看，投资儿童早期发展"绝对有效"。建设智力就是建设经济实力，建设健康的身体就是建设健康的国家。哪怕是落下一位未来工作者，都将是世界无法承受之痛。

有效干预

即使对立足社区的涉及父母、学校和当地卫生组织的儿童早期方案作出少量投资，亦可通过减少代际贫困复制，缓解诸如暴力、虐待、犯罪行为、心理疾病等的伤害，对社会产生深远影响。例如，美国近期的数据展示了儿童预防方案的有效性：美国遭受虐待和忽略的儿童人数连续 5 年出现减少，虐待的发生率已降至 12.9 例/1000 名儿童，达到了 10 年以来的最低值（美国，2000）。

仅仅与 20 年前相比，我们对儿童早期发展有了更加深入的了解。身处全球每一个角落的每一名儿童均有资格从这些认知以及通过开端计划等方案所取得的进展中受益。

开端计划

在美国，关于儿童早期发展的部分重要教训源自开端计划。这项针对低收入家庭的学前儿童及其父母开展的政府早期全面干预方案获得了巨大的政治支持，原因很简单：开端计划"行之有效"，它具有成本效益，并可使该国从中受益。

开端计划启动时是作为林登·约翰逊总统"向贫困开战"倡议的一部分，主要是对 20 世纪 60 年代初就反映美国贫困广度和深度（例如针对移民工人）研究资料和媒体报道作出回应。美国的财富在日益增加，然而，数百万低收入和极低收入家庭却在暗自承受着痛苦，无力帮助他们的学龄前子女，无奈地使贫困代际传递。政府和学术界的儿童发展专家很快意识到，需在幼年时期向贫困儿童"伸出援手"。等贫困儿童进入幼儿园时往往已为时过晚，因为公立学校无力弥补贫困儿童在幼年时期产生的发展迟滞问题。国家为贫困儿童作出投资的时机成熟，开端计划应运而生。

开端计划从未想过仅关注教育领域，而是致力于培养在社交、心智、生理方面健康发展的儿童。开端计划的一个班级通常包括 17 名儿童，1 名教师，1 名助教，1 名其他成人——通常是家长。班级必须至少为残疾儿童留出 10% 的注册名额。课程设置必须确保其内容优质、全面、与年龄相符并在全美范围内实现标准化。这个方案非常注重认知和语言，不过，这仅仅是开始。

参与开端计划的儿童亦可获得全面的保健服务，包括免疫、生理和牙齿检查、营养支持等。这个方案帮助他们克服恐惧，学习分享、合作、倾听和轮流做事。他们可获得午餐和点心，部分儿童可获得早餐。教学日程通常包括授课、室内和室外创意游戏，以及均衡的膳食。

开端计划亦侧重于家庭建设。父母广泛参与和学习，并通过在开端计划的培训与工作，日益朝着自身的教育、识字和就业目标取得进展。

尽管自 1965 年以来，资金情况和入学人数出现了大幅增长，开端计划的核心使命仍然保持不变，即发展完整儿童，使每一位儿童均可充分实现自身潜力。

开端计划取得了重大成就。有关方案的研究表明，离开开端计划时，儿童已经具备了成功完成幼儿园学业所需的广泛技能与知识。他们所接受的实践和常识教育为日后的学习和心智发展奠定了基础。与此同时，该方案不断自我完善。自 1993 年开始，管理人员扩大了开端计划的规模，强化了父母参与和学习，改善了质量，加强了方案的问责。

2000 年，近 900000 名儿童注册参加了开端计划，另有 45000 名儿童参加了早期开端计划，后者是开端计划的补充方案，旨在满足 0 ~ 3 岁儿童的特别需要。开端计划的预算增幅创造了历史最高水平，仍在寻求额外资助。

尽管大部分国家缺乏支持儿童早期教育的资源，不过，投资的价值远远高于成本。因为开端计划中每增加一名儿童，在通向贫困的道路上就会减少一名儿童。参与开端计划不见得会让所有儿童都能打破贫困代际循环，但是，它一定会增加儿童摆脱贫困的概率。正如此前所述，资源越多越好，有总比没有好。

所汲取的教训

从开端计划的历程中，我们可明显得出最大化实现儿童早期发展投资的 6 个教训。这些可被视为"儿童成长的 6 个教训"。具体见下文。

1. 干预行动越早越好。这或许算得上是最重要的一条教训了。研究表明，大脑早期发展是一条可在生命周期内影响生理和心理健康、学习和行为的路径（Carnegie Corporation of New York，1994；Karr-Morse 和 Wiley，1997；Keating 和 Hertzmann，1999；Shore，1997）。1997 年 4 月于美国白宫儿童早期发展与学习大会以及其他会议上阐述的研究发现，为启动早期开端计划方案提供了动力。

2. 质量很关键。在一项长期的贫困儿童调查中（Campbell 和 Ramey，1994），一半儿童自婴儿期至 5 岁一直接受优质的日托服务，另外一半则仅可获得营养补充剂和社会工作者的家访。结果表明，几乎无论以何种方式衡量，接受优质日托服务的小组日后在人生中都较为成功。

   然而，仅凭金钱永远无法解决问题。出于这一原因，开端计划于 2000 年开始针对所有中心实施新的绩效标准，并将新增资金的 25% 用于提升支持标准和质量投资。绩效标准十分严格，表达清晰，强制执行。这些标准已用来评估开端计划方案的方方面面，从儿童的阅读准备、社会发展，到方案管理的有效性，无所不包。（Tarullo 在本书前面一章中描述了这项绩效标准倡议。）

   开端计划必须以卓越为追求目标。自 1995 年以来，150 个开端计划受助者因参与项目的情况不合格而被停止或放弃捐助。开端计划对高质量的一贯要求使父母和儿童受益匪浅。开端计划在美国所有的政府机构和私人公司评比中胜出，客户满意度名列前茅。

3. 优质的儿童早期教育始于教师培训。参与开端计划的员工流失率很低——每年不及 11%，且 80% 参与开端计划的教师拥有 5 年或 5 年以上教学经验。合格、敬业的员工是提供和支持职业培训的好处之一。在 2000 年，开端计划要求所有教师必须获得儿童发展特别文凭。到了 2002 年，方案的目标是，使绝大多数开端计划中的教师获得儿童早期教育专业两年或四年学位（两年学位指社区学院的学位，四年学位指大学学位）。政府正在帮助拓展大专院校教授儿童早期教育、培训婴幼儿保育工作人员的能力。此外，开端计划正在增加工作人员的工资，并对设施的卫生与安全作出投资。

4. 父母必须参与进来，开端计划必须满足父母的需要。父母之所以会对开端计划有如此高的满意度，原因之一就是，开端计划"倾听"他们的心声。它向父母"取经"，并鼓励父母始终参与其中。自启动以来，它一直强调父母的参与，这一点是开端计划取得成功的关键所在。事实上，很多父母后来成了开端计划的教师。

然而，仅让父母始终参与开端计划还不够，它还必须能够满足他们不断变化的需要。例如，开端计划启动时，劳动力大军中的妇女人数以及单亲家庭的数量比现在要少得多。随着工作模式发生改变，开端计划必须相应作出改变。开端计划延长了工作时间，提升工作时间的灵活性，将儿童早期教育方案引入工作场所，并鼓励开端计划中心与优质方案建立伙伴关系——这些优质方案于儿童每日结束开端计划课程后至父母下班回家之前为儿童提供保育服务。

开端计划还认识到了使父母与所在社区保持关联的重要性。它必须契合当地文化，动员社区领导参与，并尽可能在社区一级作出决策。

5. 儿童早期教育必须与其他需求相结合。贫困儿童需要的不是单独某一项策略。他们需要一套超越儿童早期刺激与教育范畴的综合战略。提供综合性服务是取得成功的前提，这对于婴幼儿来说尤其如此。例如，在开端计划中，幼儿免疫是儿童早期发展的一个优先事项。到 2000 年，美国至少 90% 的儿童到 2 岁时已经获得了最重要的免疫。作为一项防患于未然的举措，免疫不仅可以拯救生命，还可以节约资源。对于尚未普及保健覆盖面或者购买和分配疫苗的资源极为有限的国家（如美国）来说，这一见解十分重要。

基于相同的原因，美国政府正在扩大贫困儿童获得健康保险的机会。1997 年，美国启动了国家儿童健康保险计划，旨在确保数百万来自低收入工薪家庭的儿童获得健康保险。开端计划、儿童保育中心等方案是识别有资格获得健康保险儿童的有效做法。一体化服务有助于确保护士与教师的交流、教师与营养学家的交流、营养学家与工作人员的交流以及所有人与父母的交流。

6. 政府应使儿童早期教育成为国家实验室和变革的催化剂。"如果你建好了，他们就会来"，这是美国电影《梦幻之地》（*Field of Dreams*）中非常著名的一句台词。"精心建设，改变将随之而来"，上述台词的改编版本传递了一条信息：儿童早期发展已迫在眉睫。

开端计划一直都是国家实验室和变革的催化剂。自 1965 年创立以来，开端计划一直致力于改变美国人思考、教育和保育儿童的方式，以及在所有儿童保育环境中衡量质量的方法。早期开端计划亦是如此。

在投资儿童早期教育时，持续、积极开展研究工作十分重要。因为"一种方法不能解决所有问题"，需持续作出努力，以确定哪些方案在哪些情况下对哪些儿童有效，并利用这一认知尽快打造更优方案，纳入最佳研究。

结　论

之所以要投资开端计划或优质儿童保育等方案，一个最重要的理由就是，为贫困儿童"扳回劣势"。正如 Jacques van der Gaag 在本书中所指出的，此类投资可产生巨大的经济利益。

不过，投资儿童早期发展还存在一个深远的道德寓意。这是一个新千年，一个高科技时代，一个科学进步似乎无所不能的时代；然而与此同时，各大洲却有数百万儿童正在生死线上挣扎。对当今世界而言，这对真实而又相互冲突的概念之间的"断桥"现象极不合理。我们必须马上采取行动，使能做与所做之间不再有"断桥"，为贫困儿童"扳回劣势"。

就如何帮助年幼儿童在心智和生理方面实现健康成长，我们已经了解了很多。重要的是下一步，即动员家庭、社区、大学、宗教、其他组织以及政府，投资新世纪第一份、也是最持久的一份希望——全球儿童。秘鲁街区中一个2岁的儿童，拉各斯一个嗷嗷待哺的婴儿，加尔各答贫民窟中一个不满4岁的小女孩，北达科他州农村地区开端计划中的一个3岁儿童——这些儿童，乃至所有儿童，是我们的未来。

注

本章源于作者在2000年4月10～11日在华盛顿特区举行的"为儿童的未来投资"世界银行大会上作的主旨讲话。

参考文献

[1]Campbell, F. A. , Ramey, C. T. 1994. Effects of Early Intervention on Intellectual and Academic Achievement: A Follow-up Study of Children from Low-Income Families. Child Development, 65 : 684 ～ 698

[2]Carnegie Corporation of New York. 1994. Starting Points: Meeting the Needs of Our Youngest Children. New York

[3]IDB(Inter-American Development Bank). 1999. Breaking the Poverty Cycle: Investing in Early Childhood. Washington, D. C. [www. iadb. org/sds/soc]

[4]Karr-Morse, R. , Wiley, M. S. 1997. Ghosts from the Nursery: Tracing the Roots of Violence. New York: Atlantic Monthly Press

[5]Keating, D. P. , Hertzman, C. , eds. 1999. Developmental Health and the Wealth of Nations: Social, Biological, and Educational Dynamics. New York: The Guilford Press

[6]Seguel, X. , Izquierdo, T. , Edwards, M. 1992. Diagnostico Nacionaly Elaboración del Plan de Acción para el Decenio en el Area del Desarrollo Infantil y Familiar. Santiago, Chile: United Nations Children's Fund(UNICEF)

[7]Sen, A. K. 1999. Investing in Early Childhood: Its Role in Development. Keynote address presented at a

seminar on Breaking the Poverty Cycle: Investing in Early Childhood, Annual Meeting of the Boards of Governors of the Inter-American Development Bank and the Inter-American Investment Corporation, Paris, France, March 14, 1999. [www. iadb. org/sds/soc]

[8] Shore, R. 1997. Rethinking the Brain — New Insights into Early Development. Families and Work Institute. New York, N. Y. : United States. Department of Health and Human Services

[9] Administrationon Children, Youth and Families. 2000. Child Maltreatment 1998: Reports from the States to the National Child Abuse and Neglect Data System. Washington, D. C. : U. S. Government Printing Office

第 13 章
政治挑战——承诺与合作
The Political Challenge: Commitment and Cooperation

Eduardo A. Doryan, *Kul C. Gautam*, *William H. Foege*

　　本书的最后一个问题，或许也是儿童早期发展面临的首个问题：为什么要干预儿童的生活？在上一章中，Iglesias 和 Shalala 强调了启动儿童早期发展方案、为贫困儿童缩小差距在伦理道德层面的驱动力。在此之前，Jacques van der Gaag 曾将儿童早期发展与人类发展挂钩。

　　对儿童及其家庭而言，儿童早期发展的惠益不言而喻，这在本书中随处可见。不过，这些惠益必须还要能一览无余地展现在社会和政府面前，因为他们的支持对于维护和持续开展有效方案至关重要。许多正在进展之中的社区方案要想充分实现惠益，就必须在全国范围扩大规模。所以，最后一个挑战就是政治层面的挑战，即获取所有部门的必要承诺与合作，在国家和全球层面充分实现儿童早期发展的潜能。

本章审议了投资儿童早期发展的社会惠益和限制因素，以及投资所面临的政治挑战。文中就投资行动政策提出了部分有助于扩大儿童早期发展方案规模的要素、步骤和原则等方面的建议。

惠益：通过儿童早期发展方案转变社会

1985 年至今，人们成功地使社会和政府加大对儿童早期发展的关注力度。今天，许多国家（如巴西、菲律宾、纳米比亚、加纳）正在针对加快儿童早期发展采取国家计划，跨国组织（如联合国儿童基金会、世界银行）则致力于执行儿童早期发展干预等发展项目，大力促进儿童、妇女和易受伤害人群的福祉。这些努力与私营部门组织（如基金会、非政府组织）的兴趣和行动互为补充，在有些情况下，私营组织还会提供协作。越来越多的人开始将儿童早期发展视为对经济发展和国家发展贡献最大的因素。

我们应该由衷地祝贺所有这些参与者，因为他们以行动和投入使社会发生了改观。他们的持续支持和承诺是未来 15 年内令社会发生更大改观、实现更多儿童及其家庭的希望和期待的起点。投资儿童早期发展可获得巨大的长期惠益。不投资或者忽视儿童的后果同样影响深远——许多儿童将终生贫困、入不敷出，儿童的家庭、社区和国家亦将遭受重大的累计损失。

社会对儿童抱有着怎样的愿望，儿童早期发展方案能为儿童带来什么？从全球视角来看，社会对儿童抱有如下期望——儿童长大后可充分实现人的潜能，儿童生活在人权受到尊重、民主繁荣、贫困不再是人类进步不可逾越的障碍的社会中。投资儿童早期发展，极有助于实现上述希望。

人的潜能

儿童早期发展方案有助于实现人的潜能——例如，通过提高产妇的健康和营养水平降低宫内发育迟缓的终身影响，改善早期心理刺激，提高入学准备等。本书其他章节已经很好地总结了以上内容以及其他提升人的潜能的惠益。

人　权

人们往往将人权等同于公民和政治权利、言论自由、宗教自由和法治。不过，人权还包括社会和经济权利。《世界人权宣言》和《儿童权利公约》以及其他人权公约，承认儿童有生命、生存、健康、营养、教育和受保护的权利。尊重上述权利的社会必须首先从尊重最幼小儿童的权利做起。人权的本质就在于，保护弱小、易受伤害者远离强大的、有权有势者的专制统治。

保护无力捍卫自身权利的儿童，确保他们的生存、成长与发展，这是已签署或批准上述人权文书的所有成人和国家的义务。从本质上说，人权始于儿童的权利。社会若不尽最大可能投入资源，促进儿童的生存、保护和发展，那它等于是背弃了人权义务，尤其是《儿童权利公约》中列明的义务。

参　与

儿童在社会中没有选举权和发言权，因此，有人可能会说，他们与民主之间不存在利害关系。可是，儿童被养育的方式，以及他们成长的物质和心理环境类型可对其价值观和个性的发展产生终生影响。若在人生的最早阶段，儿童就可以在相互尊重和怜爱的氛围中被抚育，并被反复熏陶分享和承担责任的价值观，这将有助于创造信奉民主价值观、彼此间充满关爱的社会。

从成人的角度来看，民主需要政治领导人和民间领导人对保护所有选民的权利作出响应，并且，必须以最有效的方式利用公共资源帮助选民。注重民主的领导人和选民理应发现，为儿童投资是他们能够推行的最开明、最有远见的一项公共政策。

减 贫

贫困的表现形式多种多样，其中包括营养不良、儿童疾病、缺乏学习和游戏机会，以及妇女和儿童遭受暴力行为等。这些以及贫困的其他方面会损害儿童的最优发展，降低他们打破贫困恶性循环的潜能。正如 Iglesias 和 Shalala 在前一章中所述，儿童早期发展是打破贫困代际传递的最快捷路径。

出生时健康、获得良好喂养、接受早期刺激、免受儿童疾病折磨并在充满激励和怜爱的环境下获得抚育的儿童，将成长为健康的成人、关爱的父母和对社会有用的公民。成功的儿童发展源于家庭的充分关爱，而后者又受益于基本的社区服务和国家、国际层面的支持性政策。其中，妇女扮演着至关重要的角色。研究表明，在妇女享有尊严、能获取资源和拥有政治影响力的社区中，儿童可更好地获得生存与发展。这些元素对于减少贫困、促进儿童早期发展均至关重要。

投资儿童早期发展的制约因素

对社会而言，了解儿童早期发展业已公认的惠益对于决定投资儿童早期发展方案并提供全面支持来说还远远不够。决策者可能会问，如果投资儿童早期发展真的有这么重要，那么，为什么全球层面对这些方案的投资不见增加？投资儿童早期发展方案的制约因素有哪些？对于社会和政府来说，常见的制约因素包括以下两项。

- 即期成本与长期收益。早期干预需要马上投入资金，但这笔投资需很长时间方可取得回报。甚至直至政府或行政当局下台之后很久，投资才产生明显的好处，因此，儿童早期发展方案似乎不受政客青睐，他们渴望公众能在更快时间内认可自身的政绩。建造学校、诊所，或者发放课本的益处在数年之内可能不一定很明显，但是它有助于逐步建设社会资本，进而促进经济发展。

- 提供综合性服务的困难。社会和政府很难以一种连贯和协作的方式开展早期干预，解决儿童及其家庭的切实需要。政府（和捐赠机构）偏向于以部门为导向，政府部门或部委则倾向于纵向的组织结构。儿童和家庭的需要（如健康、教育、社会援助）之间实际上并不存在这些人为的隔离，因此，在官僚机构中，这些需要无法轻易获得满足。应确立全面的发展框架，纳入政策制定者的愿景，并实地开展协作行动。

此外，妨碍在全球健康与发展方面作出良好决策的两大壁垒是：

- 决策与效果之间的距离；
- 决策与效果之间的时间跨度。

决策与效果之间的距离越远或时间跨度越长，作出良好决策的难度就会越大。最难作出的决策就是，既涉及距离又涉及时间的决策（例如关于核或有毒废弃物的决策，核或有毒废弃物有数百年的潜伏期，并且可能要在其他国家中处理）。要想投资积极的儿童早期发展，它涉及的决策过程与此相仿，这是因为这些方案对社会的影响需要经过几代人甚至几个世纪方可实现，并且可能会广泛散播开来。

相信社会可以发生改观，相信儿童的未来和命运可以改善，这是第一步。一旦国家采纳了这一正面看法，确定哪些能够改变、哪些无法改变就变得容易多了。这些决策依赖于科学研究的成果。

投资儿童早期发展面临的政治挑战

儿童早期发展会议，例如世界银行以及其他多边组织举办的此类会议，是宣传儿童早期惠益、克服政府和决策者所述制约因素的一个重要步骤。这些会议可使研究人员、行政管理人员和政治家分享和解读研究发现，庆祝儿童早期发展的创意与创新，更好地理解健康的儿童发展对经济发展的作用，认识投资儿童早期发展对人类及全球发展的重要性。

本书所有章节均强调了儿童早期发展领域面临的 4 项挑战：

- 促进包含儿童早期发展方案在内的平衡发展观；
- 明确说明贫困儿童、家庭的需要与政治家的关切之间的关联；
- 发展改进方法，衡量和评估方案的有效性；
- 执行可持续发展的国家方案。

实现可持续发展的一个方法是改变社会规范。例如，麻疹在过去是一种常见的儿童疾病，但是现在在发达国家，单个病例也会引发轩然大波，成为新闻素材，并导致公众质疑当地卫生部门。公众联系到了因果关系。正如霍金在他的著作《时间简史》中所述，科学史是逐步认识到事件不以任意方式发生的过程（霍金，1998）。又或者，正如那句闻达于纽约地铁商铺又见诸《纽约时报》的名言："许多人将差劲的管理与命运混为一谈。"（Nemy，1999，B 节第 2 页）目前儿童早期发展面临的挑战是，通过更优管理创造更好命运，运用科学，为各国每一位儿童更加美好的明天投资。

因果关系

历史告诉我们，存在于当下的万事万物都有它的过去，并且，当下的一切所作所为都将对未来产生影响。关于大脑发展的知识，比如早年的机会之窗、学习对此后人生的影响等，均支持这一概念。

不过，其中有些影响会较为长久，部分损失则永远无法弥补。例如，社会无法逆转儿童刚出生几个月或几年内因碘摄入量不足导致的发育迟缓，无法帮助儿童因小儿麻痹症而致残的双腿恢复功能，无法消除儿童因遭受战争而留下的心理创伤。其他原因，如毒素（酒、烟草的烟雾）和虐待等，亦可影响儿童的一生。

美国疾病控制与预防中心（Felliti 等，1998 年）公布了首份成人健康科学研究报告，其中的成人均在儿时遭受过虐待。研究首次披露，经历过生理、心理或性虐待，母亲被殴打，或家庭成员吸毒或入狱的儿童，成年后吸烟、喝酒、吸毒、沮丧、尝试自杀、超重等方面的概率增加。Kempe将此现象称为"受虐儿童综合征"（Kempe 等，1962）。原因包括遗传和环境两个方面。儿童成长过程中的影响与其心智健康（儿童期及成年后）之间存在一定的关联。受虐儿童综合征可导致受虐成人综合征，而受虐成人不断增加则可导致受虐社会综合征，反过来，这可继续催生受虐儿童。这种代际循环补充并进一步加强了贫困循环的影响。

效率低下

许多致力于解决社会问题的做法效率低下。例如，母亲抚养子女，喂养、养育、疼爱了9个月或更长时间，最后因患上麻疹而痛失爱子——这是一种低效做法。因为可预防的微量营养元素摄入不足，眼睁睁地看着儿童发育迟缓而毫无措施；儿童长到学龄入读小学，但在低年级时辍学；儿童在校期间表现优异，但却感染了艾滋病毒，随后在20岁出头时发展为艾滋病——这些，都是低效做法。生育子女，但却让他在儿时遭受虐待，导致其抑郁、沉溺于烟酒药物；社会为了"省钱"不支持社区健康与教育方案，而通过建监狱关押问题青少年和成人——这也是低效做法。

这些做法不仅效率低下，而且还会产生令人痛心的负面影响。很明显，这些低效做法并不合理，无助于创建令人愉悦的社会。

尽管如此，这些低效做法却始终存在着，部分原因是人类能拖就拖的本性，部分原因是长期存在的、未引起争论的社会规范。社会口口声声说以预防为主，但真要开展预防行动的时候却又犹豫不决。例如，许多国家一直侧重于治疗肺癌，而不是帮助人们戒烟。在世界卫生组织、世界银行、联合国儿童基金会等全球组织的支持和行动下，直至现在，这一侧重点才慢慢发生转变。而且，尽管口口声声说关心儿童，投资开端计划方案，但是美国对儿童的支持远远低于对老年人的支持水平。在《老龄的优势》（*The Virtues of Aging*）一书中，卡特总统指出，美国政府每为65岁以上人口支出 12 美元时，为 18 岁以下儿童及青少年的支出才达到 1 美元（Carter，1998）。这仅是预防方面言行不一致的两个例子。

美国修改了对疾病预防的描述，将"健康提升"纳入其中，预防方面的观念由此发生了重大变化。疾病预防侧重于病理学和降低某一问题的负面程度（如死亡率和患病率），而健康提升则侧重于积极的改变。两者的理念、目标和期望值各不相同，在对大众进行宣讲时，它们有助于改变社会规范和价值观。

在此之前，社会对儿童的关心仅限于病理学做法，即静观其变，直至某种"疾病"十分明显时才作出反应。目前迫切需要领导层关注"如何做才能对未来有益""如何做才能对世界有益"等问题。必须制订和加强积极、有效的做法，因为政府所服务的民众，绝大多数尚未出生且可能来自不同的族群。

投资儿童早期发展的行动政策

投资儿童早期发展的决策必须与刺激儿童早期发展的高效政策相配套。虽然决策——尤其是为贫困儿童缩小差距的决策——看上去似乎没有什么争议，但是，向儿童健康、教育和营养领域分配或重新分配资源的政策却会引发争议。部分个人和团体可能会支持此类政策，其他许多个人和团体则可能会投反对票。仅仅制订"亲贫"政策，关注社会较弱势群体或改善极贫困地区的条件，并不能保证这项政策会获得通过或有效执行。一项政策的政治寓意，包括重要利益攸关方的支持或反对，往往会影响政策的采纳情况。

决策者需考虑的 4 个要素

正在或者即将设计和执行儿童早期发展方案的决策者需考虑 4 个要素：儿童早期发展领域的利益攸关方或"参与者"，各利益攸关方的相对权力，各利益攸关方的立场，公众的看法。

- 参与者。利益攸关方包括，所有将受政策变动影响以及影响政策结果的个人和团体。参与者可包括政府部委（例如卫生部、财政部、农业部、教育部）和地方政府，专业团体（如医生、护士、幼儿园教师），商业组织，宗教团体，卫生与教育服务的消费者（例如城市和农村地区贫困及中产阶级个人、家庭和社区），国际组织（例如国际货币基金组织、世界银行、世界卫生组织、捐赠者）。各团体及子团体将从不同的视角了解、执行相关政策。

- 权力。贫困人口往往组织性差，政治上处于弱势，这在农村地区尤为突出。儿童（尤其是在幼年时期）缺乏一个有代表性的协会，而成人通常具有更大的影响力（尽管不见得组织得很好）。此外，权力和影响的行使方式不尽相同，具体取决于一国的政策体系和文化传统。

- 立场。各利益攸关方采取的立场可体现他们对政策的支持或反对，以及所作承诺的强度。多项改革提案同时推出时，各利益攸关方可能会支持其中的一部分政策，反对其他政策。所采取的不同立场充当了谈判工作的基石。

- 公众的看法。公众对该问题及拟议政策的看法和理解，可影响到哪些团体会积极行动起来，以及这些团体对政策的立场。

就"亲贫"政策而言，需发展利益攸关方（包括国内和国际）联盟，充分地采纳与执行各项政策，从而持续推进积极变革。正如 Hsiao 等（2001）所提议的，反过来，这一联盟的发展取决于政策支持者的技能与承诺、拟议变革的性质，以及总体国家背景。任何一项政策的成功执行均取决于倡议者的政治技能，而非仅仅是政治意愿。这项政治技能必须建立在技巧的基础上。

政府行动的 6 个步骤

政府需在儿童早期发展领域发挥根本性作用。通过优质政治学（有充分依据的提案）与良好技巧（政治技能）的有机结合，政府可刺激公众支持儿童早期发展政策和方案，加强自身的立场与权势，执行政策和方案，并与其他利益攸关方及潜在妨碍者加强合作与协调。下文中列明了政府可采取的 6 个有效步骤。

1. 为儿童创建政治选区。将儿童政治选区纳入战略沟通计划，之后，将该计划作为儿童早期发展方案设计工作的组成构件。将儿童早期发展纳入一体化综合框架，以切断贫困循环，平衡政府部门间对经济、财政、人力、治理、制度问题的观点。针对儿童早期发展方案创建政治选区，可增强不同利益攸关方的权力，改变公众对儿童早期发展的观念。

2. 公共资源指定用途。这项行动可确保儿童早期发展方案资源的可得性，保护危机时期的儿童投资，防范不断变化的政治利益。政府对儿童成长与发展的监测力度不得低于对国内生产总值的监测力度。通过指定税收用途使儿童早期发展方案实现可持续发展的成功案例，比如哥伦比亚利用 3% 的工资税为日托方案提供稳定资助，甚至在财政调整或政治动荡年代亦不例外。指定用途的税收有助于为儿童早期发展打造强大的权力基础。

3. 为社区支持儿童早期发展提供激励措施。政府应鼓励小型社区团体、民间社会和地方政府的倡议。美国开端计划就是一个很好的例子，该方案基于社区倡议，由联邦政府提供资助。通过支持此类努力，政府可与新的利益攸关方共同创建立足社区的生产部门和小商业部门，用一个声音说话，共同促进儿童早期发展。拥有"共同的呼声"，是实现赋权的第一步。

4. 创造有需求的消费者。政府可允许甚至鼓励私营部门（非营利和营利机构）提供儿童早期发展方案。政府亦可为贫困家庭提供公共补贴，帮助他们获得儿童早期发展服务，使其成为有效的消费者。这些行动可使更多利益攸关方对儿童早期发展方案感兴趣、持支持态度。

5. 就现有选择提供信息。政府有责任制定和发布标准、培训材料和方案评估等相关信息，使消费者有能力就儿童早期发展方案及其备选方案提供者作出知情选择。政府也可利用这些信息，并对其他资金来源进行试点，据此改进儿童早期发展方案的质量。例如，一个可选做法是新西兰中央政府固定拨款与补贴混合的融资模式。通过加强公共信息，政府可提升儿童早期发展方案的透明度，并有望改善公众对这些努力的观念。

6. 创造新的提供者。母亲可成为家庭儿童早期发展方案的有效提供者，哥伦比亚、玻利维亚即是如此。妇女可接受培训和最低信贷援助，达到设施标准。她们通过"认证"后，有资格提供日托服务。此类努力可使提供者从公共补贴中获益，同时，她们亦可参与具有竞争性的、可自由选择的儿童早期发展方案系统。此外，增加可供选择的保育服务的数量和类型（例如出于方便、邻近性考虑的服务，时间灵活安排的服务等），可使父母受益匪浅。政府可以协助在当地创造新的 ECD 提供者，从而帮助巩固儿童早期发展的参与者数量、权力基础、公众对儿童早期发展的立场和认识，这在当地一级的效果尤为明显。

通过采取这 6 个步骤，政府可在民间社会参与、市场驱动型机制与政府明确承担的责任之间创建"金三角"。政府亦可启动必要的政治行动，加强可持续的儿童早期发展方案，使其进一步扩大规模。正如 Papert（1980，第 29 页）所述："现在正在发生什么是经验问题，能够发生什么是技术问题，不过，将要发生什么则属政治问题，它取决于社会选择。"很明显，儿童早期发展首先是一个政治选择，或者说是一个社会选择；它不再是一个经验问题，而是行动问题。

投资儿童早期发展的 5 条基本原则

在向儿童早期发展投入国家资源之前，决策者应从儿童早期发展方面获取适当指导。这项指导应基于证据，且需十分及时。下文提供了投资儿童早期发展的 5 条基本原则。

1. 尽早投资，明智投资。对儿童发展来说，通常没有第二次机会。每个儿童仅有一次成长与发展的机会，这个机会不可错失。

2. 发现机会，在每一个发展项目中推进儿童早期发展。儿童的发展是每一个人的事，而不是某一个部门、部委或某一领域的责任。每一个发展项目中都有儿童早期发展倡议的内容。儿童早期发展是人类发展不可或缺的组成部分，关于这一点，Jacques van der Gaag 已在本卷前面一章中有过详细阐述。

3. 确保所有政府和捐赠机构遵守 2020 年承诺，即所有发展中国家将预算的 20% 用于基本的社会服务，所有捐赠者将 20% 的官方发展援助用于这些服务。数届联合国大会上都已作出这项承诺，对儿童早期保育与发展这项基本的社会服务而言，这项承诺至关重要。

4. 赋予妇女权力。儿童的健康成长与妇女的福祉之间存在着密不可分的关系。

5. 对儿童作出承诺，从儿童早期保育与发展开始，为家庭、社会、国家和世界的和平、民主与人权奠定基础。

关爱和保育儿童，投资儿童早期发展，这是使四分五裂的世界再度团结起来的基础所在。

建设全球联盟

"精心建设，改变将随之而来"，这是 Iglesias 和 Shalala 在本书此前一章中改编的一句台词，他们借以说明儿童早期发展已迫在眉睫。现在，建设儿童早期发展全球联盟的时机已经成熟，借此刺激各方采取行动，制定政策，为未来投资。与引人注目的全球疫苗免疫联盟——由盖茨基金会（Bill and Melinda Gates Foundation）慷慨提供资助——相似的是，儿童早期发展联盟可将优质科学与优质政策有机结合起来，并动员所有利益攸关方参与其中，其中包括地方和全国性团体、政府机构、跨国组织、非政府组织、基金会、宗教团体、工业及其他私营或私营部门利益团体。

一份精心设计的联盟建设与资助计划可激发当地和社区对儿童早期发展的热忱，对儿童早期发展方案作出政治承诺（许多国家已对此作出承诺），并可点燃捐赠者的激情，因为他们认识到，全球有必要针对世界各地的儿童作出努力。该联盟将代表一项有意识的决策，结合现有资源、经验、科学发现、独创力、团队意识和新的教育做法，造福子孙后代。建设全球联盟可使现状发生改观，其中或许包括任命儿童发展部长。

结 论

现在就行动起来支持儿童早期发展，这并不需要提供更多信息。如果采取适当举措，政治家和经济学家根据科学家的学说充分投资儿童的发展，对此恩惠，我们的子孙后代将始终铭记于心。"临界点"概念适用于此。换言之，某一滴水注入，玻璃杯中的水满溢；某一刻，友情成为永恒；某一分钟，疫苗提供了保护；某一天，世界终于对子孙后代"做出了正确的事情"。

儿童要想具备积极的核心要素，实现人生的成功，他们的父母必须有能力培养子女，自身心智健康，并且拥有积极的社会支持网络。这些父母较有可能存在于这样的社会中——致力于亲子教育、公正、经济稳定、提供正确的儿童保育、有效开展教育。不过，养育子女不仅仅是一个村庄的事，而是整个世界的责任，社会和政府需认真反思如何才能做得更好。关注平均值已远远不够；现在，重要的测算方法为标准差，儿童和家庭以这些标准差来表示。

儿童早期发展领域是拥有多样化兴趣、专业知识和才能的个体的集合体，这些个体因为一个共同的目标走到了一起，那就是，通过加强儿童的积极发展，创造一个以儿童为荣的世界。下一步就是建设一个联盟、一个同盟，从幼年时期开始，致力于促进、衡量和改善儿童的福祉。现在就是儿童早期发展的"临界点"，现在就是儿童早期发展投资进入新阶段的"临界点"，现在就行动起来，这样，所有儿童从今以后将从中获益，并且，他们的进步将永远不会发生逆转。

他人的信念和承诺可为继续推进这项工作的人提供指导。正如联合国儿童基金会前主席 James P. Grant 在联合国大会最后一次演讲中所说："童年时期是至关重要且易受伤害的时期，儿童应作为社会关心的首要对象。各国始终会有比这更着急解决的事，但是，永远不会有比这更重要的事。如果我们相信这一点，那这就一起行动起来吧。我建议，各国任命专员，集权力、资源和责任于一身，大力推动儿童早期发展。"（Grant，1994）。圣雄甘地观察发现，人往往会成为他认为自己会成为的那个人，儿童往往会成为父母和社会认为他会成为的那个人。Jonas Salk 指出，这一演变过程取决于我们的信念。

其中蕴含的信息就是：心有多大，舞台就有多大。未来的创造始于设想未来的能力，而行动的最佳时机就在眼前，就在今天。

注

本章源于 2000 年 4 月 10～11 日在华盛顿特区举行的"为儿童的未来投资"世界银行大会上的两次讲话：一是 Eduardo Doryan 和 Kul Gautam 的"决策者不可不知之事"，二是 William Foege 的闭幕辞"投资儿童早期发展的政治经济学"。

参考文献

［1］Carter, J. 1998. The Virtues of Aging. New York：Ballantine Books，Random House

［2］Felitti, V. J.，Anda, R. F.，Nordenberg, D. F.，Williamson, D. F.，Spitz, A. M.，Edwards, V.，Koss, M. P.，Marks, J. S. 1998. Relationship of Childhood Abuse and Household Dysfunction to Many of the Leading Causes of Death in Adults：The Adverse Childhood Experiences（ACE）Study. American Journal of Preventive Medicine，14（4）：245～258

[3] Grant, J. P. 1994. Child Rights: A Central Moral Imperative of Our Time. Statement by the Executive Director of UNICEF to the Third Committee of the 49th General Assembly of the United Nations. New York, November 11

[4] Hawkins, S. 1988. A Brief History of Time. New York: Bantam Books

[5] Hsiao, W. , Roberts, M. , Berman, P. , Reich, M. 2001. Political Analysis and Political Strategies. In: Getting Health Sector Reform Right. Background paper for World Bank Institute flagship course on Health Reform and Sustainable Financing. Washington, D. C. : World Bank

[6] Kempe, C. H. , Silverman, F. N. , Steele, B. F. , Droegemueller, W. , Silver, H. K. 1962. The Battered-Child Syndrome. Journal of the American Medical Association, 181: 17 ~ 24

[7] Nemy, E. 1999. Metropolitan Diary. The New York Times, sec. B, May 3: 2

[8] Papert, S. 1980. Mindstorms. New York: Basic Books, 29

作者[*]

Eduardo A. Doryan

博士

世界银行副行长兼人类发展网络教育部门主管

美国华盛顿特区

    现任：

    世界银行驻联合国特别代表办公室，驻联合国特别代表

    美国纽约

Judith L. Evans

教育管理博士

伯纳德·范里尔基金会项目记录与沟通部总监

荷兰海牙

William H. Foege

公共卫生硕士，医学博士

埃默里大学 Rollins 公共卫生学院特聘教授

美国佐治亚州亚特兰大市

---

  * 此份作者名单对各位作者的职务描述基于本书英文原版（2002 年出版）。

Kul C. Gautam

公共管理硕士

联合国儿童基金会副执行主任

美国纽约

Enrique V. Iglesias

博士

美洲开发银行行长

美国华盛顿特区

Simone Kirpal

文学硕士

世界银行人类发展网络教育部门，儿童早期发展团队社会科学家

美国华盛顿特区

    现任：

    技术教育学院（ITB）工作人员

    德国不来梅

John M. Love

博士

Mathematica 政策研究公司高级研究员

美国新泽西州普林斯顿市

Alicia L. Meckstroth

文学硕士

Mathematica 政策研究公司研究员

美国新泽西州普林斯顿市

J. Fraser Mustard

医学博士，博士

加拿大高等研究所（CIAR）创始人及首任所长

加拿大安大略省多伦多市

Robert G. Myers

博士

独立顾问

墨西哥，墨西哥城

Peter Z. Schochet

博士

Mathematica 政策研究公司高级经济学家

美国新泽西州普林斯顿市

Kerida Scott-McDonald

博士

联合国儿童基金会（牙买加）儿童早期发展官员

西印度群岛牙买加金斯敦

Donna E. Shalala

博士

美国卫生与人类服务部部长

美国华盛顿特区

　　现任：

　　迈阿密大学校长

　　美国佛罗里达州科勒尔盖布尔斯

Louisa B. Tarullo

教育学博士

美国卫生与人类服务部，儿童、青年与家庭管理部门，社会科学研究高级
    分析师

美国华盛顿特区

Jacques van der Gaag

博士

阿姆斯特丹大学经济学与计量经济学系系主任

荷兰

J. Douglas Willms

博士

新不伦瑞克大学加拿大社会政策研究所主任

加拿大新不伦瑞克省弗雷德里克顿

Mary Eming Young

医学博士，公共卫生学博士

世界银行人类发展网络教育部门主管专员

美国华盛顿特区

地名索引 *

阿根廷　Argentina
68，75 − 77，95

爱尔兰　Ireland
285

安大略　Ontario
38 − 43，335

巴基斯坦　Pakistan
12，97 − 98，251，286 − 287，291，293

巴拉圭　Paraguay
68，75 − 77，95，243

玻利维亚　Bolivia
35，68，75 − 77，95，328

德国　Germany
262，266，268，281，334

东非　East Africa
251，286，290

多米尼加共和国　Dominican Republic
68，75 − 77，95

菲律宾　Philippines
171，184，319

哥伦比亚　Colombia
68，75 − 77，95，171 − 172，180，237，242，
245，327 − 328

古巴　Cuba
37，68 − 69，75 − 78，85，94 − 95，99，229，
237

海地　Haiti
ix，12，250，252 − 253，255，262 − 267，296
− 297，300

韩国　Korea
36

荷兰　Netherlands
viii，172，281，300，333，336

洪都拉斯　Honduras
68，75 − 77，95，173

加勒比地区　Caribbean
viii，76，204，283，285

加利福尼亚　California
149，237

加拿大　Canada
viii，ix，7，20，30，35，38 − 42，72 − 73，
100，127，140，281，286，291，335 − 336

加纳　Ghana
319

肯尼亚　Kenya
12，170，251，286 − 287，290 − 292

＊ 本索引所涉地名按其中文名首字汉语拼音音序排列。

拉丁美洲 Latin America
viii，8，38，67－69，74，76，78，94，96，99，100，172，184，224，237，307－309

罗马尼亚 Romania
35

蒙古 Mongolia
12，252，296，297，300

孟加拉国 Bangladesh
245，286

秘鲁 Peru
68，172，183，316，

莫桑比克 Mozambique
170，286

墨西哥 Mexico
5，68，75－77，95，105，232，335

纳米比亚 Namibia
319

南非 South Africa
12，252，285，296－297，300

南亚 South Asia
285

欧洲 Europe
viii，224，245

葡萄牙 Portugal
172－173

瑞典 Sweden
32，78，136，144，242，273

桑给巴尔岛 Zanzibar
12，170，251，287，290，292

前苏联 Former Soviet Union
12，252，296－297

塔吉克斯坦 Tajikistan
286

坦桑尼亚 Tanzania
286

特立尼达和多巴哥 Trinidad and Tobago
ix，12，251，265，275，276－283，285

土耳其 Turkey
105，172

危地马拉 Guatemala
244，296

委内瑞拉玻利瓦尔共和国 República Bolivariana de Venezuela
68，75－77，95

乌干达 Uganda
12，170，250－251，257，268－275，286－287，290，292

西非 West Africa
295

新西兰 New Zealand
328

牙买加 Jamaica
10－11，33，199－205，207－208，211－215，335

以色列 Israel
171

印度 India
viii，5，35，170，224，286

英国 United Kingdom of Great Britain and Northern Ireland
3，20－21，30－32，53，136

智利 Chile
37，68，75－78，95，243，308

中东欧 Central and Eastern Europe
12，252，296－297

重要词汇汉英对照 *

2000 年全民教育评估
Year 2000 Evaluation of Education for All

2020 年承诺
2020 Commitment

阿加汗大学
Aga Khan University

阿加汗基金会（AKF）
Aga Khan Foundation（AKF）

案例研究，社区方案
Case studies，community programs

巴西 Atenção à Criança 方案
Atenção à Criança Program，Brazil

巴西儿童早期教育支出
Expenditures for early childhood education，Brazil

巴西国家教育计划
National Education Plan，Brazil

巴西国家教育研究院（INEP）
National Institute for Educational Research，Brazil

巴西应用经济研究院（IPEA）
Institute of Applied Economic Research（IPEA），Brazil

保育标准
Standards of care

保育人员
Caregivers

变革的催化剂
Catalyst for change

伯纳德·范里尔基金会
Bernard van Leer Foundation

不平等；平等
Inequality，Equality

测算早期机会鸿沟
Measuring the early opportunity

倡导，宣传
Advocacy

成本效益
Cost-effectiveness

成功方案的特征/成功秘诀
Features of a successful program

成功秘诀；成功方案的特征
Principles of success，Features of a successful program

成果/结果
Outcomes

成果标准/结果标准
Outcome standard（s）

※ 本词汇汉英对照按照中文译本首字汉语拼音音序排列。

慈善事业
Philanthropy（ies）

从研究中汲取的教训
Lessons from research

促肾上腺皮质激素释放激素（CRH）
Corticotropin-releasing hormone（CRH）

脆弱的儿童；处境危险的儿童/高危儿童
Vulnerable children，Children at risk

大脑/激素路径
Brain/hormone pathways

大脑的发展/发育
Brain development

大脑发育/发展阶段
Stages of（brain）development

代际贫困
Intergenerational poverty

道德价值
Moral values

道德寓意/道德目标
Moral purpose

德国发展服务机构（DED）
German Development Service

第三次国际数学和科学测评（TIMSS）
Third International Mathematics and Science Study（TIMSS）

定性研究工具，定性研究策略
Qualitative research tools，strategies

动物研究
Animal studies

儿童/工作人员比例
Child-staff ratio

儿童、家庭与发展协会（CFD），莫桑比克
Assogiacão de Crianca Familia e Desenvolvimento，Mozambique

儿童保育
Childcare

儿童权利公约（CRC）
Convention on the Rights of the Child（CRC）

儿童时期的脆弱性/易受伤害性
Childhood vulnerability

儿童早期保育和发展协商小组
Consultative Group on Early Childhood Care and Development

儿童早期保育与教育（ECCE）
Early childhood care and education（ECCE）

儿童早期发展
Early childhood Development

儿童早期发展的惠益；经济惠益，社会惠益
Benefits of early child development；Economic benefits，Societal benefits

儿童早期发展全球联盟倡议
Global coalition for ECD initiatives

发展经济学
Development economics

泛美基金会
Inter-American Foundation

方案的灵活性
Flexibility of programs

方案功效
Program efficacy

非实验式设计
Non-experimental designs

非营利组织
Not-for-profit organizations

非正规方案
Non-formal program（s）

非政府组织（NGOs）
Non-governmental organizations（NGOs）

佛罗里达州儿童保育质量改进调查
Florida Child Care Quality Improvement Study

福特基金会
Ford Foundation

父母参与
Parental involvement

赋权
Empowerment

改善学前与初等教育项目（IPPS），巴基斯坦
Improving Pre- and Primary Education（IPPS），
Pakistan

感官路径
Sensory pathways

个人参与儿童早期发展的努力
Individual involvement in ECD efforts

工作人员保留率
Staff retention

工作人员特征
Staff characteristics

公民个人参与儿童早期发展
Private citizens，involvement in early child devel-
opment

公平
Equity

公平竞争的机会
Level playing field

公司/企业参与儿童早期发展
Companies，involvement in early childhood devel-
opment

公私伙伴关系
Private-public partnership，Public-private partner-
ship

孤儿院中的儿童
Children in orphanages

归因风险
Attributable risk（s）

规模化发展；实现方案的规模化
Going to scale，Taking the programs to scale

国际成人识字调查（IALS）
International Adult Literacy Study（IALS）

国际儿童资源组织（CRI）
Children's Resources International

国际发展目标
Goals for international development

国际货币基金
International Monetary Fund

国际计划
Plan International

国际渐进协会（ISSA）
International Step by Step Association（ISSA）

（国家）繁荣、（人口）健康和儿童发展的历史
证据
Historical evidence，for prosperity，health，and
child development

国家政府的作用；政府的作用和支持
National government，role of，Government，role
and support

海地蒙台梭利幼儿园项目
Montessori Preschool Project，Haiti

荷兰"一同玩游戏/联合行动"Samenspel 小组
Samenspel，Netherlands

洪都拉斯母亲指导者
Madres Guias，Honduras

环境影响
Environmental effects

惠益—成本，惠益/成本比例
Benefit-cost，benenfit：cost ratio

惠益与成本
Benefits and costs

伙伴关系
Partnerships

基督教儿童基金会
Christian Children's Fund

基因—环境的相互作用
Gene-environment interactions

基于保育中心的儿童保育
Center-based childcare

基于家庭的儿童保育
Family-based childcare

基于家庭的方案
Home-based program（s）

基于社区的/立足社区/以社区为依托
Community-based

基于社区的家庭教育
Community-based Family Education

集体参与
Collective involvement

加拿大发展与和平基金会
Development and Peace，Canada

加拿大高等研究所（CIAR）
Canadian Institute for Advanced Research（CIAR）

加拿大国际开发署
Canadian International Development Agency

加拿大国家儿童与青少年纵向调查（NLSCY）
National Longitudinal Survey of Children and Youth，Canada

加拿大社会政策研究院
Canadian Research Institute for Social Policy

家访方案
Home visiting program（s）

家访模型
Home visiting models

家庭背景
Family background

家庭参与
Family involvement

家庭儿童保育与亲属护理的质量研究
Quality in Family Child Care and Relative Care study

家庭支持
Family support

健康路径
Health pathway

健康与福祉
Health and well-being

健康状况
Health status

将儿童早期发展与人类发展相挂钩的科学证据
Scientific evidence of links between early child development and human development

教师—儿童互动
Teacher-child interactions

教师培训；培训
Teacher training，Training

教师资质
Teacher's qualifications

教育路径
Education pathway

经济发展
Economic development

经济合作与发展组织（OECD），经合组织
Organization for Economic Cooperation and Development（OECD）

经济回报；投资回报
Economic returns，Return（s）to（on）investment

经济生产力
Economic productivity

救助儿童会
Save the Children

卡罗来纳项目；美国 Abecedarian（卡罗来纳）项目
Carolina project，Abecedarian（Carolina）project，U. S.

开放社会研究所（OSI）
Open Society Institute

可持续性；文化的可持续性、财务的可持续性
Sustainability, Cultural sustainability, Financial sustainability

课堂教学质量/班级质量
Classroom quality

课堂结构/班级结构
Classroom structure

课堂气氛/课堂动态情况
Classroom dynamics

肯尼亚、乌干达、桑给巴尔的宗教学校资源中心（MRC）
Madrasa Resource Center（MRC）, Kenya, Uganda, Zanzibar

拉丁美洲教育质量评估实验室（LLECE）
Laboratorio Latinoamericano de Evaluacion de la Calidad de la Educacion

类固醇受体
Steroid receptors

利益攸关方
Stakeholders

联合国
United States

联合国儿童基金会（UNICEF）
United Nations Children's Fund（UNICEF）

联合国教科文组织（UNESCO）
United Nations Educational, Scientific and Cultural Organization（UNESCO）

联合国开发计划署（UNDP）
United Nations Development Programme（UNDP）

良好决策的壁垒
Barriers to good decision-making

良好做法的典范
Examples of good practice

罗姆族儿童
Roma children

美国 High/Scope 研究
High/Scope Study, U. S.

美国 Perry 学前教育项目（研究）
Perry Preschool Project（study）, U. S.

美国白宫儿童早期发展与学习大会
White House Conference on Early Childhood Development and Learning, U. S.

美国儿童、青年与家庭管理部门
Administration on Children, Youth, and Families, U. S.

美国国际开发署（USAID）
U. S. Agency for International Development（USAID）

美国国家儿童健康保险计划
State Children's Health Insurance Program, U. S.

美国国家教育目标委员会
U. S. National Education Goals Panel

美国开端计划
Head Start program, U. S.

美国开端计划方案绩效测算/测量
Program performance measures, Head Start program, U. S.

美国开端计划家庭与儿童经历调查（FACES）
Family and Child Experiences Survey（FACES）, Head Start program, U. S.

美国联合基金会
United Fund, U. S.

美国全国日托调查
National Day Care Study, U. S.

美国早期开端计划
Early Head Start program, U. S.

美洲开发银行（IDB）
Inter-American Development Bank

免疫系统
Immune system

民间社会/公民社会
Civil society（ies）

民间志愿组织（PVOs）
Private voluntary organizations（PVOs）

墨西哥启蒙教育项目
Initial Education Project，Mexico

能力建设
Capacity building

女性的多重角色
Women's multiple roles

贫困
Poverty

贫困循环
Cycle of poverty

评估
Evaluation

前后期设计
Pre-post design

全民教育
Education for All

人的潜能
Human potential

人类发展
Human development

人类发展的路径
Pathways to human development

认知发展
Cognitive development

瑞典国际发展合作署（SIDA）
Swedish International Development Cooperation Agency（SIDA）

瑞士援助机构 Helvetas
Helvetas，Switzerland

社会公平
Social equity

社会价值
Social values

社会阶层
Social class

社会经济地位（SES）
Socioeconomic status（SES）

社会经济梯度
Socioeconomic gradients

社会团结
Social cohesion

社会信托基金
Social trust fund

社会政策
Social policy

社会资本
Social capital

社交能力
Social competence

社区/……界/共同体
Community

社区参与/参与社区活动
Community involvement

社区动员
Community mobilization

社区发展
Community development

社区服务
Community services

社区所有权/社区所有制
Community ownership

社区支持
Community support

生物路径
Biological pathways

识字；语言、语言技能
Literacy, Language, Verbal skills

实物援助，捐助
In-kind assistance, contribution

实现儿童早期发展的投资最大化所得教训
Lessons learned, to maximize investments in ECD

实验式设计
Experimental designs

世界全民教育大会
World Conference on Education for All

世界人权宣言
Universal Declaration on Human Rights

世界卫生组织（WHO）
World Health Organization（WHO）

世界银行
World Bank

世界展望组织
World Vision

首项国际性学校结果（小学三四年级学生语言、数学及相关因素）比较研究（PEIC）
Primer Estudio Internacional Comparative（PEIC）

数学能力（成绩），数学
Mathematical ability（performance），mathematics

私营部门
Private sector

私营化
Privatization

私营与公共部门的保育和教育
Private versus public care and education

特立尼达和多巴哥共和国为所有人提供志愿服务（SERVOL）
Service Volunteered for All（SERVOL），Trinidad and Tobago

投资儿童早期发展
Investing in early child development

推动巴西项目
Advance Brazil Program

微型慈善事业
Microphilanthropy

为贫困儿童缩小差距
Narrowing the gap for poor children

未来的盈利能力/未来的生计能力
Future earning capacity

问责
Accountability

乌干达母子日托中心服务机构（MCDCCS）
Mother-Child Day Care Center Services（MCD-CCS），Uganda

西印度大学医院
University Hospital of the West Indies

下丘脑—垂体—肾上腺（HPA）
Hypothalamus-pituitary-adrenal（HPA）

相对风险
Relative risk（s）

效率低下（的做法）
Inefficiencies

行动政策
Policies for action

行为自控或自律
Self-regulation of behavior

学前干预
Preschool interventions

学生成绩指标项目（PISA）研究
Program of Indicators of Student Achievement（PISA）study

学校概况
School profiles

学校政策与做法
School policy and practice

学校资源
School resources

雪城家庭发展研究方案
Syracuse Family Development Research Program

血清素
Serotonin

压力
Stress

牙买加流动保育方案（RCP）
Roving Caregivers Program（RCP），Jamaica

牙买加农村家庭支持组织（RuFamSo）
Rural Family Support Organization（RuFamSo），
Jamaica

牙买加热带医药研究所（TMRI）
Tropical Medicine Research Institute（TMRI），
Jamaica

牙买加少女妈妈项目
Teenage Mothers Project，Jamaica

牙买加社区康复方案
Community-based Rehabilitation Program，Jamaica

牙买加营养不良儿童方案
Malnourished Children's Program，Jamaica

牙买加专注残疾人士发展组织
Dedicated to the Development of the Disabled
（3D）Organization，Jamaica

研究与评估
Research and evaluation

一致性/连续性
Continuity

遗传学
Genetics

以儿童为中心的做法
Child-centered approach

以色列提升埃塞俄比亚家庭和儿童地位协会
（ALMAYA）
Association for the Advancement of the Ethiopian
Family and Child，Israel

印度整体性儿童发展服务（ICDS）
Integrated Child Development Service（ICDS），
India

印度自雇妇女协会（SEWA）
Self-Employed Women's Association，India

婴儿健康与发展项目（IHDP）
Infant Health and Development Program（IHDP）

营利组织
For-profit organizations

优质学校教育标准
Standards for superior schooling

游戏材料
Play materials

有效的儿童保育和教育
Effective childcare and education

有效的方案编制
Effective programming

有效性指标
Indicators of effectiveness

早期发展指标
Early Development Index

正规方案
Formal programs

政治挑战
Political challenge

支持
Supports

支付意愿
Willingness to pay

制度化
Institutionalization

质量
Quality

质量的范畴
Dimensions of quality

质量的要素
Elements of quality

专款专用于社会方案的税收
Taxes, earmarked for social programs

资源
Resources

资助儿童早期发展
Financing, of early child development

纵向设计
Longitudinal designs

纵向研究
Longitudinal studies

综合性/全面（的）项目、做法、方案、战略
Comprehensive approaches, programs, strategies, framework

综合性/一体化/补充/互为补充的做法、方案、策略
Complementary approaches, programs, strategies

综合性/一体化做法、方案、服务
Integrated approach, programs, services

图书在版编目（CIP）数据

从儿童早期发展到人类发展：为儿童的未来投资/杨一鸣主编；刁琳琳审校．—北京：中国发展出版社，2011.11

ISBN 978 - 7 - 80234 - 724 - 3

Ⅰ．从…　Ⅱ.①杨…　②刁…　Ⅲ．儿童教育：早期教育
Ⅳ. G61

中国版本图书馆 CIP 数据核字（2011）第 189956 号

版权贸易合同登记号　图字：01 - 2011 - 6133

书　　　名：从儿童早期发展到人类发展：为儿童的未来投资
主　　　编：杨一鸣
审　　　校：刁琳琳
出 版 发 行：中国发展出版社
　　　　　　（北京市西城区百万庄大街 16 号 8 层　100037）
标 准 书 号：ISBN 978 - 7 - 80234 - 724 - 3
经 销 者：各地新华书店
印 刷 者：北京科信印刷有限公司
开　　　本：700×1000mm　1/16
印　　　张：23
字　　　数：318 千字
版　　　次：2011 年 11 月第 1 版
印　　　次：2011 年 11 月第 1 次印刷
定　　　价：50.00 元

咨 询 电 话：（010）68990535　68990692
购 书 热 线：（010）68990682　68990686
电 子 邮 件：fazhan05@126.com
网　　　址：http://www.develpress.com.cn